河南省高等学校哲学社会科学优秀著作资助项目

教育成"人"视角的教师德性

杨建朝 著

·郑州·

图书在版编目(CIP)数据

教育成"人"视角的教师德性 / 杨建朝著. -- 郑州：河南大学出版社, 2021.12

ISBN 978-7-5649-4981-5

Ⅰ. ①教… Ⅱ. ①杨… Ⅲ. ①师德-研究 Ⅳ. ①G451.6

中国版本图书馆 CIP 数据核字(2021)第 269510 号

教育成"人"视角的教师德性
JIAOYU CHENG REN SHIJIAO DE JIAOSHI DEXING

策划统筹	杨国安　谌洪波
责任编辑	仝一帆
责任校对	王丽芳
封面设计	陈盛杰

出　版	河南大学出版社
	地址：郑州市郑东新区商务外环中华大厦 2401 号　邮编：450046
	电话：0371-86059752（自然科学与外语部）　网址：hupress.henu.edu.cn
	0371-86059701（营销部）
排　版	河南大学出版社设计排版部
印　刷	广东虎彩云印刷有限公司
版　次	2021 年 12 月第 1 版　　印　次　2021 年 12 月第 1 次印刷
开　本	710 mm×1010 mm　1/16　　印　张　12.5
字　数	210 千字　　　　　　　　　定　价　40.00 元

（本书如有印装质量问题，请与河南大学出版社营销部联系调换。）

目 录

绪 论 ··· 1
  一、研究缘由 ·· 1
    (一)研究背景与问题呈现:日益凸显的师德问题 ············· 1
    (二)研究聚焦与问题追思:我们何以应对 ···················· 11
  二、研究价值与意义 ··· 14
  三、相关文献综述 ·· 15
    (一)关于教师德性的概念和内涵 ······························· 15
    (二)关于教师德性缺失的原因 ··································· 19
    (三)提升教师德性的对策或途径 ······························· 20
    (四)与教师德性密切相关的教师道德研究 ·················· 27
    (五)对已有研究的评论 ·· 32
  四、研究方法 ·· 34
  五、研究框架和主要结论 ·· 35
    (一)研究框架 ··· 35
    (二)主要结论 ··· 36

第一章 成"人"视角的教师德性内涵 ······························ 38
  一、德性内涵梳理 ·· 38
    (一)德性概念的中国理解 ··· 38
    (二)德性概念的西方理解 ··· 40
    (三)德性与道德的联系和区别 ··································· 48

(四)德性伦理与规范伦理 …………………………………………… 51
二、教师德性的概念 ……………………………………………………… 53
　　(一)教师的本质规定 ………………………………………………… 53
　　(二)教师德性的概念界定 …………………………………………… 54
　　(三)教师德性的终极追求:真善美 …………………………………… 57
三、教师德性的根本追求:实现教育成"人" ……………………………… 61
　　(一)成"人"的意蕴 …………………………………………………… 61
　　(二)德性视域中的教育成"人" ……………………………………… 63
　　(三)教师德性的根本指向:使人成"人" ……………………………… 65
四、成"人"视域下的教师德性意蕴 ……………………………………… 67
　　(一)把握成"人"内涵是教师德性研究的首要问题 ………………… 67
　　(二)"人"之精神本性及其自由诉求 ………………………………… 68
　　(三)人之精神自由与理解教师德性 ………………………………… 74

第二章　成"人"视角的教师德性构成 …………………………………… 76

一、分析成"人"视角的教师德性构成的思路 …………………………… 76
　　(一)理论资源:德性伦理和规则伦理 ………………………………… 76
　　(二)成"人"视角下教师德性的核心构成及其依据 ………………… 78
二、教师公正德性 ………………………………………………………… 80
　　(一)公正内涵 ………………………………………………………… 80
　　(二)教师公正德性的行为逻辑 ……………………………………… 83
　　(三)多元正义视角下的教师德性 …………………………………… 87
三、教师爱之德性 ………………………………………………………… 94
　　(一)爱的内涵与教师之爱 …………………………………………… 94
　　(二)成"人"视域下教师爱之德性的体现 …………………………… 97
　　(三)教师爱之德性的指向:教会学生自尊与自爱 …………………… 99

第三章　教师德性迷失表现与原因分析 ………………………………… 106

一、教师德性迷失的理论溯源 …………………………………………… 106
　　(一)工具理性与价值理性背景下的德性境遇 ……………………… 106
　　(二)德性的真正根基:价值理性 …………………………………… 110
　　(三)工具理性背景下的社会功利化与德性危机 …………………… 112

（四）无休止的功利竞争进一步妨碍了德性的培育 …………… 119
二、教师德性危机的现实原因：市场化社会的不健全 ……………… 121
　　（一）市场化社会的道德危机 ……………………………………… 121
　　（二）市场化社会的道德危机对教师德性的深刻影响 ………… 124
　　（三）教师德性何以式微的"经济人"分析 ……………………… 128
　　（四）坚持教师利益与道德的统一，促使教师坚守德性 ……… 130
三、权力的僭越阻碍教师德性的自主建构 …………………………… 131
　　（一）自由是德性生成的首要条件 ………………………………… 131
　　（二）权力异化导致教师缺失德性自主 ………………………… 132
　　（三）教师德性迷失的权力机制分析 …………………………… 134

第四章　成"人"视角的教师德性培育路径 …………………… 138

一、教师德性可能的提升路径：规范与德性 ………………………… 138
　　（一）教师德性何以可能提升 …………………………………… 138
　　（二）教师德性提升的双重思维取向：制度与个体 …………… 142
二、当前常见的教师德性培育方式：榜样和说教 …………………… 145
　　（一）师德榜样的树立：教师德性生成的可能路径及其局限 … 146
　　（二）强调培训和说教的教师德性培育方式反思 ……………… 149
　　（三）结论：走向正义的教育制度建构 ………………………… 151
三、教师德性培育的正义诉求：旨在成"人"的教育制度 ………… 153
　　（一）制度建构对德性培育的根本作用 ………………………… 155
　　（二）教育制度改革的价值追求：保障成"人" ………………… 156
　　（三）教育制度何以保障成"人"的"无知"视角 ……………… 158
　　（四）保障教师自由的教育制度是实现教育成"人"的基础 … 161
　　（五）教育制度的成"人"取向与教师的正义德性生成 ……… 165
　　（六）教育制度促进教师德性培育的内在机制 ………………… 168
　　（七）教育制度的局限与教师德性的自觉修炼 ………………… 172
四、传统文化视域中的教师德性自觉修炼 …………………………… 175
　　（一）教师的德性修养与德性自觉 ……………………………… 177
　　（二）教师的德性之知与德性之行 ……………………………… 179
　　（三）教师的求"善"与改"过" ………………………………… 180

第五章　结束语：教育成"人"与教师德性 ························ 184
一、教师德性遭遇时代困境 ·· 184
二、教育成"人"视角下的教师德性指向 ·································· 185
三、教师德性践行：从德性到德行 ·· 188

主要参考文献 ·· 189

绪 论

一、研究缘由

(一) 研究背景与问题呈现:日益凸显的师德问题

1.社会转型背景下的道德遭遇

与道德有关的话题古往今来一直经久不衰,"做一个有道德的人"是长久以来社会对大众的素养的基本要求。1978年党的十一届三中全会的召开,开启了中国现代化的历史进程,社会转型期随之来临,深刻地改变着整个社会的基本生产生活方式。这种社会转型已经不再是以往缓慢的、单方面的、低层次的社会发展,而是体现为整个社会结构的急剧变革,它"是一种根本性的变革,是社会历史发展过程中一种质的飞跃,造就了一个完全有别于传统的新的社会形态。"① 新的社会生产生活方式不断产生,人的整体面貌和价值观念都在急剧变化,传统社会价值不断被解构,被质疑和否定,不再被奉为普遍真理,新的价值观念又不断产生,并充斥着各种各样的价值冲突和困惑。对于当下中国而言,正在发生的社会转型就是农业经济向工业经济和知识经济过度,从计划经济不断转变到市场经济,从乡村为主社会向城市化社会转化,从人伦德治社会向法治社会转化,反映了整体社会形态正在从传统型社会向现代型社会

---

① 冯建军.论教育转型[J].全球教育展望,2010(9):39-45.

转化。社会转型不仅带来生产力的巨大解放和人的生活方式的变迁,而且产生了前所未有的价值体系的解构和重构。当前发生的社会转型意味着前现代性的价值体系和生活方式向现代性的价值体系和生活方式转变。前者的主要特征是"个人依附于共同体,个人无权按照自己的意愿选择自己所喜好的美好生活及其道德生活。现代性的价值体系和生活方式的主要特征则是个人可以成为主体,可以在很大程度上独立于共同体之外,可以自由选择自己所意愿的美好生活及其道德生活。"①

正是因为这种社会大变革,大大促进了人的解放,促进了人的主体性的生长,人们可以在不违法、不妨碍别人这个限度内"为所欲为"。这意味着,于主体性张扬的同时,社会也出现了急功近利、价值空虚、浮躁、追名逐利、拜金主义的现象,社会整体道德水平不断滑坡(尽管是否存在滑坡尚有争论,主要是比较对象不好选择,而且传统社会道德状况是否很好,难以找到合理标准准确界定),令人无比忧虑的是,随着市场经济的深入推进,很多人追逐功名和财富,道德底线一再被打破,如今已出现了道德被逐渐边缘化的现象。例如,善与恶、美与丑、对与错、是与非,它们的界限在逐渐模糊化,"在人们的日常交往中,个体对他人的责任感懈怠;损人利己、损人不利己的现象屡见不鲜"②。本来社会转型是人的自主性行为,转型是希望社会整体和谐,每个人的生活越来越幸福美好,优秀的价值体系被普遍接受,陈腐的价值观念遭受批判并逐渐被现代性价值体系取代。但现实似乎正与此背道而驰。"一方面,现代社会的正面价值(自由、民主、法制)还远远没有真正落实,而另一方面,现代社会的负面价值(拜金主义、大众文化)却已日益强烈地被人感受到了。"③以至于面对社会价值观的无序和混乱,刘云山在培育社会主义核心价值观的会议上强调:"要把增强全社会的价值判断力和道德责任感作为宣传教育的重要着力点,引导人们辨别什么是真善美、什么是假恶丑,自觉做到常修善德、常怀善念、常做善举。现在突出问题是,在一些领域和一些人当中,价值判断没有了界限、丧失了底线,甚至以假乱真、以丑为美、以耻为荣。"一切以利益最大化为目标,这应该就是当代教师德性危机的时代背景。教师作为社会中的人,当前社会的

---

① 严从根.在正当与有效之间:社会转型期的道德教育[M].杭州:浙江大学出版社,2017:3.
② 吴全华.后榜样教育时代的道德建设[J].教育科学研究,2012(9):24-26.
③ 甘阳.古今中西之争[M].北京:生活·读书·新知三联书店,2006:108-109.

"不道德"必然会影响教师的德性,使教师难以成为道德型教师。

2.教师道德问题日益凸显

在当代,由于中国人口基数大,受教育人口众多,教师数量庞大,据教育部2020年全国教育事业发展统计公报,现有各级各类专任教师1792.97万人(约占据中国总人口数量的1.27%),正在教育着各级各类学历教育学生2.89亿(约占中国总人口20.496%)①,可见我国的教育事业作为社会的组成部分在整个社会的分量以及其巨大影响力,能否"办好人民满意的教育",事关重大,不可不慎。新中国成立以来,无数崇高的教师辛勤耕耘、兢兢业业、为人师表,成为社会道德的标杆,赢得了广大民众的认可,民众对教师给予了充分的信任和期待,称呼他们为"辛勤的园丁,哺育着祖国的花朵"、人类灵魂的工程师,是燃烧自己照亮别人的蜡烛,是"春蚕到死丝方尽"的自我牺牲者,是人类的道德楷模。然而,不知何时,这一切却在悄悄发生变化,特别是在改革开放后的这三十多年,随着经济的快速发展和社会的急剧转型,教师的良好道德状况似乎受到了巨大冲击,面临极其复杂的社会道德环境,出现了明显违背教师应有道德的现象,这一崇高职业形象不断被大众质疑,教师的声誉也在师德无存中被消解。譬如:

"教师惩罚学生、打骂学生、侮辱学生的事时有发生。人们惊讶且困惑地提出:'我们的教师怎么了?'从新闻媒体曝光的桩桩案例中,人们看到的是一幅幅不可思议的情景:有的学生凌辱教师,有的教师让学生互相打耳光、抽皮鞭;有的将学生打伤、打残;有的用胶带封住学生的嘴;有的脱下女同学的裤子打屁股;甚至有人在学生脸上刺'贼'字,让学生吃屎……"②尽管做出这种缺德行为的教师并不多,但他们的所作所为影响了人们心中教师的形象,给教师职业增加了污点。

而且,一些教师在市场经济大潮中陷入功利化的漩涡中,出现一切以利益为导向的教育行为,现实教育生活中教师体罚、羞辱、虐待学生,优待一部分学生的同时排斥弱势学生、公然违反师德规范等现象触目惊心,近年来在各种媒体不断爆出各种教师"失德"事件,例如:甘肃有年轻教师罚学生抄写课文一

---

① 2020年全国教育事业发展统计公报 http://www.moe.gov.cn/jyb_sjzl/sjzl_fztjgb/202108/t20210827_555004.html,2021-10-7.
② 王文东.心灵的教化——变革社会中的中国师德[M].成都:四川人民出版社,2003:2.

千遍,有教师在学生脸上刺字等,这反映了一部分教师的道德认知和行为出现偏差,个别甚至走向了人性扭曲的程度,但通过对教师的走访了解,他们往往认为这些都是为学生好,是恨铁不成钢的无奈行为,尽管有点极端,但出发点都是为了学生的发展。另外,还出现了更为恶劣、更让人无法容忍的违法事件,例如:浙江温州某幼儿园教师颜某残忍虐童,海南某小学校长带小学生开房,个别教师或校长与学生有不正当关系甚至性侵学生、强制要求学生送礼,各地出现的幼儿园给幼儿集体喂药事件,北京等地幼儿园教师的体罚虐童等,这些案例导致教师的道德水平遭受社会舆论广泛质疑,一些人对教师的辛勤工作不信任不满意,甚至恶意的谩骂诋毁也时常耳闻,此起彼伏。

登录互联网,在网络上可以看到的多达几万条教师的描述中,只有很少是对教师正面形象的报道,例如辛勤的园丁、人类灵魂的工程师、春蚕精神、无私奉献等。在大多数的负面信息中,教师被描述成了体罚者、训诫者、敛财者、禽兽、流氓等等,可见社会舆论对教师道德的评价是多么让人揪心。可想而知,这样的师德又对青少年一代的健康成长会造成多么深刻的影响。前人有言,学高为师,身正为范,教师一旦自身发生异化,甚至开始在不知不觉间以"恶人"的面目出现在校园,又会对学生的道德成长带来何种负面影响?又如何要求不谙世事的学生去抵制社会的诸多诱惑?这是社会的悲哀,还是教师的悲哀?

基于师德问题的重要性和紧迫性,在中小学教师道德规范不断推出新版本之后[①],2014年教育部又出台《中小学教师违反职业道德行为处理办法》并在2018年做了修订,明确提出违反师德的11种具体行为将受到相应处分,接着又发出《严禁教师违规收受学生及家长礼品礼金等行为的规定》《关于建立健全高校师德建设长效机制的意见》《关于建立健全中小学师德建设长效机制的意见》《中小学教师违反职业道德行为处理办法》《严禁中小学校和在职中小学校教师有偿补课的规定》等师德规范文件。不仅如此,党和国家领导人也高度重视师德建设,习近平总书记考察北京师范大学时对广大教师寄予厚

---

① 我国由教育行政机关制订教师职业道德规范。教育部或全国教育工会在1984、1991、1997和2008年四次颁布、修订了《中小学教师职业道德规范》。参见:易连云,李琰.略论建国后我国教师伦理的时代变迁——基于《中小学教师职业道德规范》演变的分析[J].中小学德育,2014(1);赵敏.师德建设的伦理学困境与出路[J].教育研究与实验,2013(2)等.

望,提出"四有好老师"的理念,即有理想信念、有道德情操、有扎实学识、有仁爱之心。2016年总书记又提出:"要加强师德师风建设,坚持教书和育人相统一,坚持言传和身教相统一,坚持潜心问道和关注社会相统一,坚持学术自由和学术规范相统一,引导广大教师以德立身、以德立学、以德施教。"①特别强调师德师风建设的重要性并指出了其基本途径。

同时,教育行政部门试图建立严格的师德法规来遏制日益严重的教师道德问题,这从侧面反映了国家教育行政部门不再回避师德缺失问题,把师德建设重点放在底线道德的坚守上。著名学者迈克尔·富兰曾说:"学校教育的核心是实现其道德目标,即让每个学生都能得到充分发展。"教师道德如此,又何以实现学校教育的育人使命?学校培养的德性缺陷学生又成批进入社会,社会道德不尽理想的状况又依靠谁来改变?

尽管已经颁发多项师德治理的政策文件,但令人痛心的是,现实中师德问题仍频频发生。再举一些现实中引起广泛讨论的师德问题事件,或许读者可以对当前教师道德状况有更多直观的认识,也对目前教师道德问题定性为"总体良好,问题突出"更有说服力:

案例一:2014年1月6日,在河南郑州,12岁的豆豆显得格外懂事,妈妈不在,他就自己端起来碗吃饭。2013年11月7日,因没写完作业,班主任邓宝珍让豆豆和其他几个同学站在讲台上,让完成作业的男生上去扇他们耳光。"当时被打的还有六七个同学,我被20多个男生每人扇了两个耳光。扇完了老师还让我到讲台下做俯卧撑,并且不让我吃饭。深夜一点多去上厕所的时候我发现我的左眼什么都看不见了。"尽管已经过去快两个月,提起此事,豆豆仍显得很害怕。②

案例二:范美忠是四川都江堰一所学校的语文教师,2008年5月12日汶川大地震发生时,正在教室里给学生们上语文课的他,丢下学生第一个逃到球场。他还说:"我瞬间反应过来——大地震!然后猛然向楼梯冲过去。"其速度大概堪比刘翔,而他的学生当时根本还没反应过来。事后,在5月22日,范美忠还跑到网络论坛上发表文章为自己的行为鼓吹,文题为《那一刻地动山

---

① 教育部课题组.深入学习习近平关于教育的重要论述[M].北京:人民出版社,2019:135.
② http://news.qq.com/a/20140107/003052.htm#p=1,2014-4-30

摇——"5·12"汶川地震亲历记》。这位范老师,在地震中独自"胜利大逃跑"的事迹被自己得意扬扬地披露后,网友们毫不客气地送了他一个"范跑跑"的绰号。其他的不说,范美忠对当代中国语文的最大贡献,恐怕就是为"范跑跑"这个新名词提供了原型。

范美忠还高声鼓吹自己的行为:"我是一个追求自由和公正的人,却不是先人后己勇于牺牲自我的人!在这种生死抉择的瞬间,只有为了我的女儿我才可能考虑牺牲自我,其他的人,哪怕是我的母亲,在这种情况下我也不会管的。因为成年人我抱不动,千钧一发之际逃出一个是一个,如果过于危险,我跟你们一起死亡没有意义;如果没有危险,我不管你们也没有危险,何况你们是十七八岁的人了!我没有丝毫的道德负疚感,我还告诉学生,我也绝不会是勇斗持刀歹徒的人!我从来不是一个勇于献身的人,只关心自己的生命,你们不知道吗?上次半夜火灾的时候我也逃得很快!先人后己和牺牲是一种选择,但不是美德!"

案例三:2008年6月12日,发生在课堂上的一次意外事件,使安徽省长丰县双墩镇吴店中学教师杨经贵成为继"范跑跑"之后,人们茶余饭后的又一谈资,网友戏称其为"杨不管"。

事发这一天,安徽省长丰县吴店中学七年级二班上午的最后一堂课是地理。当课上到大概一半的时候,坐在第三排的陈某和杨某不知为什么突然发生了争执,随后两个人在课堂上当着正在上课的老师的面打了起来,而且越打越凶。授课的杨老师选择站在三尺讲台上充当"看客",并不加以制止,而是继续上课直至下课,结果导致其中一人死亡。一个年仅14岁的鲜活生命在课堂上因与同学打架而死亡,而且就在老师的眼皮底下,实在让人难以想象。更让人难以想象的是,授课老师在学生打架时不仅没有制止,还说"你们有劲的话,下课后到操场上打"。甚至在被打学生口吐白沫被同学送医院抢救时,仍然"坚持"把课上完,直至下课铃响。学生在课堂上打架斗殴,已经严重破坏了教学秩序,作为"传道、授业、解惑"的人民教师有责任去制止,而且必须去制止,以维持正常的课堂教学秩序。可遗憾的是,我们的这位人民教师居然无动于衷,不加制止,而是充当冷漠的"看客"。

案例四:2017年11月22日晚开始,有十余名幼儿家长反映朝阳区管庄红黄蓝幼儿园(新天地分园)国际小二班的幼儿遭遇老师扎针、喂不明白色药片,并提供孩子身上多个针眼的照片。反映被打针和吃不明药片的孩子均是国际小二班的学生,家长们描述针眼出现在腿部、屁股、腋下等部位。22日下午,幼儿园家长向公安机关报警,反映怀疑其孩子在幼儿园内受到侵害,朝阳警方接到报警后,立即成立专案组,依法开展调查取证工作。朝阳区政府得悉此事,立即成立工作组,进驻幼儿园,积极协助相关部门,配合警方做好调查工作。责成该幼儿园迅速做好自查和家长、幼儿的安抚工作。朝阳区政府禁止任何形式的伤害幼儿身心健康的行为发生,针对家长反映的问题,一经查实,绝不姑息,并依法从严追究相关责任人的责任。①

案例五: 扬子晚报网2020年5月11日讯(记者 高峰)宿迁一名小学老师公开组织全班学生为肖战(明星)跳舞应援,还录下视频发到了网上。11日下午,扬子晚报/紫牛新闻记者获悉,宿迁市沭阳县教育局已对此事做出调查处理,学校对当事老师做出停职停课的处理,教育局对该教师所在学校的校长进行了诫勉谈话,当事老师认识到自己的错误,写了检讨。②

作为最高教育行政管理部门,教育部也逐渐认识到师德问题的严重性,开始利用制度来约束、惩戒违背师德的教师,并公开曝光,可见其对师德问题"零容忍"的坚决治理的明确态度。其公布的6起违反教师职业道德的典型案例如下:

一、湖南文理学院教师刘某某私自收取并侵占学生费用问题。刘某某利用担任文史与法学学院学工办副主任、辅导员、班主任等的便利,通过支付宝和微信转账方式,私自收取并侵占该校学生学杂费和班费共计77万余元。刘某某的行为违反了《新时代高校教师职业行为十项准则》第二、第九项规定。

二、上海海事大学教师姜某某学术不端问题。姜某某在发表的文章中抄袭他人成果,违反了《新时代高校教师职业行为十项准则》第七项规定。

三、扬州大学教师华某某性骚扰学生问题。华某某以辅导毕业设计为由,约学生单独外出,在私家车内对学生有性骚扰行为,违反了《新时代高校教师职业行为十项准则》第六项规定。

---

① 11·22北京红黄蓝幼儿园虐童事件.https://baike.so.com/doc/27073928-28457618.html[EB/OL].2020-2-21

② 小学老师组织学生应援肖战!宿迁教育部门:当事教师已被停职停课[EB/OL].https://www.sohu.com/a/394639993_682000.2020-5-15

四、内蒙古包头市回民中学教师贾某有偿补课问题。包头市教育局在专项整治中查明，包头市回民中学教师贾某长期违规有偿补课，情节较为严重，违反了《新时代中小学教师职业行为十项准则》第十项规定。

五、广西百色市实验小学教师蒋某某歧视体罚学生、为校外培训机构介绍生源等问题。蒋某某存在歧视体罚学生、为校外培训机构介绍生源、违反廉洁从教纪律等方面问题，违反了《新时代中小学教师职业行为十项准则》第五、第九、第十项规定。

六、广东潮州市饶平县华侨中学教师吴某某性骚扰学生问题。吴某某隐瞒真实身份和年龄，通过微信与在校女学生进行低俗聊天，用淫秽语言挑逗，向女学生传播色情视频、图片等。①

这些现实中的案例被曝光后都受到了应有的惩罚，反映出少数教师出于个人利益或不当欲望，做出有偿补课、隐性受贿甚至公开索要礼金、利用学生赚取钱财、学术腐败、性骚扰、歧视体罚羞辱学生等行为，这些行为其实在每个地区甚至每个学校都不同程度存在，教育体系中的人不可能完全没有感受，只是有的表现轻微，有的相对严重，有的被媒体曝光，有的隐藏很深。此处无须再一一列出。这些行为明显已经违背公认的教师应具备的道德行为规范，个别甚至触犯法律，造成了对学生的伤害，引发了社会公众对教师道德的质疑，影响了教师职业的道德形象，最终危害的是祖国的教育事业。

在理论界，当前教师道德危机已经被很多德育研究者注意到，例如有研究认为教师道德失范表现为：①在对待学生方面，以暴力体罚学生，造成伤害；以言语贬损学生自尊，施加心灵暴力等。②在对待家长方面，挖掘利用家长关系，谋取不正当利益；以家长职位高低、能力大小，决定对待学生的亲疏远近等。③在对待工作方面，认为工作是并且仅仅是获得经济来源的手段，缺乏工作的热情和创造热情，缺乏必要的职业认同和职业忠诚；等等。② 有调查认为现实还大量存在有偿家教、体罚学生、个人行为失当、教育不公等师德失范现象③。很多教师都采取利益最大化的原则来对待与现实的关系，谁能为教师

---

① 教育部公开曝光6起违反教师职业行为十项准则典型案例［EB/OL］http://www.moe.gov.cn/s78/A10/moe_601/201907/t20190731_393178.html.2020-2-21
② 杨林国.追寻教师美德：斯霞教师德性解读［M］.南京：东南大学出版社，2007：12.
③ 张竹林.对中小学师德失范现象的调查及对策思考［J］.思想理论教育，2013(24)：24-26.

带来利益,谁就会受到教师优待,例如,官员的子女、有钱人的子女、学习成绩好的学生、主动给教师送礼的家长的学生等,教师会通过额外补习,课堂给予更多提问的机会,安排好座位,让当班干部等方式给予各种关照,而不能做到这些的学生,则处于无人过问的边缘化状态,成为教师眼中的被遗弃者,少数学生如果不小心影响到教师利益的获得,例如课堂捣乱、不能按时完成作业等影响班级成绩,则经常会受到包括精神体罚和身体体罚在内的各种批评和惩罚,成为"批评""受罚"专业户,在这样的"教育"下,学生必然被异化为实现教师利益的"工具",这种行为背后反映的道德令人担忧。

在理论研究层面,很多学者对教师道德问题进行了深入探索。譬如,杜时忠把教师师德失范行为归纳为:以职谋私、有失公正、体罚学生、厌岗怠业①。易连云具体分析了当前师德问题的表现。包括:体罚学生;以教谋私,以职谋私;歧视差生,缺乏公正,并列举了师德失范的一些案例。② 檀传宝把师德失范分为:物欲型罪恶、权欲型罪恶、名欲型罪恶和情欲型罪恶③。而也有研究者认为,教师德性不应该强调纯粹的牺牲和奉献,"忘我"就是无我,就是放弃主体性,就是一种工具。传统观念中,人们认为教师应该为人师表,师德高尚,有研究认为,"期望教师成为道德上的完人也是一种幻想。教师和普通人一样,只能是追求道德完善的道德学习者,而不可能成为道德上的完人。"④有学者强调教师德性培育要着力涵养教育情怀。"教师教育情怀具有育人性、个体特色性、实践生成性、精神愉悦性。"并提出了"自育自建的主体自觉"的培育方式⑤。这些研究反映了教师道德问题不仅在实践中日益凸显,让人担心,而且教师应该具有怎样的道德,在理论层面上也存在多种不同看法,分歧不断出现。现在理论界对底线道德和高标道德的争论恰好反映了人们对师德问题的认识还存在疑惑,尚需进一步分析研究。

最后,值得注意的是,受价值相对主义和新自由主义理念的影响,在底线伦理的冲击下,当前一些教师表现出道德平庸化的趋势,认为教师职业就是谋

---

① 杜时忠.教师道德从何而来[J].高等教育研究,2002(5):79-82.
② 易连云.德育课程论:理念与文化[M].北京:人民教育出版社,2011:69-74.
③ 檀传宝.教师伦理学专题:教育伦理范畴研究[M].北京:北京师范大学出版社,2003:12-15.
④ 蒋文昭,王新.教师德性论[M].郑州:河南人民出版社,2009:91-92.
⑤ 韩延伦,刘若谷.教育情怀:教师德性自觉与职业坚守[J].教育研究,2018(5):83-92.

生的手段而已,遵守学校的规定,不违法乱纪,完成自己的工作任务即可。不会再思考"我"是不是可以为学生的成长多做什么？我是否可以多花一些时间帮助弱势群体的学生、后进生？我是不是可以利用闲暇时间主动学习和思考,不断提高自我修养？这些问题已经被少数教师抛之脑后。他们不是向着优秀教师的方向努力,而只是抱着庸俗自由主义的理念和"完成任务、万事大吉"的"躺平"心态,甚至认为只要不违法不违纪的事情即可为,选择低俗,远离高尚。例如,有的教师上完课即匆匆离开,不愿跟学生多交流,对于学生提出的问题,要么简单应付,要么敷衍了事。一些教师不再思考如何让学生收获最大,如何更好促进学生成长,而是一切以自我利益为取舍原则。这样的教师道德尽管不高尚,但似乎无可指责,就像前面的范美忠的行为一样。我们觉得对其很无奈,又觉得作为人民教师不应该这么做,因为这不符合教师应该坚守的教育精神,无法体现教师应有使命和崇高情怀,即在促进每个学生自由全面地成长与发展的伟大事业上无所作为。而且,如果任其泛滥,不仅影响学生的德性成长,还会进一步加剧社会道德危机,社会可能就会变得更不道德。

3.研究教师德性问题及其如何培育刻不容缓

面对如此让人忧虑的状况,教师德性提升尽管不一定会挽救社会道德的滑坡,但如果教师都陷入不道德的泥潭,拯救社会的希望将会彻底落空,因为由教师培育的下一代恰恰构成了将来社会的主体。在教育普及化的背景下,每个人都是需要教育的,而如果每个人受到的教育都是缺"德"的,又如何培养出德才兼备的人才？尽管当前师生德性迷失的核心原因是"缺德"的社会造成的,因而才有5+2<0的看似滑稽的结论,但我们无法期望社会道德状况好转之后,再来提升教师的德性。而我们唯一能够期望的是,教师能够勇敢地抵制社会的不正之风,首先让自己做一个德性的人,即在利益面前不是斤斤计较的人,对待任何一个学生的发展都是尽心尽力、不歧视、不羞辱的人,一个为学生的健全发展负责任的老师。通过广大教师的点滴努力,去正面影响学生,从而寄希望于在这样"有道德"的教育下,培育出千千万万有担当、具德性的学生,从而渐次地改变道德状况出现问题的社会。

另外,由于本研究是基于当前教育现实中教师道德沉沦危机的一种批判性分析,目的是希望教师的道德品质更为符合教育使人成为"人"的精神诉求,不是弃德而是努力成为有德性的教师。要注意的是,这并不意味着我们当下的教育完全可以用"很坏、一团糟"等来形容,笔者也绝不否认广大教师在正确思想和理念引领下对教育事业做出的卓越贡献,他们中的大多数人兢兢业业、恪尽职守、为培育学生的健康成长尽心尽力。当前一些媒体抱着教师就应该是道德圣人的态度,对少数教师失德行为特别关注并特意放大,甚至故意误读歪曲,"使得大众对教师形象产生了片面认识与理解偏差"①。现实的教育实践总体而言是良善的,否认这一点,把教育说得一无是处,显然没有实事求是。

综合以上判断,笔者认为,为了扭转整体教师道德不佳的状况,为了教育使人成为"人"的教育精神追求能够在实践中得以实现,必须要努力培育教师优良德性,研究教师如何能够成为德性高尚的教师。教师只有对教育的核心职责和使命,始终保有坚定而神圣的义务感,才可能成为有担当、负责任的德性之师。只有作为社会模范的教师群体坚定对教育成"人"事业的信念,并脚踏实地地有所行动,才可能阻止社会道德的逐渐衰败,从而有希望建构和谐美好的社会。在基本路径方面,除了在传统的树立道德榜样供大家学习、进行道德宣传教育之外,我们要审视当前制度体系中不合理的因素,加大相关良善制度的供给,促进教育制度正义程度,使教育制度本身渐趋接近就是为了学生成"人"——自由全面发展这一理想的实现。同时,还要借鉴传统文化精华,促进教师德性的自我修炼。有了正义的教育制度,不一定能促进所有教师自觉追求德性,但完全可以遏制教师道德的底线被一再突破。同时,教师对德性的普遍追求和坚守将会进一步维护正义教育制度的运行。正是基于这样的考虑,笔者试图从规则伦理和德性伦理的双重维度,研究社会转型背景下,教育精神即使人成"人"视角下教师德性问题。这是促进教育伦理建设和扭转社会道德状况的一种有效路径。

(二) 研究聚焦与问题追思:我们何以应对

当今的教育从各类指标数字来看持续繁荣,教育事业不断获得新的成就,但也似乎越来越成为大众焦虑、揪心的行业之一。教师作为教育实践的主要承担者,对教育事业的重要价值不言而喻。而教师作为人类教育理想的主要

---

① 林歌.中小学教师德性养成研究[D].开封:河南大学,2018:2.

承担者,现实的教育因为"缺德"而如此让人困惑、揪心,这种状况的产生教师不能说是没有任何责任的。从教师行业的核心规定——教书育人的职责履行来看,前者是为后者服务,育人才是教育的核心价值体现,只有通过育人并使每个学生成"人",才能实现党的十八大对教育提出的根本要求:立德树人。但令人揪心的是,前者由于符合社会转型期的知识需求往往受到了重视,而后者在工业化、城市化、信息化的社会转型进程中却因为种种原因而被遮蔽,被边缘化。依笔者愚见,育人被边缘化的根本原因在于教师德性的危机,教师道德危机问题的存在使得教育实践本身产生了异化,是使教育实践异化——从育"人"到制"器"——的主要推动者。而什么导致了教师德性的退降?这就需要系统而深刻的反思。

另外,笔者之所以选择教师德性问题进行研究,是因为基于以下现象:很多教师只看重学生成绩,不重视其道德修养,导致很多学生每天埋头苦读,死记硬背,旨在打败同学,成为竞争阶梯中的优胜者,德性修养却从来没有在当前教育中占有"一席之地"。教师为了所谓教学业绩,种种手段轮番上阵,却从未考虑学生如何成为健全的人,这实在让人痛心,他们似乎从不追问某些行为是不是早已经缺失了教育的意味?通过对他们的走访了解,一些教师认为这些都是恨铁不成钢的表现,尽管行为有点偏激,但都是为了学生"好",让学生变得"优秀"。这种论调恰恰反映了教师德性的困顿及彰显的时代迫切性。教师为什么会陷入与其应有职责相违背的德性陷阱中?这与种种无法逃避的"压迫""调教""重重束缚"有什么关联?这种状况是怎样形成的?怎么才可能改变?显然,尽管教师有不可推卸的责任,但我们不能简单地把这些问题归咎于教师个人,而应该合理反思,探寻教师道德失范背后的社会原因,从而找到解决问题的突破口。

当前广受关注的是教育的德性缺失问题,压制人、规训人、把人视作社会工具的现象仍然普遍。对此,作为承担育人职责的教师责无旁贷,教师专业化的诉求不应再纠缠于教学方法、手段和技术的革新,教育作为一种良心事业,更应重视教师自身的德性问题,实现以德化教。卓越教师的生成,绝不仅仅是一种技术和手段革新后的自然行为,而更是体现为一种优良品质,一种精神,一种个性,一种文化熏陶,一种引领美好教育生活的实践方式,而这些恰恰属于教师应有的德性范畴。在这个时代里,包括教师在内的忙碌、浮躁的人群何以寻找静谧的时空顾及自己内心的德性生活,并潜移默化影响学生的德性生命成长?功利畅行、德性放逐时代教师的德性如何能够彰显?这成为日益明显的问题。社会转型背景下的当代教师的根本职责应是使人做成"人",为人谋求新的德性境界,而前提是教师需要生成并彰显德性。即,本研究试图聚焦于教师何以为教师的追问,即教师如何生成并坚守教育的精神的问题。想要回答的是,为什么一些教师不能坚持教师应有的作为,促进学生自由全面发展,而经常突破师德底线,做出伤害学生身心发展的事情,从而违背教师德性?

最后,在目前流行的各种教育学专著或教材中,涉及教师德性研究的内容非常贫乏。在极少数提到教师德性的著作中,对教师道德的论述都还停留于教师的奉献、爱心、公正、宽容、不计个人得失的敬业爱业的教师品德修养方面,而未上升到维护教育本质、展现教育理想和信念、弘扬教育品格和境界的德性层次。而有好的教师才有好的教育。人们一般认为,好教师对学生的学习与发展是有帮助的,他们的成功、优秀或是卓越,与学生发展紧密关联。长期以来,教师的"好"似乎只反映在对于专业知识和教学技能的掌握上,而教师是否具有一个好人的品质之类的涉及善恶的问题被搁置了起来,教师是否优秀的本体问题,即教师德性被遗忘了。

那么,教师身上应该体现的核心德性是什么?笔者初步的思考是在爱与公正中促进每一个学生成"人"——培育人特有的精神和灵魂、充分展现生命价值、成就自由人的创生;在成"人"过程中成"己"——作为教师的优秀资格和品质,即德性教师。教师如何促进学生自由全面发展,抵制不良教育对学生的危害,形成一种对教育成"人"使命坚定的责任感,这是教师德性的核心使命。

基于以上分析,本研究试图分析在社会转型背景下,教师为何会遗忘自己的成"人"使命,阐述教师如何养成优秀德性品质的理想路径。在这样的思考基础上,提出社会转型期的教师德性概念与内涵,深入阐述教师德性的成"人"意蕴和基本构成,并且指出教师德性培育的主要障碍和培育路径,使教师的工作真正成为崇高而神圣的事业。这是本著作研究的基本思路。

二、研究价值与意义

当前社会正在发生急剧变革,传统的农业经济逐渐解体,城市化、工业化正在全国加速推进,市场经济日益完善。社会的急剧转型对教师也带来深刻影响,面对社会的转型,很多教师陷入迷茫困顿当中,一些教师受"一切向钱看"的社会风潮影响,视教育工作为谋取利益的工具,"为学生发展而教"异化为"为钱而教",从而在教育行为中的德性表现日益令人汗颜。另外一些教师抱着随大流的心态,或者屈服于社会业已存在的种种制约,只机械地完成规定的任务,不愿对学生的发展负责。由此,研究教师德性在当代社会中的遮蔽与彰显,使每个教师成为德性之师,就凸显出重要意义。

首先,探讨社会转型期的教师德性,是因为德性作为精神性的内在品质,是教师的教育实践符合教育精神诉求的内在保障;教师德性作为一种价值原则,是确保教育成为促进人健全发展事业的根本保障;教师德性作为教师实践中体现的优秀品质,对于引导学生的德性成长,起着不可或缺的作用。

不可否认的是,当今教育受工业化的激发,发生了质的变革,规模日益庞大的同时,教育本身日益呈现出工业化造"人"的特征。由于缺少关于何为教育德性的探索,以至于教师的教育实践迷失精神、不断造就被抽空了德性的时代"群氓"。他们除了掌握一些实用技能和知识外,缺失做人的德性,行为受各种欲望驱使,这在当前的教育实践中日益显明,正成为教育的时代病。教师培育出来的人本应是具有丰盈精神、自由心智、独立个性的人,但我们当前的教师的工作却是在相反方向持续前进,要他们放弃独立思考,自主探索,只需死记硬背,全盘接受;要他们以同学为对手,成为竞争中的精英,放弃德性培育和精神涵养。显然,一个自身缺少德性内涵的教师无法在个人身上培养出任何人性的品质来。所以,当代教师急需培育的德性首先应该在导引使人成"人"中有所作为。在一个一切都被纳入政治工具和市场逻辑的时代,彰显教师德性就是坚守育人情怀和成"人"使命,不沉沦于欲望与利益、反对各种控制与规训、崇尚自由与超越,在个人和社会的张力中智慧地选择,以造就符合时代潮流的社会"新"人。

具体而言,研究教师德性问题的价值表现在:1.教师德性是教师之所以

"为师"的标志。德性反映真正的人性,没有良好德性作为根基,人的恶性就会膨胀,因而,优良德性是教师正确履行教育职责之根本基础。2."德性是人类精神的灵魂,有了它才有发光的精神,这种精神不仅使人类享受高尚化,而且成为人的生命力的'启动器'"①。教师作为人类灵魂的工程师,恰恰承担着人类精神发展的职责。如果没有相应的德性的内在支撑,教育工作就成为机械复制、灌输盛行的"工厂"。3.提高教师德性有助于提升教育的价值意蕴。在生活中,教师必须思考希望培养什么样的人,促进学生成为怎样的人。在此基础上,教师德性可以成为推动教师自觉追求专业发展的内在精神动力,关心教师作为人的存在和教师专业发展的方向性,追求基于"德福一致"的教师幸福,实现教师的专业使命,促进每一个学生的自由全面发展。美好教育生活的实现需要教师考虑其德性状况及其对教育实践的影响,探寻养成什么样的德性会使教育实践符合教育精神的诉求,这样才会提升教师职业的价值内涵,从而也就促进了教育中所有生命的发展,充实了生命存在的意义。

三、相关文献综述

(一)关于教师德性的概念和内涵

关于教师德性问题,国内外的研究还比较少,多数人认为教师德性就是教师应该具有的品质,从而在道德条目的意义上,阐述教师应该具有爱心、责任心、应该公正对待学生,应该善良、宽容等等。例如:教师的核心品质是开明、公正与关怀②,或者归纳为谦虚、勇敢、公正、思想开明、具有同情心、热心、有判断力和想象力③。教师德性是一种社会角色德性,它是教师在教育教学实践中所获得的从事教育教学实践所应该具有的品质。④ 与此观点类似的是:"教师德性是教师在长期教育实践过程中形成的一种内在的精神品质,其发展

---

① 陈根法.德性论[M].上海:上海人民出版社,2004:6.
② BIRMINGHAM,C.Practicing the virtue of reflection in an unfamiliar cultural context[J].Theory into Practice,2003,42(3):188-194.
③ HARE,W.What makes a good teacher? [M].Ontario:The Althouse Press,1993.
④ 周建平.追寻教学道德:当代中国教学道德价值问题研究[M].北京:教育科学出版社,2006:183.

是教师不断提高自身素养,不断充实自我,从而发现生活的意义,获得自我实现的过程。"①在陶志琼看来,教师德性即指教师在教育教学过程中不断修养而形成的一种获得性的内在精神品质,既是教师人格特质化的品德,也是教师教育实践性凝聚而成的品质,是一种习惯于欲求正当之物并选择正当行为去获取的个人品质。教师德性是内在的,需要在教师的教育实践中形成。教育实践对教师来说,既是为完成社会赋予的教育责任的付出,同时又是个人各种需要,尤其是精神需要获得满足的生命历程之组成,是获得与满足的统一。②在她看来,正是因为现时代的教育精神需要,才呼唤教师的德性。其在专著《教师的境界与教育》以及自己的博士论文中主要从这样几个方面进行探讨:各个时代的教育对教师德性在内容上与程度上的要求有何变化?多方面要求的地位变化如何?每个时代教育精神的变化和交替给教师德性的要求带来了什么变化?根据这种变化提出了什么新要求?她认为教育精神包括:教育创新精神和教育的国际意识。教师应该具有培养学生四种学习能力的德性;具有现代教育信念的德性。其书的第五章专门论述了教师的德性是什么。第六章论述教师德性的核心构成,即教师善、公正、责任。③ 金生鈜的《何为好教师——论教师的道德》④一文也对教师应该具备的伦理德性进行了详细分析,其中最核心的是教师要有正义感。吴海燕对教师应该具备的德性进行了较为系统的研究,她认为教育德性考察教育中的德性问题,表现为七种境界:"教育良知、断然选择、定位教育、宁静致远、安身立命、居安思危、止于至善。"⑤教师需要为此不断修身养性,提升德性境界。毋丹丹认为:"教师德性的内涵是传道、授业、解惑。其中,'传道'即传天地人三才之道;'授业'即授先师经典文卷,但需以'道'来'一以贯之','解惑'即使学生明明德。"⑥李清雁认为,"教师德性是建立在个体德性之上的职业德性,是教师在职业生活中逐步养成的具有追求卓越的能动性职业人格。"⑦

---

① 石峰.论教师德性[J].教育探索,2007(5):89-91.
② 陶志琼.关于教师德性的研究[J].华东师大学报(教育科学版),1999(1):38-44+66.
③ 陶志琼.教师的境界与教育[M].北京:北京师范大学出版社,2008:64.
④ 朱小蔓,金生鈜主编.道德教育评论(2008)[M].北京:教育科学出版社,2009:227-235.
⑤ 吴海燕.论教育德性的境界[J].江苏社会科学,2001(2):177-180.
⑥ 毋丹丹.传统教师德性的现代诠释[D].重庆:西南大学,2013:1.
⑦ 李清雁.教师德性:结构、动因与养成[J].社会科学战线,2018(10):234-242.

还有人认为:摆脱教师道德平庸化甚或是教师道德失范等问题,必须追寻教师的德性来源。教师德性之质即爱的德性,包括尊重、宽容、关怀、良心等基本德性。教师德性之行即德性教学,教学是德性实践,德性内生于教学实践之中,并在德性交往中使师生共同焕发生命活力。① "教师的德性是教师的内在品质,它必须表现为一定的行动才是现实的。一个教师仅仅认识、理解德性是远远不够的,他必须践行德性才能够真正地拥有德性并成为一个符合教育制度伦理原则的人。"② 有人归结教师德性的具体表现:第一,教师德性是一种能使教师个人担负起其教师角色的品质,即实现教师之特殊性目的的品质,是教师能充分实现其教育潜能的品质。第二,教师德性还表现为,教师的道德意志在履行教育教学责任和义务的过程中所体现出来的道德力量。第三,教师德性表现为,在教师对为师之道体验的基础上所形成的内在的、运用自如的教育行为准则。③ 有研究者尝试从爱、公正、责任、理性四个方面来阐释中小学教师何以为师所应具备的最重要的德性品质,他归纳了教师德性具备的示范性、内在性、自律性、稳定性和超越性的特点。④

针对很多研究者把道德与德性不做区分,从而把教师道德与教师德性相等同的观念,宋晔提出,教师德性和教师道德是两个不同的概念,教师德性是个人道德和高标准道德,教师道德是团体道德和底线道德。教师德性不是作为教师基本的行业规范,它是在教师道德规范基础上的更高的道德要求。从教师的职业性质来看,它的核心内容就是教师关怀、教师宽容和教师良心。⑤ 周建平的看法是:教师德性不同于教师道德,教师道德是外在于教师的职业道德规范,而教师德性是内在于教师的精神结构中的气质。并且,这种品质、气质不是先天具有的,而是后天获得的。教师德性作为一种后天获得性品质,能够为教师获得从事教育教学实践的内在利益。⑥ 传统教师德性观认为,教师德性是对教师的约束。一个有德性的教师,就是少私寡欲,就是奉献。这样的教师德性观在理论上是值得怀疑的,在实践中也是有害的。而他认为,教师德

---

① 王令.试论教师德性的内涵与实践[J].郑州大学学报,2012(4):82-85.
② 段治乾.教育制度伦理研究[M].郑州:河南人民出版社,2005:102.
③ 王荣德.教师道德教育论[M].北京:科学出版社,2004:31-33.
④ 林歌.中小学教师德性养成研究[D].开封:河南大学,2018.
⑤ 宋晔.教师德性的理性思考[J].教育研究,2005(8):48-52.
⑥ 周建平.追寻教学道德:当代中国教学道德价值问题研究[M].北京:教育科学出版社,2006:184.

性展现不是对教师生命的否定,而是对教师生命的肯定,同时也是对学生生命的提升。①

有研究者认为教师德性就是良心、善和理解力,德性的提升过程也是教师幸福的获得过程。"教师德性作为实践场域中的教师道德,是教师历经反复的道德实践而生成的专业品性,以教育良心、教师善和教育理解力表现出来。"②有人对以"无私"和"奉献"为核心内容的教师圣洁道德提出质疑,而超越圣洁,就是探讨教师德性的真实内涵,提出教师德性是超越中走向完整,教师德性不仅是忘我的"善良"德性,更是基于人性力量的"升华"德性。③ 有学者认为,教师德性是教师在长期教育实践中形成的一种内在精神品质。教师德性主要由教师公正、教师良知和教师责任三部分构成。④ 教师德性精神包括教书育人、无私奉献、创新、敬业乐业等。⑤ 有学者把教师德性分为社会德性、职业德性、教育德性并指出了各自强调的德目。⑥ 有学者把"教师德性"分为八个部分。"按照一个一个的德性或者德性群,来衡量教师质量。"⑦有研究认为教师德性是教师用其力量施展教书育人功能,不断追求卓越所形成的品质,有一般和优秀的区别。⑧

有研究者从教学角度解读教师德性,认为"教学德性在教学实践中以爱为表现形式、以信念为内在动力、以理解为对话手段"。⑨ 魏宏聚认为,有德性的教学行为的结果皆是指向学生发展的"好",是向"善"的,教学是以育人为目的的一种有德性的实践。⑩ 有学者分析了教师教学理性与道德的关系,"教学实践领域出现了教师教学理性与教学道德分离的现象,即有理性无道德的工具理性的充斥,以及有道德无理性的规范伦理的桎梏"⑪。并提出了相应

---

① 周建平.生命性教师德性:教师德性观的重建[J].当代教育论坛,2007(20):18.
② 黎琼锋,吴佩杰.论教师德性与教育幸福[J].山西师大学报(社会科学版),2008(2):120-125.
③ 薛晓阳.超越"圣洁":教师德性的哲学审视[J].教育研究与实验,2001(2):19-25.
④ 张燕.教师德性困境及其出路[J].教育导刊,2018(06):77-80.
⑤ 冯文全,李晓雪.当前我国教师德性涵养的困境与出路[J].牡丹江大学学报,2016(8):141-143.
⑥ 张光华,杨艳.教师德性构成与培育的理性思考[J].武汉理工大学学报(社会科学版),2019,32(06):122-126.
⑦ 毕世响.教育质量之教师德性衡量[J].当代教育与文化,2018,10(02):12-19.
⑧ 黎玮,赵冰倩.论教师德性的特征及其提升[J].现代基础教育研究,2017,27(03):46-51.
⑨ 刘雄英.教师教学德性:内涵、发展及实践进路[J].教育发展研究,2018,38(10):80-84.
⑩ 魏宏聚.论教师有德性的教学行为[J].河南大学学报(社会科学版),2017(3):127-132.
⑪ 李森,高静.论教师的教学理性与教学道德[J].教育研究与实验,2019(03):1-7.

对策。

上述这些研究无疑从不同角度剖析了教师德性的内涵和条目,增进了人们对教师德性的理解,但显然大多都是从主观的经验入手进行讨论或阐述,由于缺少从教育核心精神展开的辩证逻辑,使得研究人云亦云,没有直达德性的内核与本质,尚有进一步研究的价值与必要。

(二) 关于教师德性缺失的原因

有研究者从德性与文化相互建构的视角出发,对当下高校教师德性缺失现象的深层原因进行探究,发现高校制度文化的能力主义的伦理倾向以及底线道德在实践中的运行,构成了教师德性提升的制度文化困境。①

要解决社会道德、社会风气问题,只靠榜样德育、环境德育往往难以取得实质性效果,根本出路在于制度的完善。如何提高德育制度的道德合理性有三条原则,即学生参与、发展为主、服务生活。② 另外,其通过分析教师的不道德行为的突出表现、产生根源和解决对策,指出教师道德首先来源于社会对于教师职业的切实保障,而不仅仅是教师教育培训这一种途径。要妥善处理教师素质与教师待遇、个人道德与社会道德的关系。③

有人认为应试教育是滋生教师职业道德失范行为的温床。应试教育容易使大量教师产生"职业倦怠",而不能爱岗敬业;应试教育使教师形成"以分取人"的学生评价观,以至于在热爱学生方面出现失范行为;应试教育强化了教师的优势地位,容易诱发其在尊重家长、廉洁从教方面的失范行为;应试教育形成"重业绩、轻品德"的教师评价观,使得教师不注重自身的道德修养,难以做到为人师表。④ 有学者指出,当前教师道德责任感不强的主要原因在于:多元价值观的影响;以往师德教育中泛道德主义教育的失效;教师的职业认同感不强。⑤ 教师职业伦理失范跟当前的社会转型期教育产业化、制度不健全、德

---

① 蒋文昭.教师德性的制度文化困境及超越[J].教育学术月刊,2009(3):87-89.
② 杜时忠.教师道德从何而来[J].高等教育研究,2002(5):79-82.
③ 杜时忠.教师道德从何而来[J].高等教育研究,2002(5):79-82.
④ 杨金国,薛艳格.中小学教师职业道德失范行为透析及控制对策[J].保定师范专科学校学报,2005(1):49-51.
⑤ 李先军.教师道德责任感的培养———对汶川大地震中师德状况的思考[J].教育科学研究,2008(12):43-46.

福不一致等有关,需要加强对教师的职业伦理教育和健全职业道德规范。[①]大量"无德而富"现象提出了一个尖锐的问题:既然道德不能给人带来财富,人为什么要有道德?传统道德资源被瓦解,天命良知、因果报应失去制约力量;新的道德资源尚未形成,人们找不到讲道德的理由,道德信仰危机不可避免。[②]有研究认为,教师德性问题根源是"由于教师德性的双重属性,导致社会需求与教师个人诉求的矛盾,引发高标准的要求与基本的职业素养之间的差距与争论。而人性假设的复杂、伦理价值的矛盾、规范制约的两难,又是教师德性双重属性的根源所在"[③]。有论者提出,教师道德包含两个层面:教师德性和教师职业道德。两者有不同的内涵,前者属于私德,主要靠个人修养,后者是底线道德,依靠法律法规和社会舆论制约,因为两者经常被混淆,导致教师德性建设成效不大。[④]金生鈜特别指出:教育本应是"心灵的导向",就是促成人的精神成长,但现代教育追逐物质效益而忽视精神文化的开创和弘扬,使人陷入狭隘而片面的发展。[⑤]尽管这是时代的通病,但教师显然对此负有责任。

(三)提升教师德性的对策或途径

受到社会制度不健全、伦理缺陷突出、过度功利化、长官意志盛行的影响,教师德性处于边缘化位置,"老实人吃亏"的社会现实迫使部分教师放弃了自己的德性修养,激烈竞争使得很多学校一切以利益最大化为教育行为标准,置学生发展于不顾。在此背景下,很多人研究了如何提升教师的德性水平,改变教师的伦理困境。杜时忠等人强调学校德育不应放弃自己的责任,而应审视社会正义,提倡主体精神。依据"自愿选择,理性判断"的原则,造就自制、理

[①] 陈法宝.教师职业伦理失范的归因分析与对策[J].河北师范大学学报(教育科学版),2012(10):74-77.

[②] 杜时忠,程红艳."无德而富"与道德教育的根本性危机[J].华东师大学报(教育科学版),2007(1):20-27.

[③] 方红.教师德性困境:根源及突破[J].教师发展研究,2017,1(4):26-31.

[④] 王艳.教师道德反思——从教师德性和教师职业道德关系角度分析教师德性建设[J].天津市教科院学报,2008(4):34-36.

[⑤] 金生鈜.理解与教育:走向哲学解释学的教育哲学导论[M].北京:教育科学出版社,1997:内容简介.

性和负责的个人。① 他们认为制度德性对学校德育的重要作用方面尚欠深入认识,因而希望从制度伦理建设的视角解决德育低效问题,并引发了大量相关研究。其根本观点是:第一,要解决社会道德、社会风气问题,根本的出路在于制度的完善。这种完善,不仅仅是数量的增加,即通常所说的从无法可依到有法可依,更重要的是质的提升,即从不道德的制度到道德的制度,制度本身要体现社会公平与正义。第二,对于学校德育来说,不能回避制度德性。学校德育应该正视并弥补制度的缺陷。② 他们提出,师德问题的解决需要由社会管制转向社会支持、由师德规范转向专业伦理、由高标道德转向合宜道德、由遵纪合规转向尊严幸福。③ 显然,实施市场经济给社会的道德产生了严重影响,市场经济中功利主义道德价值观与理想主义道德价值观的冲突,对我国教师道德实践形成了重大影响,使教师道德选择常常处于现实之生存与理想之正义的道德困境之中。为此应适度引入社会主义市场经济伦理,使传统的教师道德变成更有弹性和张力,形成理想与现实的合理维度。④ 曹辉基于现实的道德教育脱离了人们的经济生活这一现实的困境,从人学视角研究了道德教育与经济生活的联系,人的经济生活及其道德教育意义等内容,从而使得道德教育不再与经济生活互斥。⑤ 在当前,从教育制度德性研究教师德性提升成为一种主流的观点。例如,产欣斌在其硕士论文《制度公正与师德建设》⑥中认为学校制度德性是师德的基础和前提,确认学校制度对于师德的价值,得出目前中小学制度是有欠公正的,对校长和教师的要求走向了两个相反的极端,即权力本位的校长负责制和义务本位的教师聘任制。从而明确指出当前师德建设所面临的困境主要是由学校制度的德性欠缺所致,最后,其探索了学校制度公正的原则,认为师德在学校制度德性的关照之下,应通过学校制度公正来匡正师德建设,以使师德建设走出误区。学校制度安排要秉持人本管理的理念,学校制度设计应由义务本位向权利本位转型。学校制度的制定应实行民

---

① 杜时忠,程红艳."无德而富"与道德教育的根本性危机[J].华东师大学报(教育科学版),2007(1):20-27.
② 杜时忠.制度德性与制度德育[J].教育研究与实验,2002(1):38-43.
③ 杜时忠,倪峥.论师德建设的"转向"[J].中小学德育,2019(12):35-39.
④ 高晓清.市场经济条件下教师道德的维度[J].教师教育研究,2006(3):61-64.
⑤ 曹辉.道德教育与人的经济生活[M].杭州:浙江教育出版社,2009.
⑥ 产欣斌.制度公正与师德建设[D].武汉:华中师范大学,2006.

主参与原则。

关于优化制度德育机制问题,也有很多相关思考,例如:第一,要深化制度德育的理念,充分认识制度的德育功能;第二,把握制度的制定原则,大力优化制度的道德建设;第三,要发挥制度教化的功效,讲究和追求制度德育的艺术;第四,要强化制度的约束机制,加强制度执行的监督检查;第五,要重视制度环境的建设,促进制度德性的有效形成。① 对于制度德育的研究还有:李彦然2002年的硕士论文《学校德育制度论》分析了德育制度存在的问题,探索"整体德育模式";李红梅2004年的硕士论文《我国学校德育制度分析》回顾了我国德育制度的演变和变革;卢楠楠2006年的硕士论文《制度德育》论述了制度德育的理论基础以及构建的机制、原则(方向原则、公正原则、规范原则、渗透原则)和重点(家庭、学校和社会);谈心2007年的硕士论文《制度德育初探》探讨了制度德育的必要性和可能的发生机制;廖细春2007年的硕士论文《学校德育的制度支持探析》认为学校德育制度对于学校德育提供支持,同时也存在局限性;蔡佳辰2008年的硕士论文《我国学校德育制度问题反思与探讨》从制度的制定、执行和实效三个方面剖析了目前我国学校德育制度的问题、成因以及解决策略。他们对制度德育的研究领域有所扩宽,并提出了制度德育的构建问题,但并没有对其深入探讨。

刘超良在制度德育方面作了较为系统深入的研究。其博士论文《制度德育论》详细研究了制度作为价值资源对德育的启示。在他看来,对德育困境的原因思考,除德育的内在因素外,不能不将思维的触角伸向有关德育方面的制度。建构公正的制度德性是走出社会道德失范的前提,也是消解德育困境的社会性条件。

除了从制度德性研究教师德性问题外,其他教师德性提升策略相对比较零散。研究者从多个方面对教师德性的提升策略进行了分析,有的侧重于德性提升的外在条件,有的侧重于教师德性提升的自我努力,自我实践。譬如,张自慧认为教师是师德建设的主体,是起决定作用的内因,其师德自觉的程度直接关系到师德建设的成效。因此,为加强师德自觉,其探索了相关路径。②

---

① 尹黎.制度德育的机制研究[D].上海:上海师范大学,2011.
② 张自慧.论师德自觉及其实现路径[J].教育伦理研究,2018(00):383-390.

李清雁对教师德性的内涵、外延以及养成做了详细分析。① 同时认为教师德性养成应遵循内在实践路径,提出"以身份认同为基础通过德性修炼和德性提升的实践方法来养成教师德性。"②有学者提出,教师德性养成可以通过情感体验为主,义务、规范等方式为辅的路径,关注教师心中的道德力量;同时,教师应该遵守教师角色规范,坚守行为底线,成为有德性的教师。③

另有研究者认为:为了提升教师的德性,必须重视其闲暇生活的建构。闲暇生活以其自由与和谐的本质与个体德性的根本发展指向相一致,闲暇生活的质量对于教师德性的提升具有重要影响。当前我国教师的闲暇生活存在时间缺乏、质量缺失以及意识和行为上的偏差,对教师德性的发展造成了损害。应采取积极措施加强教师闲暇教育的制度建设,引导教师正确认识休闲的价值,保证教师闲暇生活权利与义务的统一,从而促进教师德性的提升④。

有研究者提出:具有"君子"人格是教师道德修养的现实目标。教师道德修养的提升必须通过教师主体的自律得以实现,但同时也需要外在约束机制即他律的完善,这就是教育行政管理部门和学校的责任。例如制定各种规范师德的条例、规章、准则;改进教师评职晋升制度;改善物质生活条件;开展评比、检查、监督、评估活动;对师德欠佳、有错的教师实行淘汰、惩处制等⑤。这样的观点作者认为仍然有待商榷,我们教育行政部门已经制定了那么多的用来约束教师的道德行为规范,为什么现实中还时常有师德问题的出现,这些规范为何没有起到预期应有的作用?其主要是因为脱离了当前的社会实际,抽象地想象出优秀教师的道德形象,然后要求教师努力修炼,争取做到"不求回报、一心奉献"的君子人格,这显然是不现实的。关于这类观点的批驳的文章也很多,例如:有学者指出1.德性是自主选择和完善的,是对"要做一个什么样的人"反思的结果。不能由教育行政部门或校长做道德的裁判官。2.德性高扬自由意志,其对立面是奴性。是受制于物欲。3.德性体现做人的尊严。即师道。⑥ 同理,有学者认为教师德性主要依靠自我培育,并给予了培育的基本

---

① 李清雁.教师德性养成的本质释义[J].教育伦理研究,2018(00):175-186.
② 李清雁.教师德性:结构、动因与养成[J].社会科学战线,2018(10):234-242.
③ 陈黎明.论教师德性的培育[J].当代教育科学,2018(06):45-49.
④ 申明.闲暇生活与教师德性之提升[J].教育科学研究,2010(3):70-73.
⑤ 张黎.自律与他律:论教师道德修养的提升[J].重庆广播电视大学学报,2008(4):28-30
⑥ 金沙.道德规范与教师德性[J].中国德育,2008(12):1.

途径。教师德性根植于教师作为人的基本德性,又与其职业生活和专业角色密切相关,包含好学、关怀、宽容、责任等优秀品质。教师德性伦理的实现过程是教师道德的主体化、个性化过程,因此,自我培育是教师德性成长的根本途径。教师德性自我培育的基本策略有三个方面:提高教师作为德性主体的自觉意识;提高教师对自我德性的反思能力;掌握德性自我培育的方法。[①] 也有观点认为提高教师道德责任感的策略主要有:加强敬业爱岗教育;鼓励教师进行道德反省;培养教师的道德选择能力;制定切实可行的师德规范。[②] 教师德性提升的方式主要有:1.工作中的道德实践。2.从人际关系的调整入手。教师要从日常的人际关系的调整入手,把德性的提升置于一种建构新的社会关系的格局中。3.进行社会性学习。4.随时反身自省。5.注重自强与自律。[③]

有学者借鉴麦金太尔对德性的解说,构建了教师德性的三个逐渐递进的维度:教师教育实践要注重内在利益的价值导向,教师要成为"有德"之人,教师要在继承历史文化中超越传统,成就德性。[④]

张楠楠把教师德性主要归结为公正。作为德性的教师公正更显教师个体的自觉与卓越。教师公正作为一种德性,是公正德性在教师身上的运用,教师需要着力养成公正的德性。[⑤] 审视与反思高校制度建构的伦理合理性,并在此基础上追求实践运行中的制度公正,可为教师德性的提升提供制度保障和文化引领。[⑥]

有学者从教师专业发展角度阐释教师的德性提升,他认为,道德是教师的立身之本,德性是道德的本位,德性是教师专业发展的重要维度。教学作为德性实践,引导教师在教学实践场域中提升道德水平。在教师专业发展的背景下,必须凸显教师德性的影响力,注重教师德性的培育。这包括:构建德性本位的教师道德教育体系;构建有利于教师德性生成的教育实践;构建有利于教

---

① 郭清丽.教师德性的自我培育[J].焦作师范高等专科学校学报,2012(3):30-32,61.
② 李先军.教师道德责任感的培养——对汶川大地震中师德状况的思考[J].教育科学研究,2008(12):43-46.
③ 周小山.教师怎样进行校本研修[M].长春:东北师范大学出版社,2004:43-44.
④ 陈黎明.现代性背景下如何重塑教师德性——基于麦金太尔的德性观[J].教师发展研究,2018(03):22-26.
⑤ 张楠楠.教师公正德性的养成与实现[D].太原:山西大学,2012.
⑥ 蒋文昭.教师德性的制度文化困境及超越[J].教育学术月刊,2009(3):87-89.

师德性发展的道德环境;构建有利于教师德性提升的制度文化。① 周建平认为,教师德性提升的策略有:重视教育实践;加强体验;良好社会环境的营造,特别是制度环境,制度不善,却要求教师洁身自好是不合理的。②

也有研究认为实践是打通师道与德性之间壁垒的基本途径。师德教育旨在凝道成德,化师道为德性。师道如何化为德性,实践是其根本途径;关注教师的精神性需要是其基本途径;构建良好的学校心理环境、展开群体式的道德对话、进行理性的克己自反是其具体途径。③ 其所指的师道即社会对教师职业的应然规定性。主要包括教师职业要求、职业责任、职业规范、教师评价等。与此界定明显不同的是沈璿和栗洪武的研究,他们也谈到师道与师德的问题。在他们看来,师道是一种人格的愿望的自然道德,是教师的精神价值的追求;而师德则是关于教师职业活动与专业行为本身的规范,属于教师约定的义务的道德,是教师的行为准则。二者通达现代教师道德生活的两条路径——道德与规范、自然与约成,互相并行,相互给力,合而为一,有助于教师个体秀外慧中,促进教师群体专业化发展。④

唐爱民也分析了教师道德发展的途径问题,教师教育中的技能主义、专业主义遗弃了教师职业的道德根性与教育的道德指向性。⑤ 道德成长进入教师教育具有理论上的内在可能性与实践运行的可行性。它是教师确证生命价值、提升教育品质、成就人生幸福的德性基础和基本担保。张宁娟曾经研究了批判型教师的问题,把批评意识和能力作为教师的一个非常重要的德性。"公民社会的建设、学生的健康成长需要教师具备理性的批判精神和能力。批判型教师的批判具有社会批判和自我批判两个维度,批判型教师的成长经历了自发状态、自觉形成以及自由实现三个阶段。"⑥张博在《对高校教师道德冷漠现象的思考》中提出高校教师冷漠的矫正对策包括客观上加强对教师的职业

---

① 刘宗南.论教师专业发展的德性之维[J].教育研究与实验,2010(6):40-43.
② 周建平.追寻教学道德——当代中国教学道德价值问题研究[M].北京:教育科学出版社,2006:195.
③ 禹旭才.师德教育:化师道为德性[J].湖南科技大学学报(社科版),2005(1):124-128.
④ 沈璿,栗洪武."自然"与"约成";"师道"与"师德"合一[J].华东师范大学学报:教育科学版,2011(4):8-14.
⑤ 唐爱民.道德成长:教师教育不能遗失的伦理维度[J].课程·教材·教法,2010(2):78-82.
⑥ 张宁娟.论批判型教师及其成长[J].教育学术月刊,2008(1):26-32.

道德教育;建立完善的教师职业道德赏罚机制;加强学生的伦理道德教育。主观条件包括树立正确的道德观、价值观;实现自我价值;学会自我调节。①

还有一些研究侧重对某些具有优秀德性的教师进行分析,从而挖掘其教育事业成功背后的个人品质。例如,有人详细研究了斯霞的教育人格、对教育事业的热爱、爱心育人思想和她的教育艺术,认为这些体现了可贵的斯霞教育精神,是极其宝贵的精神财富和智力资源。斯霞是推进建国以后基础教育改革当之无愧的最优秀的小学教师代表。斯霞之所以做出重要贡献和取得显著成绩,其优良德性是关键。当前的基础教育改革迫切需要教师具有斯霞式教师德性。② 有学者为纪念黄济九十华诞写了:《价值追求,是教师精神家园的扎根地》《师爱弘扬,是教师精神家园的奠基石》等;其他比较有影响的是南京师范大学鲁洁八十华诞纪念(其弟子专门写了纪念的论文集③);浙江大学王承绪百年诞辰纪念;山东师范大学傅统先百年诞辰纪念等。类似的研究还有《珍视民族传统　重拾教育精神——谈学习实践叶圣陶教育思想》《童心母爱:永不熄灭的教育精神——纪念斯霞诞辰100周年》等。在理论分析方面,叶文梓探讨了"什么是教育信仰、教师为什么要确立教育信仰、应确立什么样的教育信仰、如何培养教育信仰等基本问题"。④ 而张璇的硕士论文《教师教育信仰的缺失与重建》分析得更为透彻,其对教师的德性缺失问题进行了研究,对教育信仰的理性、情感、意志维度进行解读,认为缺失原因主要是现代性的危机、犬儒主义、技术主义等,并提出了应对办法。王全林论述了大学教师担当知识分子责任的可能及其障碍性因素,是解决大学教师德性缺失的有效途径之一。⑤

最后,值得一提的是吴安春写了一部《德性教师论》,其所言德性是本体论意义上的,指的是万事万物的本源,是包含有生命力的并依靠自己力量生成和发展的过程,是事物最优越的潜质,是具有巨大能量的精神力量。其阐述的"德性论"教师创造教育观是创造型教师对教育的独特理解。其根本点在于,

---

① 张博.对高校教师道德冷漠现象的思考[J].湖北广播电视大学学报,2012(11):119-120.
② 杨林国著.追寻教师美德:斯霞教师德性解读[M].南京:东南大学出版社,2007:17-18.
③ 戚万学等.静水流深见气象——鲁洁先生的教育思想与教育情怀[M].北京:教育科学出版社,2010.
④ 叶文梓.论教师的教育信仰[J].浙江社会科学,2004(2):110-114.
⑤ 王全林.精神式微与复归:知识分子视角下的大学教师研究[D].南京:南京师范大学,2006.

教师从德性生命的高度来认识和理解教育目的、教育过程、教育对象、教育内容、教育方法,形成以发展学生的德性生命为本的教育观、人才观、教学观、课程观,等等。教师的创造教育活动是以德性为本的,以促进学生德性生命和谐的、自主的、可持续性发展(人的自我实现)为目的的教育活动。教师的创造教育活动是创造生命的活动,它是教师发现学生生命内在的最优越性潜质,探索这种潜质的丰富性与独特性、稳定性与生成性、内源性与外发性,为之创造各种有利的教育情境,促进其成长的活动。① 这种观点对笔者将要开展的教师德性研究具有重要启发作用。其不足在于注重于教师的个人修炼,而没有估量到其实现的社会障碍。而笔者试图从伦理学、社会学、精神哲学等多角度的视野对此展开充分论证。

(四) 与教师德性密切相关的教师道德研究

此类研究已经非常丰富,研究者从不同维度对日益凸显的师德问题做了深入研究。首先,我们遵循"言必称希腊"的学术传统,从柏拉图开始回溯,柏拉图在《理想国》中通过著名的洞穴比喻揭示了教育旨在引导人"灵魂转向",而教师必然要担当学术"灵魂转向"的职责,这就对教师提出了德性的要求。古罗马教育家昆体良要求教师热爱学生,像父母一样对待学生。中世纪时期教师作为上帝的圣徒,主要目的是引导学生皈依监督,信仰上帝成为教师的首要德性。

文艺复兴时期,随着上帝的"祛魅",人的主体价值开始确认,拉伯雷认为,教师必须对学生进行道德教育,否则有知识无良心,就是灵魂的死亡。夸美纽斯作为过渡时代的教育家,指出教师是太阳底下最光辉的职业,教师首先要成为一个道德卓越的人。洛克和卢梭则重视教师对学生言行的榜样作用,认为教师"在敢于担当培养一个人的任务之前,首先要把自己造就成一个值得推崇的模范"②。

瑞士教育家裴斯泰洛齐则认为每一种好的教育都要求用母亲般的眼睛时时刻刻准确无误地从学生的眼、嘴、额的动作来了解他内心情绪的每一种变

---

① 吴安春.德性教师论:创造型教师的专业发展[M].北京:人民教育出版社,2003:83-85.
② 卢梭.爱弥尔[M].李平沤,译.北京:商务印书馆,1983:99.

化。第斯多惠认为教师首先应该在自己身上发展那些他应该在别人身上发展的个性品质。苏霍姆林斯基对教师身份做了规定,要求教师记住"你不仅是教课的教师,也是学生的教育者,生活的导师和道德的引路人"。强调教育学生时"切不可对儿童采取体罚方法。没有什么比强力迫使手段更为有害和不祥的了"。① 其对教师要进行的道德教育内容规定为:培养责任心和"尊重人的态度"。这是教师道德规范中非常重要的内容。

当代国外关于教师道德要求的相关表述,都特别强调教师在处理与学生关系方面需要的德性素养。例如"教师必须尊重学生的思想自由,并鼓励他们发展独立的判断力;教师要致力于培养作为未来成人及公民的道德意识,并以民主、和平与民族友谊的精神教育儿童;教师不能因性别、种族、肤色及个人信仰和见解的不同,将个人信仰和见解强加给儿童;教师要在符合学生自尊心的范围内实施仁慈的纪律,不得采用强制和暴力。"②这从美国的教师职业道德规范文本可以看出,他们更注重教师底线道德,多采用教师"不得""不可"等否定性表述,更容易在实践中获得良好实施。③

在国内,教师道德问题研究也有比较长的历史,多数对教师的内涵规定都特别强调教师应该具备的"德"。当然,封建社会中,统治者为了维持统治秩序,教育成为一种统治和对民众教化的工具,其"德"往往包含统治阶级的意识形态。要求教师首先"身正""明人伦""其身正,不令而行;其身不正,虽令不从","不能正其身,如正人何?"西汉董仲舒进一步强调教师的道德品质。"是故善为师者,既美其道,有慎其行,齐时蚤晚,任多少,适疾徐,造而勿趋,稽而勿苦,省其所为,而成其所湛,故力不劳而身大成,此之谓圣化,吾取之。"更多的是直接从"道"或"德"层面界定教师:1."师者,教人以道者之称也。"(《周礼·地官司传序》)2."师者,所以正礼也。""师也者,教之以事,而喻诸德者也;四海之内者一家,通达之属,莫不服从,夫之谓之人师。"(《荀子》)3."智如泉源,行可以为仪表者,人之师也。"(《韩诗外传》)4."师者,所以传道授业解惑也。"(韩愈《师说》)等,并且强调"道之所存,师之所存"。朱熹、王夫之等

---

① 苏霍姆林斯基.给教师的一百条建议[M].杜殿坤,译.北京:教育科学出版社,1984:102,138.
② 引自《国际教师团体协商委员会教师宪章》,1954年8月由国际教师团体协商委员会制定.
③ 兰英.中美教师职业道德规范的文本分析及建议[J].西南大学学报(社会科学版),2012(5):56-61.

人也对教师的道德问题做过阐述,例如"正其义不谋其利,明其道不计其功"等。这意味着中国古代对教师概念的理解首重"德"。

我国当代关于教师道德研究侧重于对教师职业道德内容、职业道德规范的分析和探讨。关于教师职业道德素养的研究成果丰硕,很多是以教材的方式直接告诉教师师德包括什么内容,怎么修养和提升自己的道德素质。例如:周延富认为教师职业道德具有"崇高、示范、深远"的特征,要求教师具有"坚定的政治素质、高尚的道德素质、渊博的文化素质、精湛的能力素质、良好的心理素质。"① 于淑云和黄友安提出现代教师的职业道德包括教师义务、教师良心、教师公正、教师责任感,并对其进行了详细论述。② 闫小柳,赵忠义编写《师德修养概论》主要内容分为:道德与教师职业道德、教师在学校生活中的道德要求、教师在社会生活中的道德要求、教师在家庭生活中的道德要求、教师道德评价与道德选择等。③ 唐凯麟,刘铁芳主编了《教师成长与师德修养》④,主要内容包括,师德:时代的召唤,教育的期待;教师职业:职业性与生命性的统一;敬业:师德修养的起点;师爱:师德修养的灵魂;为人师表:师德修养的基础;教育创新:师德修养的时代要求等。周德义,王嘉德,王荣德著的《师德修养与教师专业成长》从师德修养概述入手,分别阐述了师德修养的时代要求、理论体系、过程分析和价值追求,最后论述了师德修养与教师专业成长的主要内容,较完整地反映了新世纪师德修养与教师专业成长的理念和内涵,并结合实例对教师道德修养进行了深刻的剖析。⑤ 有学者认为,当今存在教师道德边界模糊化的问题,存在各种行为和关系的不确定状态。其原因主要是道德传统、教师的职业特性和教师工作的特殊性⑥。

申继亮从道德、公德、法律三个维度对教师的职业道德进行了论述,并对教师职业道德形成的心理基础和自我养成等问题进行了讨论。介绍了教师职业道德自我养成的途径和措施,对教师职业道德的一些基本理论问题进行了

---

① 周延富.教师道德规范与修养[M].北京:学苑出版社,1993.
② 于淑云,黄友安.教师职业道德和专业发展[M].北京:首都师范大学出版社,2007.
③ 闫小柳,赵忠义主编.师德修养概论[M]北京:北京师范大学出版社,2008.
④ 唐凯麟,刘铁芳主编.教师成长与师德修养[M].北京:教育科学出版社,2007.
⑤ 周德义,王嘉德、王荣德.师德修养与教师专业成长[M].北京:龙门书局,2006.
⑥ 邓晨,吴黛舒.教师道德边界模糊化现象研究[J].教育发展研究,2018,38(10):75-79.

澄清,对教师职业道德相关的一些教育教学行为进行了辨析。① 类似的编著还有:李黎,吕鸿的《师德与教师礼仪》②,余维武、朱丽编写的《教师的职业道德素养》、教育部人事司组织编写的《高等学校教师职业道德修养》、钱焕崎编写的《教师职业道德》、连秀云的《新世纪教师职业道德修养》;齐念等编写的《师德风范》、林崇德主编《师德通览》。在这类书中,很多是简单地教导教师要对学生仁爱、关怀、民主、尊重、公正、平等、宽容、理解,在交往中要为人师表、自尊自爱、真诚相待、积极参与、对话沟通、平等合作、客观理性等等。我国近年颁布的《公民道德建设纲要》则提出了一个"二十字基本道德规范",即"爱国守法、明礼诚信、团结友善、勤俭自强、敬业奉献",其中亦蕴涵了一些德性内容,但更多的是对公民德性在社会行为外化的一些具体要求,而且还有很多的德性的内涵还没有在以上的文字中列出。这些论述共同的特点是有说教,少分析,有要求,无讨论。即不能对这些道德要求提出质疑,只能遵照执行,但又相对模糊,转化到实践中存在"说不清,道不明"的窘境。

另外,有非常多的期刊以教师道德为研究主题,提出教师道德的滑坡以及如何提升教师的道德水平,以便更好地对学生开展道德教育。例如,有研究者认为:教师道德在追求崇高的价值目标的同时,更要坚守教师道德的底线。教师道德的底线是教师职业活动中必须坚守的最低的道德要求。教师与学生的关系是教师道德所调节的伦理关系中最根本、核心的利益关系,相对于教师的利益,学生的利益具有道德上的优先性,学生利益的优先性就决定了教师道德的底线是:教师在任何时候都不能够损害学生的正当合法利益。③ 有研究者把教师道德的基本范畴归结为那些反映教师与学生、学生家长及社会各方之间最本质、最重要、最普遍的道德关系的概念。这些概念是教师道德原则和规范所包含的道德概念的概括和总结,体现着教师对各种道德关系认识发展的阶段。这些概念主要包括教师的义务、良心、荣誉、幸福等等。而其实这些主要是教师德性的范畴。有研究者思考教师的道德困境和选择问题,从关系角度把其分为对抗性的道德困境和非对抗性的道德困境。④ 有学者强调师德示

---

① 申继亮.师德心语:教师发展之魂[M].北京:北京师范大学出版社,2006.
② 李黎,吕鸿.师德与教师礼仪[M].北京:高等教育出版社,2011.
③ 郝文清.论教师道德的底线[J].齐鲁学刊,2010(5):96-99.
④ 王夫艳.教师的道德困境与道德选择[J].全球教育展望,2015(08):85-93.

范特征,"不应采取泛人性立场的过度宽容,教师个体应在自我性道德修养方面强化师德意识,契合师德修养卓越化导向"①。有人回顾近30年来的教师道德成长经验,从我国基于教师团队组织的教师道德成长经验来看,有:20世纪80年代,着重于师德教育和个人修养,兼及教师榜样示范的影响;20世纪90年代,着力于管理制度建设,强调教师群体互动的作用;21世纪前10年,着眼于教育教学改进,突出教师团队合作的功能。② 有研究认为教师职业道德建设的基本构成是提升境界和操守底线,提升境界和操守底线重在日常教育工作中的坚守。③

当前的教师职业道德规范在制定时,"一般把教师排斥在道德建设之外,教师成了被动的适应者、顺从者,而不是主动的参与者"。导致教师道德滑坡的根本原因在于教师的利益没有受到保障,从教师职业来看,教师追求个人利益是正当的。教师道德规范本身应该是道德的,应该是人性化的,它应该有助于教师个人利益的维护,教师基本需要的满足。只有这样,教师道德规范才能被教师认可、接纳④。刘超良、陈杰认为教师利益具有激励功能与导向功能,它是教师道德培养的内在动因,在学校中应该采取合理的措施,保证教师利益在德育活动中得到正当的实现,同时,在处理教师育人、管理与教学等方面的关系时,可通过一定的利益手段将教师德育的视角引向"育人"的目标上来。⑤有研究者比较了中美两国的师德建设文本,认为"美国的教师专业伦理规范制度从制定和发展、内容和相应的处理机制等方面"对我们有借鉴价值。提出"从健全师德规范体制和监督处理机制、坚持以服务为首位的师德精神以及注重对教师综合素质的提升等方面加强师德建设"。⑥

值得引起重视的是,在教师道德研究领域,檀传宝做了持续深入的研究,其代表性的专著有《教师伦理学专题:教育伦理范畴研究》和《走向新师德:师

---

① 周宏.师德示范特征与教师性道德修养检讨[J].江苏高教,2019(07):69-73.
② 杨炎轩,胡登良,李云.基于教师团队组织的教师道德成长经验[J].教育发展研究,2011(11):16-19.
③ 尹玉英.教师道德建设:提升境界与操守底线[J].嘉应学院学报,2011(4):22-25.
④ 岳伟.教师的利益与教师的道德[J].教育评论,2002(6):36-38.
⑤ 刘超良,陈杰.教师利益:不可忽视的德育动因——"新经济人"假设的分析视角[J].当代教育科学,2005(3):20.
⑥ 廖志诚.由职业道德走向专业伦理——美国教师专业伦理建设对我国的启示[J].教师发展研究,2017,1(04):38-43.

德现状与教师专业道德建设研究》,前者从教师伦理学与师德范畴讲起,提出了教师幸福作为教育伦理范畴系统构建的起点,相继对教师的公正、教师的仁慈、教师的义务、教师的良心等做出详尽的论述,最后以教师人格论作为全书的总结①。后者讲述了关于教师"职业道德"应当向"专业道德"转换、教师专业道德建设应当考虑教师专业发展的实际等理论,具有一定的创新性。对于师德建设中的主要问题,例如:如何正确理解中国大陆地区的师德现状?如何解决师德建设中的制度、规范、评价问题?如何理解和处理媒体中教师道德形象及其影响等,作者采取了理论分析与实证调查紧密结合的方式进行了深刻分析。②檀传宝的研究思路和研究方式对本研究将起到重要的借鉴作用。另外,纳什从学校品德教育入手,集中分析了三种品德教育流派——新古典主义、社群主义和解放主义的美德创议的历史和哲学基础,从教育维度对每种创议的教育目的、课程和教学方法展开探索,并批判性地分析了它们的优点和不足。最后他提出自己的道德教学方法——"道德对话",认为它将成为三种美德创议的替代选择,成为后现代社会中培育民主品质的重要形式。③

(五) 对已有研究的评论

基于教师德性研究成果的日益丰硕,有学者及时做了相关文献综述,梳理了教师德性研究的历史与现状,包括西方教师德性研究和改革开放以来的教师德性研究。④ 除个别学者深入的有学理的研究外,笔者认为上述这些文献资料中的研究大部分是以"外铄性"的社会价值取向为侧重点,从规范伦理学的视角出发,主要探讨社会如何要求、规范、约束教师,即教师应该怎样做以及如何怎样做、不应该怎样做。这些都是规范伦理学的范畴,对教师的道德成长有一定作用,但如果这些道德条目缺少教师内心的深刻认同,未能融入教师的心灵深处,体现于教师的教育行为中并对此进行智慧的把握,即在德性上不断提升,那么往往是空洞说教,无济于事。从现实教育实践来看,这些道德说教

---

① 檀传宝.教师伦理学专题[M].北京:北京师范大学出版社,2010.
② 檀传宝等.走向新师德:师德现状与教师专业道德建设研究[M].北京:北京师范大学出版社,2009.
③ 纳什.德性的探询:关于品德教育的道德对话[M].李菲,译.北京:教育科学出版社,2007.
④ 张磊.西方教师德性研究的肇始、发展与问题[J].教师教育研究,2016,28(03):108-114.张磊.改革开放40年来我国教师德性研究的发展与反思[J].中国德育,2018(20):34-40.

显然其发挥的作用非常有限,教师从各种教科书和教师培训教材中都知道教师"应该"、教师"要"、教师"必须"后面的道德内容,但为什么那么多的教师不遵循,为什么会出现诸多对学生发展不负责任的教师?许多老师不仅不充满爱心,还经常存在伤害学生人格、羞辱学生,甚至体罚学生的恶劣行为。这是我们需要深思的。

显然,已有研究基本都不太注重对教师道德的学理分析,即从教育本身的特性论证教师应该做什么以及其内在机理。在教师"应该"和"必须"的道德说教中,教师显然没有任何选择的自由,而成为一个有待被塑造的"机器",当这架机器被制造出来后,就利用它来制造产品——千人一面、毫无个性的学生。他们大多成为精致的利己主义者,而缺失德性的修养,这是现实教育的困境,让人悲哀。其根本原因是,规范伦理学的研究旨趣,热衷于教师道德规范的研究、制定并试图要教师完全遵守执行,许多教育管理部门、学校也都习惯于用"爱岗敬业"、"无私奉献"等一系列规范来要求教师。实际上,因为道德规范终究是外在的、强制的,教师往往不会把其内化于心去自觉执行。真正能够对教师教育行为产生实质性影响的主要是教师内在德性,这已经在教育伦理学研究领域中有所体现,一些研究者从德性伦理学出发,对教师德性问题有了初步研究。

但正如前面的综述所揭示的,一方面该主题的研究非常贫乏,零散而琐碎;另一方面,研究的层次大多还处于简单罗列和经验归纳。他们的研究重在揭示教师德性包括什么品质,然后要求教师自我修炼德性,而没有从本体论层面挖掘教师德性的本真,更缺少分析教师德性缺失的社会基础,并提出重振教师德性的路径。因此,笔者选择教师德性的现实表现和彰显路径作为研究主题,试图对教科书式的喋喋不休的说教进行扬弃,坚决反对一种强加于教师的道德规范。长期以来很多人认为教师应该是社会的规范、道德的化身、人类的楷模、父母的替身,教师应该不为眼前利益所困惑,而应该呕心沥血对教育事业执着追求,贡献出自己的全部。这种论调应该给予深刻的反思。"教师可以有自己的道德价值观,可以有自己的道德追求,同时,教师也并不是一个已经成熟的道德完人,而是同普通人一样,只是一个追求道德完善的平常人。"[1]

---

[1] 易连云.德育课程论:理念与文化[M].北京:人民教育出版社,2011:56.

笔者尝试从教育成"人"诉求对教师的要求来思考教师德性问题——即从本体论层面着手加以研究,从新的研究角度深入挖掘教师德性的遮蔽与凸显问题。这就要求"为每个教师着想",它意味着,每一个教师都是一个独立的个体,他有基于理性的选择自由,有自主探索的能力,其独特性理应得到尊重;每个教师的自由选择和独立人格理应得到保障,并且在充分自由的条件下,把有利于每个教师德性形成的价值真理揭示出来,让每个教师自己在教育实践中去体悟、辨析并按照基于人性的德性诉求去行动,让德性成为教师期待和向往的价值载体,而不是面目可憎的教条式说教。这对当前教育道德困境的打破具有重要的意义。

四、研究方法

因为该研究属于教育基本理论层面中的教师伦理学方面的规范研究,主要运用大量占有相关文献基础上采取价值关涉的思辨的方式进行研究。具体分为:

(1)文献分析法:本研究在广泛阅读相关伦理学和教育学理论,吸取相关资源基础上建构教师德性理念。本研究涉及的文献具体包括亚里士多德、康德、麦金太尔等的德性伦理学,卢梭、马克斯·韦伯、哈耶克等人的社会哲学,罗尔斯、玛格丽特·扬、米勒等人的正义理论等。在对其进行理性取舍、比较和整合的基础上进行理性思辨,分析了教师德性的内涵概念、组成框架、迷失原因和培育路径,形成有内在联系的研究报告。

(2)价值分析法:以成"人"为分析视角,建构教师德性的相关理论,它包含明确的价值导向,即教师要为教育成"人"理想的实现服务。本研究是一种不同于科学实证的哲学层面的理论探讨,重点不是对现实问题的全面描绘,而是着眼于"应该如何"的价值论证。作为规范理论,本研究显然是有明确的价值立场的,即价值有涉,本研究的价值立场是人本精神对当代教师的诉求,即彰显使学生成为自由全面发展的"理想人"的时代理念,并对这一价值立场进行理性而充分的论证和分析。

(3)另外,在研究过程中,笔者也采用了随机调查法和案例分析法,通过对一些学校教师的访谈,切实了解教师对德性的认识状况和现实中教师德性的表现,这样在研究中结合了很多现实中的案例,更深切地把握到了教师德性缺失与被遮蔽的具体表现,从而使本研究避免了远离现实、不针对具体问题的弊端。

五、研究框架和主要结论

(一)研究框架

本研究是教育伦理学范畴中关于教师德性的理论研究,主要从教师何以为"教师"的本体层面开始进行分析论证,重在探讨社会转型背景下教师德性衰落的原因和培育的基本路径,基本框架分为四章,依次探讨教师德性的概念内涵、内容构成、缺失表现及其原因、培育路径。

本书第二章主要分析德性的概念和教师德性的内涵,首先探讨中国对德性概念的理解,接着梳理西方对德性概念的理解,最后给出笔者自己的认识,认为德性生成就是追求真善美的过程,从而结合教师本体,给出了教师德性的概念。接着论证了教师德性的体现就是坚守教育的精神,促进学生成"人"。最后,阐释了成"人"视角下的教师德性内涵。

第三章从教师德性的核心构成入手,首先给出了探讨教师德性构成的理论依据,认为成"人"视角下的教师德性核心在于公正和爱,公正是处理教育各种关系的基本准则,爱是教师促进学生成"人"的基本路径,并且具体分析了教师公正德性和爱之德性。

第四章分析教师德性迷失的社会根源,认为主要是现代性背景下由于自由主义的影响,工具理性侵蚀了价值理性,从而手段代替了目的,这使得作为目的的德性被边缘化,社会普遍出现了道德危机,教师德性也就在社会的"大染缸"下难以洁身自好。在现实中,其表现为市场化社会过度激发了教师的物质欲望,而在利益分配方面却没有建立正当的规则,"无德即富"的现象扼杀了很多教师对道德的信心。另外,社会权力的过度集中及其异化导致教师不能德性自主,也是德性迷失的原因之一。

第五章分析教师德性振兴的路径,认为应该从外在规范伦理和内在德性伦理中汲取智慧,在教师德性培育中既要注重正当合理的制度规则建构,又要重视德性的自觉自修自为。首先从理论资源分析了教师德性提升的可能性。接着对现有的师德提升方式进行批判性分析，指出了其局限性，认为通过制度的伦理审视，建构成"人"的教育制度，促进制度伦理的正义水平是教师德性的基本条件。在此基础上，从传统中借鉴而来的教师德性的自觉修炼就有了坚实根基。

第六章为结束语，对本书的核心观点，即从教育成"人"研究教师德性问题做了进一步总结与归纳，明晰了教师德性遭遇的时代困境，其具体意蕴和指向以及向德行转化的实践路径。

（二）主要结论

当前由于社会转型的急剧发生，教师德性迷失成为社会普遍关注的问题。经过对中西方德性概念的历时梳理，笔者认为德性从本体论层面理解，可以指任何事物的核心特征；在伦理学中，德性一般指道德意义上的个人品质。前者是指使任何一种事物达到完美状态的特性，后者所指的德性仅限于人内在且稳定的优秀或卓越的道德品质，例如正义、爱心、勇敢、节制、尊重等。德性生成就是追求真善美、优化人性、走向完美的过程。教师德性是教师在教育实践中逐渐生成的道德品质，反映在教师的为人处世、做人准则等方面，是一个表现为知识、情感、意志、行为的反复过程。教师德性的本体规定就是坚守教育精神，即教师的本体规定是使学生成"人"——促进学生的全面自由发展，在此基础上使自己成"师"——具备卓越德性的教师。教育成"人"视角下的教师德性要求教师正确认识人的精神自由及其自主发展诉求，在教育人性化层面体悟教师之"为师"的本体，从而在本体论层面把握教师德性在于成"人"的深刻内涵。

在教师德性的核心构成方面，首先需要探讨教师德性构成的理论依据，研究认为成"人"视角下的教师德性要辩证地看待规范伦理与德性伦理的传统，吸取其中合理的因素，来探讨当代教师德性的构成问题。从促进成"人"这个教育的根本精神来看，教师德性核心体现为教师对所有学生的公正和爱，教师公正保证了成"人"的全体性，教师之爱引领学生健全自由发展，两者结合是教师能够履行成"人"使命的德性基础，并且具体分析了教师公正德性和爱之德性的内涵及其行为逻辑。由此，"公正地关爱每一个学生"是教师德性的具体表征。

　　本研究认为教师德性迷失的社会根源主要是现代性背景下由于自由主义的泛滥,工具理性侵蚀了价值理性,从而手段代替了目的,这使得作为目的的德性被边缘化,社会大众普遍重权利与自由,轻德性与修养,教师也就在社会的"大染缸"下容易"随波逐流",难以"洁身自好"。在现实中,其表现为社会转型期由于价值体系的崩塌,传统价值观不断被解构,新的符合时代要求的价值观尚未普遍形成,社会风尚新旧交替,这种价值不健全的市场化社会过度激发了教师的名利欲望,导致急功近利、矫饰浮躁的行为越来越普遍,而在利益分配方面还没有完全建立正当的制度规则体系,"无德即富"的现象扼杀了很多教师对德性的信念,在德性与利益产生矛盾的情况下,往往选择后者摒弃前者。另外,权力的过度集中及其异化导致教师不能德性自主自觉,常常被建构起来的"崇高德性"所宰制和绑架,这也是教师德性难以彰显的主要影响因素之一。总之,社会环境的道德状况深刻地影响着教师德性的生成。

　　最后,探讨成"人"视角下教师德性培育的路径,首先从理论资源分析了教师德性提升的可能性,认为需要从制度德性和个体德性两方面进行建构;接着对现有的师德榜样、师德说教等师德提升方式进行批判性分析,既承认其在师德建设中的重要作用,又指出了其局限性,认为通过制度的伦理审视,基于哈耶克的"无知"理论,建构旨在自由成"人"的教育制度,促进制度正义水平是教师德性培育的基本条件。在此基础上,从传统中借鉴而来的教师德性的自觉修炼就有了坚实根基,这要求教师能够经常进行德性反省,树立德性自觉意识,经常进行德性学习并践行,对于不足与过错要敢于正视,积极改进。制度伦理的正义建构和教师自觉修炼的协同作用,可以成为教师德性振兴的基本途径。

第一章 成"人"视角的教师德性内涵

一、德性内涵梳理

教师德性的研究主要属于教师伦理学的范畴,为了对其进行清晰的分析,首先需要探明其概念的内涵。对教师德性内涵的探讨,首先会涉及伦理学的基本理论问题。伦理学亦称之为道德哲学,是关于道德理论和道德实践的一门科学。那么,基于德性概念在本研究的基础地位以及其体现的复杂性,我们就需要从相对陌生的德性内涵入手进行探讨。

(一)德性概念的中国理解

德性的概念本身源远流长,为了理解德性的内涵,我们首先从中国古代对德性的理解开始回溯,然后重点探讨西方伦理学中德性的概念。

首先,由于在中国古代常常把"德性"与"德"当作相同概念来把握和使用,我们就有必要对我国古代"德"的内涵进行分析。中华民族是一个非常重"德"的民族,一直以来,对"德"有着深刻的理解,形成了丰富的道德内涵体系。在春秋战国年代以前,对"德"的理解还不够系统,只是散见于一些文献。"德"这个字最早出现在甲骨文中,左边是双人旁,含义是道路或方向,右边是垂直线,其下面是一只眼睛,总体含义是眼睛向前直视。西周时期,已经具有"明德"的思想,如《尚书康诰》中的"克明德、德裕乃身","明德"具有修身正心的意思。《尚书》曾把"正直""刚克""柔克"称作为三"德"。《诗经》中称颂周人的领导王季"其德克明",文王"心怀明德"。到春秋战国时期,以孔子为代表的儒家学派创造了一套完整的道德体系,并由此奠定了中华民族传统道德的基石和方向。孔子建构了"仁学"伦理体系,《论语·阳货篇》孔子曰:"能行五者于天下,为仁矣。""请问之。"曰:"恭、宽、信、敏、惠。"在孔子的仁学伦理体系的诸德目中,又以"孝悌"为本,也就是说最为基本的道德要求是对人的关怀和同情。在《论语·颜渊》中又说:"主忠信,徙义,崇德也。"这里对"德"中的"忠""信""义"进行了突出强调。春秋以后德的含义进一步丰富。《中庸》首次将"德"与"性"合在一起。《中庸》曰:"故君子尊德性而道问学,致广大而尽精微,极高明而道中庸。温故而知新,敦厚以崇礼。"这里"尊德性"是指要发扬自己先天具有的善性、道德之性。《左传·文公元年》:"忠,德之正也;信,德之固也;卑让,德之基也。"忠信谦让开始作为人的德性的重要内容。《左传·文公十八年》言:"孝、敬、忠、信为吉德,盗、贼、藏、奸为凶德。"此后,儒家以孔子思想为根基,随时代变化,对道德的理解不断深化和丰富。《孟子·尽心下》说:"动容周旋中礼者,盛德之至也。"强调以"礼"为主德。《孟子·公孙丑上》又说:"以德行仁者王。"强调以"仁"行政为德政。而老子则认为清静无为就是德,有德之人就是绝圣弃智,忘记德行的存在。庄子认为人的最大之德就是知天命,"知其不可奈何而安之若命,德之至也"。这里的德意味着人生在世,顺其自然、率性而为。此外,对德的具体含义还有许许多多的理解。《礼记·中庸》说:"知、仁、勇,天下之达德也。"《周礼·大司徒》讲"六德:知、仁、圣、义、忠、和。"对德的意义大大扩展了,其新意还在于把"知"纳入了德目。《管子》将"爱民无私"谓之德。而唐代韩愈认为"所谓道德云者,合仁与义言之也"。由此可见,中国传统"德"的内涵是非常丰富而具体的。作为中国传统文化的代表,儒家道德学说是以德性论为核心的思想体系,其中论述了一系列的德性范畴,考察了德性的依据以及德性培养等问题。儒家德性的主要内容包括仁、义、礼三个方面;儒家德性的实践价值主要是"推己及人、修身养性、经邦济世"三个层面。①

在古汉语中,"德"在宽泛的意义上是与"得"相通的。朱熹在《四书集注·学而篇》中说:"德者,得也。行道而又得于心者也。"《说文解字》曰:"德,

---

① 路晓军.儒家德性论[J].理论探讨,2004(6):124-126.

外得于人,内得于己也。""内得于己,谓身心所自得也;外得于人,谓惠泽使人得之也。"而"性"字在中国古代哲学中是探讨极多的本体概念之一,最初,人们用"性"这一词指称万事万物的本有的性质和特点,也即事物的先天本质。后来随着思想的丰富,老子开始用"道"来指称万事万物运行的内在规律,而孟子、荀子等人专门讨论"人"的善恶之"性",这样"性"的概念就更多地用来指称人天然或本身具有的核心特征,即人性。

在当代中国,也有学者展开了对德性的研究。如赵汀阳的《论可能生活》,批评了规则伦理学,认为伦理学应当是实现生活的目的和意义,即追求幸福和公正。"德"最初与 virtue 含义一致,后来延伸为一种具有形而上意义的品德,即由道而得、与道相通、得道而行的伟大品德。① 1996 年高国希出版了《走出伦理困境——麦金太尔道德哲学与马克思主义伦理学研究》,专门评述麦金太尔的道德哲学思想。书中关于德性的理解是:"古代道德哲学从人的内在品性出发,使个人与社会融为一体,每个人在社会中的位置和应做的事情都来自他在该社会中的角色,这种角色与功能的内在根据使得个人与社会密切联系在一起。德性就是一个人在社会中要履行的品质,通过德性,个人可以达到与社会的和谐。"②金生鈜 2003 年出版《德性与教化》一书,评述了苏格拉底、柏拉图、奥古斯丁等西方哲人的德性思想。关于德性内涵方面的研究,已经有一些学者作了详细的文献述评和相关探讨③,笔者不再赘述。

(二) 德性概念的西方理解

西方哲学、伦理学上对德性内涵有更全面的认识,我们先分析德性原初内涵。在西方,据学者考证,"德性"一词希腊原文是 arete,最初见于荷马史诗《奥德赛》④,拉丁文把其译为 virtus,英文译为 virtue。该词的原意是表示优秀、高尚、高贵或卓越,指任何事物的特长、用处和功能,也即某事物之所以成

---

① 赵汀阳.论可能生活[M].北京:中国人民大学出版社,2010:8.
② 高国希.走出伦理困境——麦金太尔道德哲学与马克思主义伦理学研究[M].上海:上海社会科学院出版社,1996:1.
③ 参见:李义天.美德伦理学与道德多样性[M].北京:中央编译出版社,2012:33-43;王国银.德性伦理研究[M].长春:吉林人民出版社,2006;江畅.德性论[M].北京:人民出版社,2011:22-46;孙晓柯.儿童德性论[M].济南:山东人民出版社,2011:4-21 等.
④ 荷马.奥德赛[M].陈中梅,译注.南京:译林出版社,2003:447.

为该事物的内在规定或本性特征,这应该是本体论意义上的德性,后来就延伸为使任何事物获得完美或卓越的特性。而且,德性(arete)一词从词源讲是从战神(Aress)派生来的,拉丁语的对应词 virtus,其词干 vir 是男子的意思。德性的最初意思是具有"男子气概的",其基本字根义是"优秀"。把上述两种意思结合起来,可知德性在词源学意义上是指人的"内在的卓越或优秀"。其后,"德性"一词的含义经历了许多变化,德文中的"德性"最初指"能力",英文的"德性"(virtue)本意是指"力量"。

在荷马时代,德性是指能使个人负起他或她的社会角色的品质。后来的不少思想家与其说是在讨论"德性是什么",不如说是主要在讨论"什么是德性",也就是说他们把眼光更专注于对德性内涵、对德性目的研究以及德性实践的研究。在许多思想家那里,对德性内涵的认识还往往各执一端,特别关注对主要德目的探讨。在《荷马史诗》中,德性表现为勇敢、友谊、忠诚、公正,甚至包括了作为一种卓越的体现的体力、成功、理智。公元前 5 世纪的希腊人拥有这样一套被普遍接受的德性词汇和德性观念:友谊、勇敢、自制、智慧、正义等。也就是说,人们时常用节制、公正、智慧、无所顾虑地说真话、对行为负责、单纯、率直、敏感性、怜悯、勇敢等等来认识"一个好公民的德性是什么"。

随着时代的发展,伦理学的体系在古希腊哲学中逐渐分离并建构起来,这从亚里士多德的《尼各马可伦理学》到阿奎那的《神学大全》,再到麦金太尔的《德性之后》等标志性著作中可以看出。古希腊伦理学主要是以当时的雅典自由人为代表,做出杰出贡献的有苏格拉底、柏拉图、亚里士多德、普鲁塔克等人。罗尔斯指出,"古代人探讨着达到真正幸福或至善的最合理的途径,他们探索着合乎德性的行为、作为美德之品格的诸方面——勇敢和节制、智慧和正义,这些本身就是善的美德——如何与那个至善发生着关系"[①]。这表明古希腊人在道德上所关心的主要是美德或德性的概念。德性就是有关善恶的知识及随后的行善避恶。在苏格拉底哲学中,认为"善"就是德性(美德),"善是教化的最高目的"[②]。而他的著名伦理学命题"美德即知识"直接把知识作为德性的主要内涵,并由此进一步认为"知识即善"[③],只有对事物具有真正的知

[①] 罗尔斯.道德哲学史[M].张国清,译.上海:上海三联书店,2003:4-5.
[②] 金生鈜.德性与教化[M].长沙:湖南大学出版社,2003:40.
[③] 金生鈜.德性与教化[M].长沙:湖南大学出版社,2003:40.

识,才能做到向善、为善,美德与知识就是合一的。人有哪些美德? 苏格拉底把人在生活世界中所表现和实现的卓越品质如勇敢、虔诚、正义、节制等视为美德,也就是说,勇敢、虔诚、正义、节制成为苏格拉底伦理学中的具体德目。柏拉图也是把德性建立在"善的理念"之上,认为作为善的伦理共同体的国家应该具有智慧、勇敢、自制、正义四种美德,作为师徒,与苏格拉底的理念有异曲同工之处,在他这里,知识以"智慧"列作了一个重要德目。而在柏拉图理论中,正义是所有德目之重,是在其他三者之上的首要德性。

亚里士多德是德性研究的集大成者,其名著《尼各马可伦理学》沿着柏拉图的思想前进,在"善"的旗帜下,提出德性伦理学,可以说最早较为系统地研究了德性问题,并以德性为核心,建构了一个被称为德性伦理的体系。其对德性的界定是:"我们不仅仅要说明德性是品质,而且要说明它是怎样的品质。可以这样说,每种德性都既使得它是其德性的那事物的状态好,又使得那事物的活动完成得好。"①"德性是在于行善而不是受到善的对待,在于举止高尚[高贵]而不只是避免做卑贱的事情",因而"我们必须首先有一种亲近德性的道德,一种爱高尚[高贵]的事物和恨卑贱的事物的道德"。② 关于德性的含义,亚里士多德还说到,德性"是一种在适当的时间、适当的场合、对于适当的人、出于适当的原因、以适当的方式感受这些感情(指快乐与痛苦),就既是适度的又是最好的"。③ 所谓在适当时间、适当场合、适当的人、适当的原因、适当的方式等等,就是指人的一种卓越的品质,这种品质能够使人在具体的活动中"取其中道"。德性作为品质,虽然形成于相关的实践活动,却融化于个人的人格之中。换言之,德性本身是从静态的意义上来说的。后来的德性概念大多以此为源流进行探讨。显然,这里定义的德性意义较广,往往泛指使事物成为完美事物的特性或规定。他认为德性就是避免过度和不及,而取事物的最佳本性状态,即汉语所言的中庸,其解释类似于"从心所欲不逾矩",持有的是德性人性论,拥有德性也就是充分实现人性,具体说来就是恰切地把握人所面对的整个世界,游刃有余地在这个"世界"生活和"行走",以致感觉不到实现"理想自我"的障碍,也就是达到自由自在的境界,从而获致人之为人的优

---

① 亚里士多德.尼各马可伦理学[M].廖申白,译注.北京:商务印书馆,2003:45.
② 亚里士多德.尼各马可伦理学[M].廖申白,译注.北京:商务印书馆,2003:97,313.
③ 亚里士多德.尼各马可伦理学[M].廖申白,译注.北京:商务印书馆,2003:47.

秀品质。

亚里士多德详细论述了各种德性条目，例如公正、幸福、仁慈、和谐、友善、节制、自信等，在这些德目中，他认为幸福是德性的终极价值。"幸福不是品质"，"幸福是合于德性的实现活动。"他认为人的所有活动乃在于实现人之为人的规定性，人之为人的关键在于人有理性的灵魂，有努斯，而动物却没有。人的德性其实正好反映人的本性。"人的德性就是一种卓越，这既包括理智德性的卓越，也包括道德德性的卓越，这两者都指向于人的规定性的实现。"① 而人的规定性的实现，人之合于德性的实现活动，就是一种幸福。这意味着幸福是一种状态，这种状态是在追求德性实现的过程中体验到的，没有德性，就不可能获得幸福。这表明，亚里士多德的幸福论强调的是德性在现实生活中的基础作用。如果一个人号称有德性，却从来没有体现于行为中，这从逻辑上讲无法理解，实际上是虚伪和掩饰。德性总是在行为中体现，而实现德性的过程就伴随着幸福。

总体来看，亚里士多德在品质的意义上理解德性，德性"不但要使这东西状况良好，并且要给予它优秀的功能。例如眼睛的德性，就不但使眼睛明亮，还要使它的功能良好（眼睛的德性，就意味着视力敏锐）。马的德性也是这样，它要马成为一匹好马，并且善于奔跑，驮着它的骑手冲向敌人。……人的德性就是使人成为善良，并获得其优秀成果的品质"②。但是，就狭义而言，他认为德性主要是指道德意义上的品格，如幸福、正义、友爱、节制等。其中幸福是最重要的德性，"幸福"是德性生活的自为。在他的理论中，这样一些词汇就成为一个人是否具备德性的表现：正义、智慧、勇敢、节制、慷慨、自重、友爱、上进、温和、诚实等。③ 另外，按照亚里士多德的观点，德性可以分为善待自我的德性和善待他人的德性，前者如智慧、坚毅、节制、自尊、谨慎、俭朴、贵生等，后者如诚实、公平、平等、人道、义务、良心等等。

宗教德性观的代表奥古斯丁认为，信仰与爱才是真正的德性，谦卑是人的基本德性。他提出了信仰和爱的生活的七种德目：信仰、仁爱、希望、节制、审慎、公正、坚毅。阿奎那在继承奥古斯丁的基础上，从理智德性出发，把"审

---

① 亚里士多德.尼各马可伦理学[M].廖申白，译注.北京：商务印书馆，2003：303-305.
② 亚里士多德.尼各马科伦理学[M].苗力田，译.中国社会科学出版社，1990：35.
③ 金生鈜.德性与教化[M].长沙：湖南大学出版社，2003：77—88.

慎"作为主德,同时接纳三位一体的神学德性,把"容忍"和"谦卑"作为德性的德目。显然,在托马斯·阿奎那那里,德性是一种使个人能够接近实现人的特有目的,即皈依上帝所需要的品质。

文艺复兴开始后,这种宗教德性观开始解体,人的地位开始凸显。伊拉斯谟站在人之解放理想的人文主义立场,追求和谐、安宁、虔诚、诚实的德性,而爱尔修斯的自爱伦理学观点,沿承了古希腊伊壁鸠鲁的快乐主义,认为"快乐"是最高的美德,建立在个人利益上的公共利益是道德的最高准绳。卢梭把"自由"视为德性的基础,在康德的德性实践理论中,认为德性是理性意志的道德力量,并且把"责任"看作最高价值。

20世纪下半叶以来,在西方有一场德性伦理学的复兴。它们以亚里士多德的德性概念为基础,以人的整体品格为核心。主要探讨诸如"君子""小人""卑劣""邪恶""高尚""友爱""幸福"等概念。与义务论和目的论伦理学将关注的焦点放在行为上不同,美德伦理学将重心放在"什么样的人是最值得做的"和"什么样的生活是最值得过的"这些问题上。① 他们认为,人应当具有优秀的品德或品格,这是做一个具有"人性"的人的基本要求。

不过关于何为根本德性、如何振兴德性的问题,学术界却一直争论不断。麦金太尔是德性伦理学的主要倡导者,也是德性研究的集大成者,其对德性概念的剖析最为深刻,他在考察历史上诸多德性概念后,认为其实不存在真正统一的德性概念,他倡导回归亚里士多德的品质意义上的德性论,把现代性的昌盛导致的道德危机拯救的希望放在了回归古典德性重建的基础上,试图重振德性的人性基础,反对没有任何社会规定性的虚无的"自我",他坚持社群主义的立场,反对自由主义的相对价值观,把德性界定为使人受到称赞或显得特别优秀的那些道德品质。其在《德性之后》中的一个主要观点是不同的文化背景下具有不同的德性。他回顾了西方文化的德性传统,将德性观划分为三种类型:"德性是一种能使个人负起他或她的社会角色的品质(荷马);德性是一种使个人能够接近实现人的特有目的的品质,不论这目的是自然的,还是超自然的(亚里士多德、《新约》和阿奎那);德性是一种在获得尘世的和天堂的成功方面功用性的品质(富兰克林)"。麦金太尔说的是不同时代的不同德性

---

① 冯建军,周兴国,梁燕冰等.教育哲学[M].武汉:武汉大学出版社,2011:114.

观,荷马时代和《新约》以及富兰克林所处的不同时代对德性的理解是不同的。他认为当代西方道德文化(既包括道德理论也包括道德实践状况)经过了一场"大灾变"而处于深刻的危机之中,而其根本原因是由于历史的变迁而拒斥了以亚里士多德为中心的德性传统,于是明确主张向亚里士多德的德性理论复归,力求重振德性雄风。

由于启蒙的道德证明都失败了,所以当代西方道德哲学出现了深刻的危机,这种危机主要体现在三个方面:一是人们的道德立场、道德原则和道德价值的选择失去了客观普遍的依据,变成了个人意志的一种主观产物,因而也不存在绝对合理的道德权威;二是情感主义盛行,认为人们的道德言辞、道德判断的运用主要是个人情感和个人好恶的表达;三是传统意义的德性已经发生了变化,由外在的功利和规则代替德性而占据了社会生活的中心位置,德性则退居到生活的边缘,表现为人们对道德的冷淡。①

罗尔斯提出了基于自由(权利)主义的"规则道德观",主张个人自由具有"优先性",其"不依赖于个人的道德价值或德性观念",每个人都应该有"实现自己作为自由的道德人的能力。"②这种新自由主义观念遭到了麦金太尔等人强烈的批判。麦金太尔认为正义首先是一种德性,正义规则的运用需要拥有正义品质的人。作为正义规则的道德规则无论多么周全,如果人们不具备良好的德性或道德品格的话,这些规则也不可能对人的行为产生作用,更不用说成为人的道德行为规范了。他认为,德性与规则存在紧密的联系,只有具备德性的人,才可能了解怎样正当合理地运用规则。③

我们不应该持有一成不变的某种理解,而是要基于时代的需求,作出符合时代特征的理解。有学者认为德性即道德品质④。也有人认为德性是阿拉伯文 al-Asmā' al-Husnā 的意译,原意为"美德",是伊斯兰教用以叙述真主特性的美称,如创造、无始、无终、善德等。⑤ 还有人认为德性就是道德理性,即是人们在进行道德评价时认识社会现实和自己本身的一种高度发展的能力,是

---

① 麦金太尔.德性之后[M].龚群等,译,北京:中国社会科学出版社,1995,译者前言第2页.
② 胡祎赟.西方德性伦理传统批判[M].北京:中国社会科学出版社,2016:118.
③ 麦金太尔.德性之后[M].龚群等,译,北京:中国社会科学出版社,1995:192.
④ 宋希仁等主编.伦理学大辞典[Z].长春:吉林人民出版社,1989:1142.
⑤ 李水海.世界伦理道德辞典[Z].西安:陕西人民出版社,1990:1310.

一种用人类经验丰富起来的和由历史的教训而得到的智慧的良心。

麦金太尔认为,德性是一种获得性人类品质,是指个体在实践活动中所具有的自觉的、超功利的道德意识。人们谈论德性既有本体论方面的含义,又有道德或伦理方面的含义。而且人们常说的"德性"也往往将一个人存在的意义与他的道德水平结合起来评价。正因为德性具有这样的特点,它一方面从个体的存在意义上代表着个体的人格;而从个体的具体品德上,又代表着多种多样的德性,是个体诸多德性的统一。①

尽管由于制度背景的不同,我们不能完全认同麦金太尔的观点,但他主张德性伦理的复兴无疑具有极为重要的意义。因为在某种意义上说,这可视为伦理学本性的回归。道德规范不管制定得多么合理,也需要培养人们相应的情感气质和意志品质,才能得到很好的执行。尤为重要的是,德性是一种养成过程,是人精神的整体塑造。所以,有德之人能对道德规范在具体情景中的应用作出敏感、合宜的道德判断,而不是僵硬地拿道德规范来裁制行为。②

当西方的德性概念传入中国时,中国学者们对 virtue 的译法虽然各不相同,但一般译作德性、美德、德行或德,其中多数学者都主张把 virtue 译作德性。可见,中国对西方德性概念的理解比较模糊,往往把德性、美德、德行、品德等理解为同一个概念。

关于德性所包含的内容,柏拉图概括为四德(正义、智慧、勇敢、节制),亚里士多德提出理智德性和道德德性之分,中世纪阿奎那强调神学三德(信仰、希望和慈爱),富兰克林提出"十三德"(节制、少言、秩序、决心、节俭、勤勉、坦诚、公正、中庸、整洁、镇定、节欲、谦逊)。在《欧洲伦理生活史》一书中,莱基曾将德性分为四类:第一是严肃的德性,如庄敬、虔诚、贞操、刚正等,它们往往带有宗教意味,显示了人性中具有庄严肃穆的一面;第二是壮烈的德性,如勇敢、牺牲、忠烈、义侠、坚毅等等;第三是温和的道德,如仁慈、谦虚、礼貌、宽和等等,它们是使人和睦相处的德性;第四是实用的德性,如勤劳、节俭、信用、坚韧、谦和等等,它们是促使人们的事业获得成功的德性。可见德性的条目是非常复杂的体系,德性作为个体的品质,其包含的内容非常广博。

---

① 段治乾.教育制度伦理研究[M].郑州:河南人民出版社,2005.
② 周建平.追寻教学道德——当代中国教学道德价值问题研究[M].北京:教育科学出版社,2006:183.

因为时间和篇幅的限制,其他伦理学家的德性思想不再详述。著名学者金生鈜在《德性与教化(从苏格拉底到尼采:西方道德教育哲学思想研究)》一书中概括性地梳理了很多哲学家的德性思想,例如:苏格拉底的"知识即美德"的知性哲学、柏拉图的正义、奥古斯丁的神义、卢梭的自然良知、康德的道德理性、尼采的意志等等。江畅的《西方德性思想史概论》对西方伦理学中的德性思想作了系统深刻的分析论证,旨在阐明德性作为伦理研究的核心发生的历时态的变迁,各种德性思想的内涵、特质、影响,重点分析了每位思想家的贡献与不足,讨论了思想与其所处时代背景的关系。笔者认为,从亚里士多德对德性问题进行系统的研究,并以德性为核心,建构了一个被称为德性伦理的体系时起,德性在相当长一段时间内居于伦理学的中心。随着规范伦理学的兴起,德性伦理曾经被边缘化,但以麦金太尔出版《追寻美德:道德理论研究》(又名《德性之后》)一书为标志,伦理学界又开始重新审视个人的修身成德、人格的塑造成型等重要的伦理学问题,德性再次引起人们的重视。只是,在德性的诸多表述中,如何才能把握德性的根本内涵?哪些东西可以归纳为德性的范畴而另外一些却不能归属于此?用麦金太尔的观点来说,就是"哪些人类品质是真正的德性?而哪些又仅仅是影像?"①从上面的梳理中,我们显然难以给出一个单一的、完整的概念。麦金太尔曾言:"即使在我已粗略描述的相对一贯的思想传统内,也存在着许许多多不同的、彼此不相容的德性概念。因而不存在真正统一的德性概念,更不用说统一的历史了。"②但从上述分析来看,德性的内涵基本可以分为两层含义:一是本体论层面的内涵,可以指任何事物的核心特征。二是伦理学中作为个人品质的含义。前者是指使任何一种事物达到完美状态的特性,后者所指的德性仅限于人的优秀或卓越的道德品质,例如正义、爱心、勇敢、节制、尊重等。

可以做出这样的归类:智慧、诚实、信仰、虔诚、自重、公正、正义、勇敢、率直、谦让、孝悌、尊重、友爱、快乐、幸福、希望、和谐、审慎、节制、慷慨、上进、负责等等都是德性的范畴。而什么才是最为核心的德性?即最高的可以演绎其他品质的根本品质?这必须根据研究的根本目的,以人性的核心内涵为主题,

---

① 麦金太尔.德性之后[M].龚群等,译.北京:中国社会科学出版社,1995:231.
② 麦金太尔.德性之后[M].龚群等,译.北京:中国社会科学出版社,1995:229.

对西方哲学史做考察,从而把握德性的核心内涵。笔者认为,德性是人性中的优秀部分,即符合真善美价值期待的那些人类品质,有人甚至认为德性可以称为"狭义的人性"①。本研究采用鲁洁的观点,即道德教育根本旨归是成"人"(使人成为"人")的教育,具体来说其实就是人的德性的教育(德性是人性的自觉,它使人成为人)。②而"人没有终极的完善形态,但存在着成人的方向,这就是人的全面发展、自由发展和个性发展"③。那么,教师德性的本体规定就是使学生成"人"——促进学生的全面自由发展,生成普遍的具有自由个性的和谐之人。在此基础上使自己成为"人师"——具备卓越德性的教师。

(三)德性与道德的联系和区别

为了更加清晰地理解德性的概念,我们再看与德性密不可分的道德的含义。在中国,道德是一个合成词。一般而言,"道"指的是非主观的事物内在规律、根本道理。老子在《道德经》中把它称为万事万物产生的总根源,"道生一、一生二、二生三、三生万物"。"道可道、非常道",这说明道是万事万物的本源,一切事物都是由此而生,"可以为天下母"。另外,在古人看来,天有天道,人有人道。天道,即自然界万事万物存在的规律;人道,即人类行为应该遵循的规则,是顺从天道的结果。后来的伦理学意义上的"道",是人在社会中生存应该遵循的行为规范。所谓"德",则是"得",是对"道"的认识、把握与实践的过程。"德"的本义和"获得"相通,在古代也作"惪",许慎注释:"'惪',外得于人,内得于己也。"宋代理学家朱熹在《四书章句集注·论语注》中说:"据于德","德者,得也。得道于心,而不失之谓也"。这种"得",并非现代意义所说的获得身外之物的那些东西,而是指"得道",即"得道于心"。而且,"得道"的基础上,更要践行"道"。有认识无行动,只能称之为"识",当然也就不能称之为"德"。总之,"道"就是人生在世、为人处世之道,"德"乃修道内化的过程④。

以往的道德一般是分开使用。道德两字连用,最早见于《管子·君臣》。

---

① 许敏.道德教育的人文本性[M].北京:中国社会科学出版社,2008:312.
② 鲁洁.道德教育的当代论域[M].北京:人民出版社,2005:52.
③ 鲁洁,冯建军等.教育转型:理论、机制与建构[M].北京:教育科学出版社,2013:35.
④ 杜时忠.制度何以育德?[J].华中师范大学学报(人文社会科学版),2012(4):126-131+4.

荀子在《劝学篇》中说:"故学至乎礼而止矣,夫是之谓道德之极。"这里的道德就是品质品德的含义。① 孔子曾曰:"其身正,不令而行;其身不正,虽令不从",又说"子欲善而民善矣。君子之德风,小人之德草。草上之风,必偃"。反映了道德正直对于做人的重要性。可见,"德"是对人的一种品质的描述,在"道德"一词中,"德"是指人们依照"道"的要求、规范所表现的各种修养状态。在伦理学的视野里,"道德"一词中的"道",是指社会公众认可的处理人与自我、社会、自然的关系时应予遵从的伦理要求或规范。"道是行为应当体现的原则,德是实行原则而有所得,亦即道的实际体现。"②

在西方文化中,"道德"(morality)一词起源于古希腊文 ethos,含义为习俗、风尚、性格等。Ethos 的拉丁文同义词为 mos,意思也是指性格、品性、法则等。罗马人创造的 moralitas,意指风俗习惯、性格德行,后来引申出规范、准则、品德、修养及善恶评价等意义。现代的伦理学一般界定道德为"人类社会特有的一些规范及人所特有的一些品性","是由道德规范与德性构成的统一体"。③ 由以上分析可以看出,道德一般有两层含义,对于社会而言,指的是人与人处理关系应该遵循的行为规范和基本秩序。对于个体而言,则是内心自觉遵循规范后形成的个人品质和内心修养,也即德性。

长期以来,人们习惯于把道德仅看作是道德规范,比如最新版本的《现代汉语词典》也表述为"是人们共同生活及其行为的准则和规范"④。从许慎对"德"的"外得于人,内得于己"来看,道德可分为两个层面,我们所说的德性就是指"内得于己"的这一个部分,是指"人所特有的一些品质",而道德规范是"外得于人"的部分,是品质的社会化。由此可知,德性实际上就是道德的一个构成部分,是内在的部分,也是根本的部分,德性是"人在道德生活中所获得的精神品质"⑤。道德规范存在于社会的风俗、习惯、制度、宗教、法律、文化等

---

① 转引:罗国杰.马克思主义伦理学[M].北京:人民出版社,1982:3.
② 张岱年.中国伦理思想研究[M].上海:上海人民出版社,1989:2.
③ 高恒天.道德与人的幸福[M].北京:中国社会科学出版社,2004:74.
④ 中国社会科学院语言研究所词典编辑室编.现代汉语词典(第5版)[Z].北京:商务印书馆,2005:281.
⑤ 金生鈜.德性与教化——从苏格拉底到尼采:西方道德教育哲学思想研究[M].长沙:湖南大学出版社,2003:243.

形式中,德性存在于人的生命之中,"德性即道德品质,它以人格的形式存在着"①。德性的生成是道德规范实现的前提和基础,合理的道德规范是德性生成的基本资源和主要依靠。刘铁芳认为,道德规范主要靠"规训"实现,而德性主要靠"引导"实现,"道德教化从根本而言之,正是经引导个体把德行建立在自我内在的原则之上,超越外在规训而成为自由自律的德性存在"。②

在学术史上,一般把德性理解为道德,道德和德性被大多数人理解为同样的概念。中国传统道德主要建立在德性的基础上,缺少逻辑分析和探讨,基本上把道德直接理解为人的德性。比如在《论语》中,我们很难发现有关道德的明确定义,孔子主要是教人在具体的境况中如何做出道德的行为,而不是从理论上探讨究竟什么才是道德的合理定义。现代新儒家持有同样观点,往往把德性视为品质或道德品质。在新儒家的论著中,有人直接把德性界定为道德品质,比如张君劢等常常把德性和道德作为同类概念来使用。

在西方,古希腊时期的伦理学主要研究人的德性,亚里士多德直接把伦理学定义为研究德性的科学,并把德性定义为人的品质。他在《尼各马可伦理学》中写道:那些被称赞的或可贵的品质就是德性。他最早较为系统地研究了德性问题,并以德性为核心,建构了一个被称为德性伦理的体系。在那里,德性的意义较广,往往泛指使事物成为完美事物的特性或规定。德性"不但要使这东西状况良好,并且要给予它优秀的功能。例如眼睛的德性,就不但使眼睛明亮,还要使它的功能良好(眼睛的德性,就意味着视力敏锐)。马的德性也是这样,它要马成为一匹好马,并且善于奔跑,驮着它的骑手冲向敌人"③。但是,就狭义而言,他认为德性主要是指道德意义上的品格,如正义、友爱、节制、勇敢等。黑格尔也指出,道德与伦理相对应,主要倾向于个人的个体品质,是个人的主观修养与操守,是主观法,"道德是法的真理,居于较高阶段,道德是自由体现在人的主观内心里。因此'道德的观点就是自为地存在的自由',因为他认为道德意志是他人不能过问的,而人的价值是应按照他的内部行为、自我规定或道德意志来评价的。道德是一种具有特殊规定的内心的法,也即'主

---

① 高恒天.道德与人的幸福[M].北京:中国社会科学出版社,2004:74.
② 刘铁芳.生命与教化——现代性道德教化问题审理[M].长沙:湖南大学出版社,2004:198.
③ 亚里士多德.尼各马科伦理学[M].苗力田,译.北京:中国社会科学出版社,1990:35.

观意志的法'"。①美国当代著名伦理学家弗兰克纳认为德性伦理不以义务判断或原则作为道德基础,而是以道德品质判断当作基础。他在《善的求索》一书中写道,德性是一个人所具有的或力求具有的心灵的气质、习惯、品质或品性。麦金太尔把德性直接理解为人的品质。有学者认为"所谓道德,其实质在于它是一种能够展现自我本性与卓异品性的品质,在于它是一种能够彰显自我人格高尚之处的品质",而德性,"就是那些已经沉淀到人性层面的高尚道德品质,是那些展示着人的优秀品性、卓异品性的人性。"②

由此,比较来看,德性是从善恶的角度来说明人的社会关系状态,一般泛指道德,主要是道德内化于个人后的品质,即可以是本体论意义的各种事物,也可以专门指个体;狭义的德性是指道德观念内化于人心中之后形成的优秀的个人品质,是个体道德表现的内在决定因素,反映道德品质的核心。本研究在分析教师德性时,把"教师德性"和"教师道德"看作可以等同的概念。

(四) 德性伦理与规范伦理

对于现代性社会背景下存在的道德危机,学者对化解道德危机的方式存在争论。这集中表现在当代西方学术界关于道德哲学的两种截然对立的观点上。以麦金太尔为代表的社群主义者认为,恰恰是在进入现代社会之后,道德才无法立足。因为,近现代以来的道德摈弃了古典的德性——目的论传统,倡导规范论,采取道德规范主义或道德律法主义取向。这样发展下去,道德有可能完全被社会的制度性规则或法律所取代。麦金太尔认为当前人类面临的道德困境是由于现代性的肆虐,在自由主义的幌子下,以所谓规则和理性来确定人在社会的结合方式,而"为道德提供一种合理化论证"的努力都失败了。他对规范伦理做出了批评,"合乎理性的道德所规定的原则能够也应该被所有人遵循,并独立于环境和条件,即能够被每一个有理性的行为者在任何场合中前后一致地遵循。"③这种看法注定是无用的,而且会导致价值相对主义和价值虚无主义。

而以罗尔斯、诺齐可、德沃金等为代表的当代自由主义者则认为,真正的

---

① 黑格尔.法哲学原理[M].范扬,张企泰,译.北京:商务印书馆,1961:序言 12.
② 孙峰.当代中国德育价值观的变革[D].西安:陕西师范大学博士论文,2010:105.
③ 麦金太尔.德性之后[M].龚群等,译.北京:中国社会科学出版社,1995:59.

道德必须以正义或公正为核心,这种正义或公正是环绕个人的自由和权利建构起来的。真正的道德是以人的自由、权利等超出社群价值的普遍价值原则为基础的。这种道德只有在人类进入现代社会之后才能真正建构起来,至于德性——目的论的道德则是"前道德的"、"外在的"和"习俗的",是特殊的、社群取向的伦理要求,它并没有达到自主的、普遍的、人类的道德层次。两种理念争论的结果,使得坚持"权利优先于善"的新自由主义者逐渐占据主流,出现了"德性伦理的式微和规范伦理的宰制"①。但上述两种观念实质上都割裂了德性与自由的关系,都没有看到,德性与自由的融通和相互支撑,恰恰是道德在现代社会存在和发展的内在根据之一。

其实,道德规范作为旨在对行为进行约定的社会"游戏规则",不一定都正当合理,要想得到每个人的自觉遵守和执行,需要经过人的内心认同,也即需要经过理性的自由意志的审查。一般说来,任何道德规范都具有社会性,表达的都是社会对个体的要求。当道德规范只是作为外在于个体的"他律"而起作用,无视个体的自由意志和个性自由时,道德规范的实际效果将大打折扣。"如果一个社会所制定、推崇的教师伦理规范不被教师所认可,或者说现实的教师行为与伦理规范的要求总是不相一致,我们就必须对教师伦理规范本身是否具有合理性作出反思。"②同时,道德规范在其演变中往往会成为僵硬的、不合理的东西,不合理的道德规范不仅外在地压抑着人的自由,而且经日积月累的熏陶、教化而内化于人的内心之中,使人的德性本身扭曲变形,从而泯灭人的意志自由。这时,道德规范本身就可能是导致道德问题产生的最重要的原因之一。德性是人的本质的内在构成要素,它是个体意志自由和道德自由的重要根据之一。没有了德性的保障,强调自由和权利就会成为消蚀道德的最佳借口,使道德走向相对主义和虚无主义。没有德性的自由,会导致社会的过度功利化和源于利益纷争的恶行竞争,为了利益最大化,每个人可能都无法拥有卓越德性。

因而,自由主义和社群主义视域中的道德观应该融合,自由主义背景下更多强调人的自由和权利,主张社会正义优先于善,并孜孜不倦地致力于制定正

---

① 胡祎赟.西方德性伦理传统批判[M].北京:中国社会科学出版社,2016:158.
② 张凌洋.经济学视域下中小学教师专业伦理研究[D].重庆:西南大学,2012.

义的社会规则,这确实是社会能够和谐发展的前提,但是,这也会导致人人各行其是、都着力维护自己的一片天地,使得"人人为自己、上帝为大家"、"各人自扫门前雪"的状况变得普遍,社会整体不再温馨,德性沦丧随之而来。相比较而言,社群主义着力维护共同体的友善、温馨、和谐,强调一元价值观主导下的个人德性培育,对当前社会存在的道德危机化解是不可忽视的。两者对社会德性的提升各自都发挥着不可或缺的作用。

二、教师德性的概念

(一) 教师的本质规定

在对德性有一个综合梳理后,我们应该着重探讨教师德性的内涵,而为了对教师德性有准确的把握,我们首先从教师的概念开始。人类社会自从有了教育,就开始有了教育者,自从有了学校,就开始出现固定的专职的教育者——教师。教师是一个非常古老、有着悠久历史的职业。古往今来,许多思想家和教育家曾对教师下过不同的定义,作过不同的注解。例如:"师者,教人以道者之称也。""师者,所以正礼也。""师也者,教之以事,而喻诸德者也;四海之内者一家,通达之属,莫不服从,夫之谓之人师。""智如泉源,行可以为仪表者,人之师也。""师哉!师哉!桐子命也;师者,人之模范也。""师者,所以传道授业解惑也。"等,这些古代注解多是从经验层面对教师职业的认识,主要侧重于从品质和德行方面对教师进行界定。

到了近现代,一些思想家、教育家对教师何以为教师的界定较之以往的认识则更全面、更深刻,如英国哲学家培根把教师称为知识种子的传播者、文明之树的培育者、人类灵魂的设计者。苏联教育家加里宁认为:教师这个词有两种含义,按狭义解释,是专门学科的讲授者,按广义解释,是有威望的、明智的、对人们有巨大影响的人。虽然近现代教育家在对教师的解说上更趋于教师的本质含义,但更多的乃是对教师崇高地位和伟大作用的颂扬与赞美。另外,由于科学技术给人类社会带来的深刻变化,知识传授越来越成为重要的教育职责,教师的内在意蕴也悄悄发生变迁,即从古代强调修身养性逐渐转变为传授知识,也即从德性之师变为知识之师。

从现代的眼光看,"教师"这个词具有双重的含义,既是指一种社会职业角色,又是指这一角色的具体承担者。教师职业就是由社会劳动分工关系所造成的一种社会职业,它的一个最鲜明的特征就是它被赋予的社会劳动任务:教书育人。教科书中通常界定为:履行教育教学职责、承担教书育人、培养社会建设者、提高国民素质的专业技术人员。当代随着研究的深入,对教师内涵的理解愈加丰富,从不同角度可以延伸出不同的理解,但无论如何诠释,教师"育人"即促进人的全面自由发展,从而使人成为"人"是教师的本质规定。

(二) 教师德性的概念界定

本研究基于前面对德性的历史梳理和阐述,认同麦金太尔给德性下的定义。即"德性是人的一种获得性的品质,拥有并运用这种品质将使我们获得对实践具有内在意义的利益,而缺乏这种品质则妨碍我们获得这种利益。"[1]前已述及,德性主要用来描述个体的道德品质、做人的品格,本研究以麦金太尔的定义为基础,综合其他学者对德性的认识,来阐述教师德性。笔者认为,教师德性应该这样去理解:教师的德性是一种优良的、卓越的内在精神品质,是内在于教师教育实践所反映出的个人品质,能够确保教育实践内在利益的获得。舍此,教师将难以合乎伦理地开展教育实践工作。

教师德性,就是一种能够担当起教师角色职责的专业道德品质,在学科中它属于教师伦理学的研究范围。在当今社会急剧转型的时候,知识激增,技术越来越发达,但人类道德水平却日益下降,德性修养被边缘化的时代,有什么可以挽救社会道德?谁可以承担重振道德的责任?在此,教师作为培育下一代青少年健康成长的引路人,似乎承担着比一般公众更沉重的道德责任,这样说,并非指作为教师一定要具有特别高尚的道德的品质,而是教师要对教师应具备的道德品性有内心的自觉,首先愿意成为一个道德的人,并竭尽所能在自己的教导下,使学生也成为有德性的身心健全成长的人。教师德性总是与教师对待学生的态度与方式,对待教育工作的态度与方式,对待同事的态度与方式直接相关,教师德性的好与坏总是反映在他对待上述问题的态度和行为方

---

[1] 麦金太尔.德性之后[M].龚群等,译.北京:中国社会科学出版社,1995:154.

式上。教师的专业角色决定了教师的德性需要善良、爱心、公正、责任等成分。①

总而言之,所谓教师德性,是教师在教育实践中逐渐生成的道德品质,反映在教师的为人处世、做人准则等方面,是一个表现为知识、情感、意志、行为的反复过程。它不是天然的、遗传带来的素质,而是在后天的实践中逐渐形成的。这些品质的获得能够确保教育内在利益的获得。如果教师不具备德性,则会妨碍内在利益的获得。此处所指的内在利益其实就是教育的内在精神,教育的最高善或终极价值取向。教师德性反映在教师处理各种各样的关系时所做出的行为,例如教师对待学生、对待本职工作、对待同事、对待学生家长等,教师德性的状况总是反映在其对待上述关系的态度和行为方式上。教师德性作为一种个人品质,尽管无法直接窥探,但其无时无刻不反映在教师的教育行为中,而教师的教育行为又是教师德性得以形成或改变的根本因素。一旦形成,其又会对教师的教育实践产生直接影响,缺乏德性或德性修养不够的教师经常做出违背教育价值、损害学生健全发展的教育行为。真正具备德性的教师用中国传统文化话语表述就是"君子",做到"为天地立心,为生民立命,为往圣继绝学,为万世开太平",或者成为"仁师",做到孔子所言的"知者不惑,仁者不忧,勇者不惧"的境界。

康德认为,德性指的是意志的道德力量,它是由其自身的立法理性施加的一种道德强迫。这种道德强迫是完全自愿的,出自人的自由意志,经过理性的审查,不受具体情境的制约。教师德性是教师获得教育实践之内在利益的必需品质,何为教育实践的内在利益?这跟教育的核心精神有关,也即教育何以为教育的内在规定性有关。这首先需要探讨何为教育的根本精神。教师作为教书育人职责的承担者,作为促进学生全面自由发展的引路人,他担负着用高尚的道德修养和崇高的人格培育青少年的艰巨职责。要完成这一任务,教师德性的不断培育和提升是基本诉求。现实中大量教师道德失范现象体现了教师德性的失落,振兴教师德性是解决大量教育实践问题、特别是教育道德问题的突破口。面对教育道德失范问题,当前很多教育行政管理部门和研究者热

---

① 德性,教育精神家园的灵魂 http://hujialousong.blog.163.com/blog/static/44172858200912165247694/,2014-2-21.

衷于教师道德规范的研究、制定,许多学校也都习惯于用"敬业""爱生""为人师表"等系列规范来要求教师。然而,事实上无论是师德的宣传和教育,还是师德的衡量和评价,掌握师德这些主要原则和规范还是远远不够的。因为道德规范终究是外在的、强制的,而且相对模糊,难以得到自觉执行。而孔子当年的告诫:其身正,不令而行;其身不正,虽令不从,正反映了教师需要高尚的德性,体现于日常行为中,才能使学生模仿、听从,起到潜移默化的作用。

众所周知,教育是培养人的社会实践活动。教育的这一本质特点决定了教师职业必然具有示范性。在教育教学中,教师的工作方式不像其他职业那样需要使用什么工具,而是要用自己的知识、智慧、人格魅力和内在品质去影响学生,滋润学生的心灵,促进学生的身心发展,所以,不论教师自己是否意识到,其一言一行、人格品行都在对学生产生示范作用,正所谓古人云"师者,人之模范也",没有高尚的教师德性,显然这些示范作用是无法起到的,有的教师甚至反其道而行之,成为学生德性成长的阻碍者。另外,教师德性的示范性,还在于面对的对象基本处于中小学阶段,青少年的身心发展都还不成熟,无论在心理品质、思想道德等方面的发展都有较大的可塑性,自主独立发展的能力非常欠缺,这决定了对教师较强的模仿性,也即通常所说的向师性。在天真、单纯的学生们的眼里,教师一般都具有某种权威性,甚至认为凡是老师说的就是对的,大部分学生相信老师远在自己父母之上。不过,要注意的是,教师不应因为自己的劳动具有示范性而强加给学生现成的东西,而是要通过崇高的师德来潜移默化地影响学生,应当为学生树立为人处世的榜样,"学高为师、身正为范",以崇高的教师德性来影响学生,平时鼓励学生独立思考,有分析,有批判和有选择地对待教师的示范作用,而不是要求学生盲目服从。

总之,某个教师是德性教师,是指其内在的品质在各种因素的影响下,随着职业经历的逐渐丰富,教师专业品质日趋稳定,即深刻认识到以教育促进学生成"人"——每个人的自由全面发展这一教育根本利益为核心,在实践中养成的符合教育精神且值得称赞的优良品质。教师德性是一种人生的境界,达到这一境界的教师,在教育实践中能够始终恪守教师的本分:为学生成长负责,促成每个学生的优秀和卓越。这样的教师在现实的种种诱惑和利益分配面前,不会为名利而斤斤计较,不会为欲望不能实现而耿耿于怀。反而会一切以学生的需要为行动的标尺,为了学生的全面自由发展而竭心尽力,在教育中为学生的幸福实现而不辞劳苦,甚至敢于以良心的力量,反对体制中不正义的教育律令或要求。德性化的教师会产生一种对教育的神圣使命感,一种坚定的责任感,以及履行教育成"人"使命后的一种满足感和幸福感。

教师追求德性是一个永恒的过程,成为德性教师并非是一时的想法和行为,而是伴随职业生涯的持续修炼。当德性真的融入于教师生命中,成为描述教师的根本素养时,那一定是达到德性融入教师生命历程中,德性与生命融为一体的境界了。德性真正要成为教师的品质,就要与教师的生命融合。否则,它仅仅是一种外在的道德约束和规范,反映社会主流意识形态的要求,但不一定是教师内化于心的自我德性。

(三) 教师德性的终极追求:真善美

为了对成"人"视域中的教师德性有更深刻的认识,下面对真善美与德性的关系分别进行探讨,以便把握德性的人性内涵。

1.求"真"与德性

求真即追求真理,在道德教育中表现为对道德伦理知识的建构性学习、吸收并内化的过程,是对道德规则把握的基本途径,因而也是获得德性的基本要求。教师作为担负成"人"使命的事业,德性是完成使命的条件,只有不断去把握德性之知才能深刻领会教师的真正内涵,这也是成为德性教师的相关真理被揭示的过程。显然,教师德性追求的过程也是获得自由的过程,"自由乃是贯穿于追求真理的生命活动的内在灵魂,追求真理乃是人的生命活动之自由本质的自我展现。""追求真理是需要自由探索、自由思考的,这就需要人们在追求真理的时候有一种排除一切干扰、不计利害、特立独行的自由精神。"[①] 德性之知在"真"的层面主要体现为理性,这是因为,德性之"真"主要体现为人类面对客观伦理世界时如何正确把握其中规律,从而不被无知带来的盲目性奴役。德性真的内涵体现为基于人的认识能力的理性自由,如何获得自由首先体现为理性的能力问题。把握德性之知,本身是要坚持理性的,人的德性首先体现在人的理性基础上,受理性的制约,而不是随心所欲,人只有在理性的指导下深刻认识人所在的社会的必然性才能成为自我的真正主宰,摆脱自

---

① 许苏明.人文精神论[M].武汉:湖北人民出版社,2000:556,558.

然必然性的奴役,把握德性之人的深刻内涵。

德性与自由的关系是,德性只有在自由中才能真实呈现,获得德性的过程也就是自由品质实现的构成,所以,教师如果是以成"人"为使命的,其含义首先是把握伦理世界的真理、认识其中的必然性,使人摆脱愚昧无知的束缚,在遵循必然的基础上把握德性。

2."善"的实现与德性追求

善一般是伦理的概念,所谓伦理,最初指人与人相处所秉承的道德规则,随着人类生活领域的扩展以及认识水平和能力的提高,伦理的内涵发生了变化,不再仅仅限于指称人与人之间的关系,而是扩展到了人与自然、人与其他物种之间的关系,如生态伦理、生命伦理等。相应地,不仅存在个体德性、社会德性,而且还出现了生态德性、生命德性的概念。但可以肯定的是,伦理是一个关系概念。伦理研究的是各种关系如何"善"的问题,其根本追求是基于善的德性养成。只有每个人都是自由的,才有可能拥有德性,并依此建立良好的伦理关系,才能实现"善"。卢梭对此评述道:"放弃自己的自由,就是放弃自己做人的资格,就是放弃人类的权利,甚至就是放弃自己的义务。"①

人的最终目标在于人之为人的崇高德性的生成,这是一个永远在追求的路上的过程。"人的最终目标必定是不能达到的,达到最终目标的道路必定是无限的……因此,无限地接近这个目标,就是他作为人的真正使命……人的生存目的就在于道德的日益自我完善,就在于把自己周围的一切弄得合乎感性;如果从社会方面来看人,人的生存目的还在于把人周围的一切弄得合乎道德,从而使人本身日益幸福。"②可见,人是一个过程,他能够从自身中创造他的未来,而人的未来是一种开放性的未来,这就为所有人的自我实现提供了可能。自我活动即基于自觉的精神自由是费希特哲学体系的灵魂。基于此,教师之成"人"使命,就是培养人格的自由特性,就是出自一种自由意志的积极主动的自我追求。自由本身就是最高的德性,即席勒所说的:竭力为善,爱自由胜于一切。由此可以看出道德的自由本质:道德的"善"是人类精神的自律而不是他律,只有自由选择的道德行为才是真正的道德行为。③ 自由是通往善的

---

① 卢梭.社会契约论[M].何兆武,译.北京:商务印书馆,1963:13.
② 费希特.论学者的使命·人的使命[M].梁志学,沈真,译.北京:商务印书馆,1984:11-12.
③ 许苏明.人文精神论[M].武汉:湖北人民出版社,2000:563-567.

天堂的基本路径,教育使人成为一个德性"人"必须给予充分的自由。而真正的自由又是以善的追求为前提的。善在真的基础上获得实现就是德性之真谛。

3.德性的彻底实现就是"美"

真正的教育应教人求美。教育之教人求美,就是着力实现人的德性自由。席勒在《美育书简》中认为德性自由即美的规律,"审美教养使一切事物服从于美的规律,使自然规律和理性法则都不能束缚人的自由选择,并且在它赋予外在生活以形式中显示出内在的生命""通过自由去给予自由,这就是审美王国的基本法律"①。人的德性只有在遵从美的规律,探寻规律与目的的和谐统一中得以实现。其意蕴是,时代的污浊现实和教育的功利导向使人受到各种权力控制和功利欲望的驱使,追求基于动物欲望的利益满足和最大程度"占有",从而不可能去把握关于世界的真理,也不去探求如何成为一个有德性的人。真和善都残缺的人不可能成为"美"人。拯救的根本就在于学生在教育中求真、求善,从而在真与善的合一中体验"美"。外界的现实尽管不够理想,但它毕竟是外在于人的,努力在美中体验精神的自由,进而不断实现人与自身精神之间关系的自由是留有空间的。美的实现也就是冯友兰所说的对人生大彻大悟的天地境界的觉解,是对功利境界和道德境界的超越,这也是通往完善德性的必由之路。

4.真善美在德性中的统一与教师成"人"的诉求

德性视域中真善美是相互说明、不可割裂的统一体。求真体现为科学精神的核心、求善和美体现为人文精神的核心。两者都不全面,前者倾向于外在规律和必然性的把握,后者则倾向于对人的价值和美好德性的探寻。求真的过程需要以善为条件,善在真的约束中实现就会呈现为美,善和美都需要以真为基础,否则就很可能以美好的乌托邦形式给人类带来伤害,这个乌托邦因为违背了必然性,带来的破坏往往更为巨大。这在人类历史上已经反复被证明,例如18世纪末的法国大革命,尽管主导者动机是善的,但结果却是背道而驰。"科学给人理性和力量,使人自尊和自信,科学是人文的后盾,不是人文的敌

---

① 席勒.美育书简[M].徐恒醇,译.北京:中国文联出版公司,1984:121,145.

人。"①对于构成人的完整德性来看,科学与人文一体两翼、源远流长,只是在后来随着科学的过度张扬,导致本来包含科学精神的人文精神日趋式微,难以显明。

真善美的统一就是理想的人文精神的核心,就是以人为本,促进人的自由而全面的发展,也就是德性的生成过程。用最简单的表述,教师德性即成"人","人文精神这一概念的最初含义是针对宗教神学和封建道德对个性的压迫和束缚而提出来的一种提倡个性解放,提倡关怀人、尊重人和以人为中心的世界观和价值观"②。教师的成"人"使命,恰恰需要的就是这种真善美完全统一的人文精神,体现人文精神就是要求一切以人之整体生命自由发展为思考和探索教育问题的最高价值取向。教育是关涉人生的价值、意义、目的等领域的人文之学,它以培育德性为目的,极力反对把教育仅仅作为为社会政治、经济服务的工具,"他们提出要以培育自由心智来作为另一种高等教育应追求的目标。针对政府把高等教育的目的贬为只为迎合社会和经济的需要,人文学院的回应是把追寻人性的至高价值,也就是培育'完人'和不计实利的追求学问,订定为自己最崇高的目标"③。尽管现实还需要遭遇种种困难,但这不妨碍人文精神作为人类生活的美好追求而不断努力,人的解放历程注定是不断向前推进的。"自由是人文精神的本质追求。"④人文精神的广泛张扬和深入人心会促进人的解放事业,这最终需要教师的持续努力,在教育实践中生成一种坚定的成"人"精神,在自由的教育中让学生学会真、走向善、体验美,通过人的总体性的提升来实现教育成"人"的追求。

总之,德性对人具有本体价值,德性的追求和真善美的追求是一致的,两者都体现为人类的普遍精神追求。德性使一个自然人成为真正的"人"。德性是描述人的本性的基本话语,也是人不同于其他"物"的标志。正如帕斯卡尔所声称的:真正的人性是一种品行和习性。因此,至少从道德的角度上看,没有德性就没有真正的人性,没有德性的根基,人性就会沦为兽性,没有真善

---

① 徐友渔.不懈的精神追求[M].天津:天津人民出版社,2002:174.
② 吴增基,张之沧,铖再等.理性精神的呼唤[M].上海:上海人民出版社,2001:102.
③ 华勒斯坦等.学科·知识·权力[M].刘健芝等,编译.北京:生活·读书·新知三联书店,1999:157.
④ 高静文,雷念曾.社会主义市场经济的人文精神[M].北京:北京出版社,2005:252.

美的精神世界,只有本能的欲望及其满足。实际上,德性就是做成一个人的根本标志,是成就自己的根本途径。在中国传统哲学中,把德性视为"成己成物"的根本标志。所谓"成己",就是完成自己的人格,实现人的"真己"的存在。所谓"真己"也就是脱离兽性。① 教师德性的核心就是不断探索真善美的意蕴,成为具备真善美素养的德性之师,并通过教育实践,成就具有真善美素养的青少年学生。

三、教师德性的根本追求:实现教育成"人"

关于教师德性,前面已指出其指向教育的内在利益,教师拥有良好德性是教育内在利益获得的根本条件。那么内在利益具体所指又是什么呢？笔者认为,其所指即教育的最高价值取向、反映教育的内在善,而这正体现教育的根本精神,即教育应该担负使人成为"人"的职责。由此,我们有必要理解教育成"人"的意蕴,并分析其逻辑意蕴,从而把握教师德性的根本追求。

(一) 成"人"的意蕴②

成"人"就是使人成为人,它是教育的最高价值设定,那它跟我们常说的教书育人又有何区别呢？应该承认,"成"人与育人含义相近,都专注于人的培养,但两者还是有一定区别的。从词源学来看,"育"原本的主要含义是:生、长,间或引申为人的生育、养育,与现在的教育关系不密切。③ 这个含义也从一个侧面反映出制度化教育产生以来教育重在"教"而不在"育"的价值嬗变,教育注重知识和价值灌输、技能的训练等方面,而人的精神涵养、德性生长、人格完善等更为根本的工作被边缘化了。这也是当前《中长期教育发展规划纲要》提出要把"育人为本"作为教育工作根本要求的时代背景。

与育人相比,成"人"更能凸显教育是一个漫长、渐进、不确定、充满偶然性的一个个"事件"的过程,它更能反映出由于人的不确定、复杂性而带来的

---

① 陈根法.论德性的意义和价值[J].复旦学报(社会科学版),2002(3):104-107.
② 此处参考了笔者已发表的论文:作为成"人"的教育精神:人性视角的内涵分析[J].南京社会科学,2013(12):115-120+127.
③ 陈桂生.常用教育概念辨析[M].上海:华东师范大学出版社,2009:4.

多种可能性以及教育者试图通过精细控制达致成"人"的不可能性,从而更能凸显人的自我完成的渴望。尽管育人似乎也能表达这种含义,但它更倾向于对人的培养,"育"的主体往往是教育者,育人的提法很容易蜕变为教育者按照社会或国家的意志来"规训"受教育者,把通过种种手段迫使学生遵守教育者制定的规范的"毁人不倦"误以为诲人不倦,再加上由于教育话语中"育人"的滥用而容易导致歧义,而笔者主要使用成"人"的提法,旨在突出成"人"的过程性、动态性、不可控性。

分解成"人"这个动宾词组,需要重点研究两个方面,即"成"的主体依据——人性和人的"生成"依据。后者依赖前者,只有紧紧抓住"人的本质就是人本身"这个依据,才能实现教育成"人"的使命和责任。马克思对"人本身"的两个著名判断是:"在现实性上,它是一切社会关系的总和",这句话凸显了人的社会性。另一判断是:"自由自觉的活动是人的类特性。"如何理解这两个判断在表征人的本质上的关系?这是教育基于人的本性从而走向成"人"的根本。许苏明曾在《人文精神论》中认为两者是统一的。其归纳的统一的基础在于,"所有"的人的社会关系都变成自由的那一刻,而不是个别或部分人通过剥夺别人同样的自由来占有"自由自觉的活动"时,真正的自由就实现了,用马克思的表述即是共产主义的理想:"每个人的自由发展是一切人的自由发展的条件。"当然,他是从哲学立场来分析的,有必要深究的是,转换到教育的语境中,如何整合,以便实现每个人的自由发展的理想?这是旨在描绘的教育价值的终极指向,但显然尚需深入的分析研究。

关于成"人"的含义,王海明认为成"人"即使"人"成为人,它是狭义的人道主义原则,意味着视人本身的自我实现为最高价值,从而使人自我实现而成为可能成为的最有价值的人。[①] 在他看来,自由是人道即成"人"的总原则:"自由是没有外在强制从而能够按照自己的意志进行的活动;不自由则是因有外在强制而不能按照自己的意志进行的活动。这是自由的精确定义。"[②]他论述的自由属于社会学或政治学自由的范畴,指的是外在强制消除后按照自己的意志行事,并且提出了经济自由、思想自由、政治自由、人身自由等。多形式

---

① 王海明.新伦理学:优良道德的制定与实现之研究[M].北京:商务印书馆,2001:406.
② 王海明.新伦理学:优良道德的制定与实现之研究[M].北京:商务印书馆,2001:409.

的自由是人在世界得以安身立命的不同维度的表现,其要想真正被人把握和践行,只有依靠教育,通过教育来正确看待人的自由,使人掌握实施自由的能力,提升自由的素养,养成自由的精神。舍此,人在各个领域中的自由就是一种虚设起来的无法在现实中达成的空想,这凸显了自由对于人之生成的基础性价值。

(二)德性视域中的教育成"人"

人的本性在于什么?我们说教育旨在成"人",那么做成一个人的依据是什么?关于此,可以从多个方面进行不同层次的探讨,例如最为常见的从善恶角度看待人性论、从可知与不可知角度的认知人性论。前者主要是从道德层面,后者主要从理性层面理解人性。另外还有本质和生成、潜在和现实、普适与阶级、自然与社会、文化与符号等维度的人性论。从更为核心的层面分析,人与动物的本质差别主要在于寻找人之所以为"人"的内在规定。按照亚里士多德等前人的说法,这只能是人的德性。德性是人性中的核心部分,德性可以称为狭义的人性①。最高善、终极善属于德性问题,也即一事物何以规定为它自身的本质问题,德性泛指使事物达至完美与卓越的特性,用亚里士多德的话说就是:一切德性,只要某物以它为德性,就不但要使这种东西状况良好,并且要给予它优秀的功能。例如眼睛的德性,就不但使眼睛明亮,还要使它的功能良好。……人的德性就是使人成为善良,并获得其优秀成果的品质。② 教育从人之作为人的德性本质探讨,就不会迷失应有的成"人"方向,就有可能在社会中成为构建美好社会的"新人孵化器"。

亚里士多德认为德性就是避免过度和不及,而取事物的最佳本性状态,这可以比拟汉语所言的中庸,其解释类似于"从心所欲不逾矩""止于至善",持有的是德性人性论,拥有德性也就是充分实现人性,具体说来就是恰切地把握人所面对的整个世界,游刃有余地在这个"世界"生活和"行走",以致感觉不到实现自我的障碍,也就是达到自由自在的境界,从而获致人之为人的优秀品质。总体来看,亚里士多德在品质的意义上理解德性,他说"人的德性就是既

---

① 许敏.道德教育的人文本性[M].北京:中国社会科学出版社,2008:312.
② 亚里士多德.尼各马科伦理学[M].苗力田,译.北京:中国社会科学出版社,1990:35.

使得一个人好又使得他出色地完成他的活动的品质"①。

不过关于何为德性的问题，历史上思想家却争论不断，麦金太尔在考察历史上诸多德性概念后，认为其实不存在真正统一的德性概念，他倡导回归亚里士多德的品质意义上的德性论，把现代性的昌盛导致的道德危机拯救的希望放在了回归古典德性重建的基础上，试图重振德性的人性基础，反对没有任何社会规定性的个人化的"自我"。

教育成"人"就在于人的崇高德性的生成，崇高的内涵尽管存在多种多样的表述和设想，但正如笔者下面打算展开论述的，其最根本的前提只能是基于人性的自由，是自主自觉的活动主体，这种德性使潜在的"我"发展为现实的"我"，以确证自我的存在。教育的最高善就是成"人"，基于德性立场使人不断发展，从而能够自我实现。自我实现是人本主义教育理论的核心概念，对其含义的解释众说纷纭。罗杰斯、马斯洛等人本主义哲学家对此做过深刻分析，其论述的前提是当代社会与文化残酷压制自由个性，使得个体自由生成的空间日益萎缩，由此他们甚至反对现实的有计划、有目的的教育，反对按照社会已有的价值对学生进行强制灌输，甚至反对教育者对学生的基于社会要求的管理、引导，罗杰斯的非指导性教学模式就是对这种现象的反叛。他们要求"以人性为本位"，强调学生潜能、身心与情感的发展，落脚于学生的"自我"及其实现。笔者认为，自我实现是指在不受外界威逼利诱和内心任性冲动宰制情况下，充分发挥、实现自己潜在可能性向现实可能性的转变过程，使自己成为实现自我意义和价值追求的人，这其实就是独特的个性化存在的人。由此可见，自由是自我实现的基本条件，是人格发展的首要因素，而自我实现是自由的终极方向。一个人只有在充分自由的条件下，按照自己的意志前进，这样生成的自我才是基于内心渴望的具有独特个性的自我，反之，如果是外在的奴役、控制、摆布、诱导条件下形成的自我，则只能是奴性的"他我"，这样的人没有独立人格，没有自由意志，仅仅是别人意志的执行者和实践者。

教育作为成"人"的途径、手段、方式，如果不抓住德性意义上使人自由的内在诉求和自我实现的基本途径，就会偏离自己的本质，就会偏离为只教不育，满足于一些琐碎的知识识记、能力训练、技术操作等，或者纯粹成为其所处

---

① 亚里士多德.尼各马可伦理学[M].廖申白,译注.北京:商务印书馆,2003:45.

社会的工具,社会需要什么,教育马上就给出应答。这样的教育只把人当成社会某种需要的工具,而没有把基于人性的人本身的发展作为首要的教育价值取向,从而消解了自身本应承付的德性,使得教育为人并成"人"的理想无所依归。面对现代性过度膨胀导致的人的德性困境和人的精神危机日益深刻的时代背景,探索教育的根本使命和责任,使教育为成"人"保驾护航就显得意义重大。

(三) 教师德性的根本指向:使人成"人"

教育工作是以人为中心的,对人的认识和探索非常重要,人是哲学的核心问题,更应该成为担负成"人"使命的教育的核心。对于人的问题的探讨是中外多数哲学家的重要的或说是核心的主题。西方哲学从苏格拉底开始了从关注自然向关注人的转向,中国自先秦哲学开始,压倒一切的主题就是关于人的问题。"认识自我乃是哲学探究的最高目标——这看来是众所公认的。在各种不同哲学流派之间的一切争论中,这个目标始终未被改变和动摇过;它已被证明是阿基米德点,是一切思潮的牢固而不可动摇的中心。"[①]探讨教育如何成"人"的问题的时代背景是:教育似乎越来越善于跟踪、善于追随,社会也要求其不断调整自己的目的、方法、内容,成为社会某种需要的工具和御用的器物,它的潜台词是:社会需要的就是教育必须马上要落实的,教育是社会需要的工具。这种看法往往把教育的功能和教育的"自我"混为一谈,把教育能够发挥什么作用误以为"教育的本质",掏空了教育的精神内涵。这种观点把教育当成一种没有独立内涵,只有被利用的价值。这是教育实践中多种问题迟迟难以纠正的思想原因,例如素质教育倡导并大力提倡30多年至今没有取得根本突破、中小学学生课业负担仍然沉重、减负工作实效有待提高,尽管最近党中央为了解决学生负担沉重的问题,于2021年7月24日印发了《关于进一步减轻义务教育阶段学生作业负担和校外培训负担的意见》,并且正在持续推进,但最终实施效果仍然需要观察。另外,尽管已经出台《中小学教师违反职业道德行为处理办法》等多种红线,中小学教师中仍然时常发生体罚羞辱学生、学生厌学惧学恐学、收受学生礼品等现象,钱学森对"教育培养不出杰出人

---

① 恩斯特·卡西尔.人论[M].甘阳,译.上海:上海译文出版社,1985:3.

才"的质问,其原因与此不无关系,即教育远离了成"人"的使命,做了很多为"他人"做嫁衣裳的事情,却唯独忘了自我的存在,或者说教育在社会种种压力下没有机会体现"自我"的存在。

对于教育,苏霍姆林斯基说:"教育——这首先就是人学。不了解孩子——不了解他的智力发展,他的思维、兴趣、爱好、才能、禀赋、倾向——就谈不上教育。"①试看今天的教师忘却的常常是怀着美好期望来接受教育的学生们,往往不去充分地认识和了解他们,基于他们的本性去充分地发展他们的各种素质,使他们由不成熟、待发展经由教育成为身心完善的人,却经常秉承的是社会、国家的功利化要求和工具化取向,或者服从于学校和教师私人利益的实现、学生家长是否满意等,这样的教师非常可能在教育实践中以外在的功利性期待作为自己行动的指南,时刻听命于社会各种权威力量,唯独不反思自身何以存在的本真,不探索教育的人性基础,不使教育成为属于"人"、为了"人"的教育。显然,教育学要真正搞清如何培养人的技术和艺术,一个首要的前提是对人性的透彻研究,并基于此构建教育的原则、方法、目的等。在这方面,康德给我们做出了典范,他对人的存在问题进行了深入解剖,并基于此对教育做了深刻思考,认为"人只有通过教育才能成为人",并对教育实现人的本性充满了希望,给予教育崇高的使命感,希望教育是基于人性的、是围绕人的"完满实现"的历程。"教育或许会变得越来越好,而且每一代都向着人性的完满实现更进一步;因为在教育背后,存在着关于人类存在之完满性的伟大秘密。人的天性将通过教育而越来越好地得到发展,而且人们可以使教育具有一种合乎人性的形式。这为我们展示了一种未来的、更加幸福的人类的前景"。②

马利坦也认为,教育的主要目的决定于人的本性,对于人性的分析是一切教育的起点。在他看来,"人是什么?"这个问题是任何教育哲学不可避免的开场白。它有两个含义:第一是哲学的或"本体论的"含义,关于人性的本质存在;第二是科学的或"经验论的"含义,关于人性的现象特征,这是我们现代

---

① 苏霍姆林斯基.我把心给了学生们[C].王家驹,译.参见:苏霍姆林斯基选集(第3卷)[A],北京:教育科学出版社,2001:11-12.
② 康德.论教育学[M].赵鹏,何兆武,译.上海:上海人民出版社,2005:5-6.

观察和测量的科学能够揭露的。① 教育的主要目的是根据使人成其为人的"个性"特征确定的。这个主要目的就是使"人获得内部的和精神的自由,换句话说,就是通过知识、理智、善良意志和爱获得解放。"② 这表明马利坦认为教育的核心要旨就在于基于人性的对受教育者心灵和身体的解放、促进其自由地实现"自我"。

正是看到当今教育被严重物化、工具化的现实,看到学生在漫长的教育实践中痛苦跋涉,看到教师为绩效、为升学率、为名利而置学生的健康发展于不顾,"狠心"或无奈地透支学生稚嫩的生命能量,笔者痛心于教育成为规训、奴役人的工具,教育的内在"自我"被肢解和割裂,并且受到这些先贤哲人深刻教育思想的启发,笔者才认为非常有必要站在历史哲人的肩膀上,探索教育之为教育的深刻的人性依据,并研究教育如何回归人性,为教师如何成"人"奠定坚实的人性基础,从而在教师的教育实践中实现人性视角的教育——使人成"人"的职责与使命。

最后,教育成"人"职责的实现主体不可能寄希望于他人,而是责无旁贷地只能由广大教师承担,教师德性的体现也在于教育成"人"精神的坚守,在于教育的良心不被泯灭,肩负起教育神圣的使人成"人"责任,对违反这种价值导向的行为和做法从内心深处拒绝并进行行为抵制。在明晰教师德性的成"人"内涵基础上,为了更加清楚地把握成"人"的含义,还需要从人性的角度入手,对成"人"也即教育人性化的内涵进行深入分析。

四、成"人"视域下的教师德性意蕴

(一) 把握成"人"内涵是教师德性研究的首要问题

教师是承担成"人"使命的专业工作者,人是教育的首要出发点,所以,认识人的本性是教育的首要问题,教育的人性依据探索是任何一个教师都应该主动投入并正确应对的问题。只有确切地把握人性,才能从根本上实现教师

---

① 华东师范大学教育系,杭州大学教育系.现代西方资产阶级教育思想流派论著选[M].北京:人民教育出版社,1980:289.
② 赵祥麟.外国教育家评传(3)[M].上海:上海教育出版社,1992:212.

使学生成为"人"的价值诉求。成为拥有高尚德性的教师,意味着要抓住"人"的根本,从更核心的层次理解人的培养与成长问题,而不是满足于片面的关于人性的一知半解,把人误以为某种特性的动物,或者由于社会的需要而预定为符合政治谋划需要的人、适应经济建设需要的人。由此,现在的核心问题是,必须深刻而反复地提炼问题、认清教育的根本问题,不断发问教师面前的学生是什么。即从人的本性探寻开始,寻找人终极价值和意义生成的逻辑起点,并为教师德性实现找到人性的依据。

认清人性、实现人之本性在充满谬误、诱惑、低俗的当代教育中并非易事,因为这个社会中人的美好德性受到太多障碍性因素的限制或蒙蔽,以致不得不问不道德的社会如何产生道德的人?在拒斥纯洁和高尚的社会中教师怎么培育纯洁高尚的人,凭借一种精神的建构,我们能够做些什么?布鲁姆曾经感叹现代性背景下年轻一代令人担忧的精神状态,"自我意识、自我清醒、德尔斐式的'认识自我(know thyself)'对我而言是教育中重要的几件事。但我知道想明白以上那些确指什么已是太难,更不要说达到那些目标。但一件事是确定的。如果一个人的脑袋被一些曾经重要但已成为陈词滥调的观点充塞,如果一个人还不知道这些陈词滥调并不像太阳、月亮一般自然,如果一个人不认为有其他东西能够替代它们,这个人注定是别人意见的傀儡。要在人们对别人意见确信无疑以至于停止了思考之前,追回到这些观点的源头,去看看它们真正的论据。只有这种搜寻才能解放我们"[①]。这反映了如果人性的内涵被错误的认知,被"陈词滥调的观点充塞",教育中的人就极易可能迷失自我、成为"他人"意见的傀儡,他人的意志是其行为的操控者,这样的教育塑造的就是埋葬人性的盲目而浅薄的工具人。因而,深化对人性的理解与探索,准确把握人性内涵对教育来说至关重要。

(二)"人"之精神本性及其自由诉求

尽管人从动物进化而来的科学事实使人永远摆脱不掉动物的成分,我们承认物质性是人得以存在的首要因素,没有物质性奠定的肉体基础,精神就只是虚无缥缈、软弱无力的东西,生命本身首先是大自然长期进化的结果,人的

---

① 布鲁姆.巨人与侏儒[M].秦露等,译.北京:华夏出版社,2003:302.

基于动物性的需要永远是人的精神追求的一个基础。但从根本来看，人本质上应该是精神性的存在，满足于动物的欲望而不能自拔，就永远无法体验到真实的精神自由带来的人生丰满和自我实现，而精神的自由需要有限的物质生命在不断追求崇高、永恒和完美中得以体验，只有在自由地探索人之为人的本性基础上构建的精神世界中去体认，"他不仅仅是尚存着的能知者，而且自己自由地决定什么将存在。人是精神，人之作为人的状况乃是一种精神状况"①。他要求自由地实现自我，自由的实现包含诸多方面，但人的自由发展的最高境界和最后阶段就是人的精神世界的圆满，是精神的自我完成，这是人与动物相区分的根本所在。而动物隶属于物的本能，永远跌落在自然设置的圈套中，受到自然规律的严格控制，只能在自然规定好的领域和范围中活动。

让我们从精神哲学的视角，回归"言必称希腊"的古典学术传统，从古希腊时代开始稍作回溯，柏拉图开创了理念论的传统，其认为现实世界是虚幻的、不真实的，世界的本原在理念或精神中，他的很多教育主张是建立在人的精神本性基础上的。奥康纳评述其思想："人主要的是灵魂或精神和肉体暂时联系在一起；这个灵魂比肉体先创造，而且肉体毁灭了，精神将生存下去。教育的真正目的是'灵魂的改善'"。② 柏拉图的理念论突出了精神的实在性、永恒性。其论述开创了人的本性探讨的精神维度，作为客观唯心主义的代表影响了许多哲人对人性的探讨，在这些哲人中影响最大的是笛卡尔、帕斯卡尔、马利坦、赫舍尔、康德、黑格尔、别尔嘉耶夫等人。

笛卡尔秉承柏拉图的精神理念，从"我思故我在"的怀疑主义立场出发，认为"我在"的基础是拥有一个可以思维的精神，"我在"本身是无法怀疑的，这个东西就是"我"得以规定自己存在的依据。因而，在他看来，人的存在根本上归结为人是思想的存在，人的存在的本质就在于人可以面对世界而思考，这是人才具有的特性。"我思故我在"的著名命题由此而发。

稍后的帕斯卡尔是早期存在主义的思想先驱，其最先觉悟到人的生存的精神性，即不确定、充满偶然、空虚和迷茫。他认为人的理性是有限的，精神比理性有更丰富的内容，他深刻地认识到，人不能丧失自己的本性，丧失了，人就

---

① 卡尔·雅斯贝斯.时代的精神状况[M].王德峰，译.上海：上海译文出版社，1997：3.
② 华东师范大学教育系、杭州大学教育系编.现代西方资产阶级教育思想流派论著选[M].北京：人民教育出版社，1980：436.

会迷乱于现实的诱惑和纷杂。相对于人的动物性和自然性来说,思想或者说精神才是人的本性,只有依靠精神的智慧才能能动地不断探寻生命的价值和意义,帕斯卡尔认为,"人只不过是一根苇草,是自然界最脆弱的东西;但他是一根能思想的苇草"①。这就是人的高贵之所在,这种意识是自然界长期进化的结果,是自然界盛开着的最美丽的花朵。而且,精神的产生意味着它要循着自己的内在诉求努力实现自己,因而表现出创造性。由于现实世界的迷误,才会导致人的本性的丧失,这种状况或许源于人的无知,但也反映了人生存于世界的无助和迷茫。人既脆弱又带有不确定性,人必然还会感受到对死亡悬临的畏惧或焦虑,无法确定自己的生命的终极方向,总是在彷徨的偶然中不确定地"在"着。总的来看,帕斯卡尔看到人的迷茫无助,看到人的精神是无可避免地自由的,他刻画了充满焦虑、缺乏意义的无根状况,人在其中是充满了焦虑、不安、浮躁、空虚等精神状态的,而只有通过自由皈依上帝才是出路。

专门探讨人的精神的俄罗斯思想家别尔嘉耶夫从宗教神学的立场出发,认为精神由于其自由性不应该强加一个定义,给出一个定义往往意味把它客体化,从而扼杀了精神的主体性,而且如果一定要给精神下定义,则"精神将被这样的定义给窒息,它将变成客体,然而它是主体。不能制定关于精神的概念。但可以获得精神的标志。可以说,自由、意义、创造的积极性、完整性、爱、价值、对最高神圣世界的转向以及它的结合——都是精神的标志"②。别尔嘉耶夫把精神当作一种实在来看待,形成了独具见解的精神本质观:自由、存在的自我超越和质,即其内在规定性。精神本身即是真理,是崇高善,是自由。他坚决反对对精神的规定即客体化,他坚持一种宗教原罪和信仰救赎的立场,反对欲望的无限膨胀,挤压精神的自由空间。笔者认为,当代教育的迷失显然也与教育者的情感和欲望被过度激发有关,教育不再属于精神自由的领域,而成为工具化和功利化的存在,而教育者一旦陷入欲望的海洋,过度追求物质的满足,遭受物的侵扰和控制,就会遗忘教育自身的崇高追求。在奥依肯看来,人是精神的创造物,精神的存在状况决定人的根本,精神遭到异化就是人的完整性的消解,它需要信仰和觉悟来紧紧把握。其结论是,尽管精神是内在的不

---

① 何兆武.帕斯卡尔思想录[M].天津:天津人民出版社,2007:230.
② 别尔嘉耶夫.精神与实在[M].张百春,译.北京:中国城市出版社,2002:33.

可见之物,而不可见的才是世界的根本,才是人得以规定自我的根本。① 可见世界的背后都隐藏着精神的根基,挖掘物质背后的精神,才能找到该事物的本真。

由此,人的多重属性只能统一于可以与万物相区分的精神,精神一旦从物质的最高形态中产生,就具有了独立性,它要求自由地开辟前进道路。黑格尔曾言,人类作为万物灵长,精神是其本质,精神的规定是自由,完整的精神存在需要自在和自为的统一,剥夺自由的最严重形式就是割让人之为人的人格,自由的剥夺就是剥夺了成"人"的可能性,人只有在自由中才能体现他的精神本质,"现实的自由并不是某种直接在精神里存在着的东西,而是某种通过精神的活动正在产生着的东西。所以我们在科学里必须把精神看作是它自己的自由的产生"②。卢梭也说自由是"精神的灵性"的表现。他认为,自由"乃是人性的产物",是人的天生本性,是"人的一切能力中最崇高的能力",失去了自由或意识不到自己的自由,人无法显示自己的"精神的灵性"③。另外还有很多哲学家也对人之精神本性及其自由有过深刻阐述,反对把人作为具有某种特征的"物"来对待。正是基于古圣先贤的先见之明,我们才认定精神是一个"人"的根本规定,具有相对于物质性的在先性,而让其自由才是作成一个"人"的根本。

其实,关于人之本性中国古代哲学中也有诸多探讨,有些学者明确认为人的本性是自由或超越,例如道家学派的老庄哲学、佛教思想等,但没有占据主流,反而后来被"存天理、灭人欲""天不变、道也不变"等理学扼杀了,人性演变为奴性,一直到处于国破家亡危险境地的清末民初才有所改观。而解放后关于人性的探讨长期被禁锢,单一地把某些教条作为人性的真理,这导致我国关于人性的研究大大滞后于西方。"文化大革命"结束后,随着意识形态的逐步解禁,关于人性的探讨才开始复苏,尽管中间还时有反复,但总的来说是不断进步的。例如高清海先生曾指出人是一种意义的存在,"人是不会满足于生命支配的本能生活的,总要利用这种自然的生命去创造生活的价值和意义。人之为'人'的本质,应该说就是一种意义性存在、价值性实体。人的生存和

---

① 奥伊肯.生活的意义与价值[M].万以,译.上海:上海译文出版社,2005:8.
② 黑格尔.精神哲学[M].杨祖陶,译.北京:人民出版社,2006:19-20.
③ 卢梭.论人类不平等的起源和基础[M].李常山,译.北京:商务印书馆,1997:83.

生活如果失去意义的引导、成为'无意义的存在',那就与动物的生存没有两样,这是人们不堪忍受的。"①其在晚年还明确提出人的精神是人得以为人的根本。其通过对实践与精神之间关系的反思,最终以"精神是人的奥秘"否定和扬弃了代表着他所创立的实践哲学理论核心内容的"实践是人的奥秘"的哲学论断。② 这个论断的根本意义在于,尽管人的肉身是精神的载体,但人何以为生的根本在于人的精神,过度追逐利益、精神趋于萎缩的人是不可能真正体悟到做人的精髓的。当然,这并不意味马克思主义的物质第一性的论断发生问题,而是着重强调人作为人的根本所在,奠基于物质的精神存在才是人的耸立于世界大地的本质,否则,人类与禽兽又何以区分?

贺来受其影响,也对物质第一性的机械唯物主义进行批判,他说如果世界的统一性在于其物质性,"那么,人的思想、情感、道德等能统一到物质里去吗? 人的灵魂能被完全统一到物质性的肉体里去吗? 人的创造性的艺术想象、如诗如画的爱情、生气勃发的生命能被完全统一到物质里去吗? 人驰骋四海、穷究八方、极其丰富复杂的精神生活能被完全归结为僵死的物质吗?"③这反映了形而上学意识的僵死,抹杀了人作为自由存在的特殊身份,"形而上学思维方式及其'元意识'的这种信念其实恰恰正是与人真正的自由与创造性相敌对的。真正的个体生命的自我'创造',不是从既有的必然秩序中开展出来的,而是要追求并生成属于自己的秩序"④。

对马克思主义物质第一性的机械理解,恰恰违背了马克思的具有丰富内涵的辩证法精神,以二元对立的机械唯物主义思维来看待世界,反而导致认识论上的不断倒退。所以,关于精神与物质的丰富内涵需要用真实的辩证法精神深入讨论,还原其本来的关系。这里就存在如何理解人的精神本性与马克思的物质第一性的唯物主义的统一问题,唯物主义一般都坚持物质的第一性,精神是在物质的基础上产生的,物质与精神是在实践中获得统一的,也就是说,只有在这一实践的过程中才能真正理解历史发展的合规律性与合目的性

---

① 高清海.人就是"人"[M].沈阳:辽宁人民出版社,2001:213.
② 丛大川,杜胜利.实践范式的困境,精神范式的选择——高清海哲学思想解读[J].延边大学学报(社会科学版),2010(2):17-22.
③ 贺来.宽容意识[M].长春:吉林教育出版社,2001:61.
④ 贺来.边界意识和人的解放[M].上海:上海人民出版社,2007:173.

的统一,才能超越历史上对这一问题的误解,才能揭示人与历史关系之全部内涵,才能走向人何以为"人"的本真。

其实,马克思主义尽管坚持物质是世界的本源,但从未把人看作单纯的"物"的存在,而其实格外强调精神对于人的规定的根基价值,认为人是自由自觉的存在,精神是上升到自由王国的凭借,"精神虽然为生产和群体利益所支配,但仍然保持着独立,由此上升到'自由王国'。历史的真正主体不是非个人的、虚假的主体,而是精神,精神本身已造成并能够改变决定它的条件"①。

以前很多研究者提出人是具有理性或感性的动物,人可以制造工具,人能够掌握符号,可以用语言表达思想、人还创造了政治以及经济生活,能够积极参与公共生活,还可以利用智慧改造大自然等观念。这些都是人对人的本性的探索成果,都从某些方面基于阐述者的立场和时代局限挖掘了人的本性,但之所以可以列举的越来越多,就在于它们都还未反映人的根本,马克思说人的根本就是人本身,遗憾的是很多人没有从人本身出发,而把眼光聚焦于人的某一特性,从而以偏概全,把枝节当成整体。把人规定为某种既有特性的动物,例如理性的、游戏的、政治的、文化的、符号的、经济的等等,尽管它们都存在合理性,但需要承认"人"的精神的本原性,它的核心规定是自由,时刻都以超越和创造的方式在改变自身,改变着一切业已存在的世界,这反映了人是一个与所处环境相互调适而生成的过程,充满了偶然、未定和随机。任何现在关于"人"的理论"并不能穷尽现实和把对象关闭在它的认识范式里。它注定永远是开放的,也就是说是未完成的、不充分的,从而向不确定性和未知的事物敞开着。"②莫兰的评述大概给我们指出认识人性的方向,即:人性本身是开放的、多元的,是自由的领域,任何一个现存的人都没有完成其自身,每个人永远在生成的路上。据此笔者认为,只有把人性看作是在自由中生成的,看作是每个人在自主实践中自我造就的,而不能给一个原本无法界定的人性强加一个外在、预设、固定和单一的规定。

现实生活中由于片面理解或过度强调唯物主义的物质性,否定并排斥了

---

① M.兰德曼.哲学人类学[M].阎嘉,译.贵阳:贵州人民出版社,2006:56.
② 埃德加·莫兰.迷失的范式:人性研究[M].陈一壮,译.北京:北京大学出版社,1999:189.

物质对精神的依赖和不可分割性,导致人被"物"奴役,把人的本性锁定在可规定的"物"的范畴中,降低人的生存价值,引诱人不断去满足由身体的动物性产生的自然欲望,从而使人过上贪婪放纵和毫无节制的"非人"生活,永不满足,且一旦满足了又会感到空虚,被新的欲望"折磨",从而进入叔本华悲观的无法摆脱的虚无痛苦的怪圈。

由此,笔者并不赞同把人定义为"＊＊的动物",这些定义采用种加属差的方式,不管给予多么准确的前缀,最终却把人落脚为"动物"——一种被规范、被确定、被定义的"物"。这往往导致忘记人的更为根本的存在——精神,精神本身是不能规定的,它要求突破、要求腾飞、要求自由的自我实现,以往人们在这个问题上的不正确认识使得教育经常走入歧途,做了自己不该承担的事,忽视自己应该承担的责任,驱使精神的存在按照某些权威的规定进行模塑,使其成为可供利用的工具,对胆敢要求自由存在、自主发展者,不是温柔规训,就是强制扼杀,"必须把人像练马场的马那样加以训练;必须把人像花园中的树木那样,照他喜爱的样子弄得歪歪扭扭"①。这样的教育除了把人训练成忠实的奴仆和会说话的工具,显然无法真正地使人成为"人"。

(三)人之精神自由与理解教师德性

从上述立场出发,基于人性自由的观念,我们认为教师的一切行为必须以学生为本,维护学生的完整精神,而精神的唯一诉求是自由,它期待的是在不受任意干涉的环境中充分生长,不断超越和创造,促进学生的精神自由成长是教师实现成"人"使命的内在规定。这样的教师把学生当成完整的生命,充分尊重学生的选择、关心学生的精神生活,是学生走向真善美的引领者,而不是严苛的催逼者;是服务于学生的生命成长,而不是这样一种人,即:凌驾于学生之上,用社会权威人物或政治精英制定的"统一规则"压迫学生,要求其必须成为某种固定特征的人,从而使学生完整的精神自由被肢解,个性的丰富性荡然无存。唯有正视学生的精神自由诉求,教师才能把握自己的德性内核,才能在自由的教化中使人成为"一个人",也才是我们着力提倡的成"人"视角的教师德性的诉求。

---

① 卢梭.爱弥儿[M].李平沤,译.北京:商务印书馆,1978:1.

另外,以上简要地对人的精神本性及其自由诉求的探讨,意在阐述,人的物质性不是人得以为人的根本,只有确认人的精神本性及其自由诉求,回归到精神的传统来认识人,才能把握住人的本性,而精神的本性是理性和非理性的合体,它要求自由地自我实现,精神自由驰骋的理想使得人渴望诗意地自由地栖居在教育生活中。"我可否放胆直陈,那满缀星辰的夜影,要比称着神明影像的人更明澈洁纯?大地之上可有尺规?绝无!"①广为人知的荷尔德林对于人之诗意栖居究竟昭示了什么?

既然没有尺规可循,人就命定是自由的,只能继往开来,踏着前人的步伐而不断超越,从而开辟一片属于自己的新"天地",也即人就应该去除依附的心理,通过自我努力开辟前进的道路,扫除前进的种种障碍,去实现天地宇宙中独立的完整的自我。这个过程本身可能是艰辛的,也可能是幸福的,但无论如何,既然选择了"人"的身份,既然不可逆转地来到了这个世界,就只能完成成为一个"人"的使命——自由地栖居是人的本然状态。教师如果要回归应有的作为中,就只能努力实现教育人性化的诉求,即只有依据作为学生之本性的精神自由的诉求,自觉调整教育的方法、手段和内容,实现自由形态的教育,以最大限度地激扬人性,促进充分个性化之学生的普遍生成。

最后,笔者不厌其烦地论证人之本性在于特有的精神,教育成"人"就是精神自由发展的现实化,还因为《国家中长期教育改革和发展规划纲要》提出"把育人为本作为教育工作的根本要求"。教育"育人为本"是当代教育内在精神的体现,也提升到了国家意志的高度,但意蕴何在、如何实现却还缺少学理的深刻探讨。依笔者之见,其核心就是教师要根据人性的精神自由发展诉求,不断消除人之精神发展的种种障碍,促进学生自由而全面成"人",在人的自由个性普遍生成基础上造就和谐社会。这种神圣责任的担当只有承付给广大教师,通过教师德性的培育来完成。当然,这同时必须考虑到教师作为人的精神自由诉求,保障教师充分的自由权利,在此基础上才可能基于内心的理性自觉来履行成"人"使命,逐渐生成高尚的教师德性。

---

① 刘小枫主编.人类困境中的审美精神:哲人、诗人论美文选[M].魏育青等,译.北京:知识出版社,1994:565.

第二章 成"人"视角的教师德性构成

一、分析成"人"视角的教师德性构成的思路

(一) 理论资源:德性伦理和规则伦理

伦理学的体系尽管比较复杂,各种学派异彩纷呈。但一般根据研究的思路不同,可以分为规则伦理学(也称规范伦理学)和德性伦理学。前者的基本假定是:社会道德如要表现良好,关键是在处理人与人之间的关系时,确定的基本规则要正当合理、能够被普遍认同和接受,他们以正义这一伦理价值作为最高目标,尽管每个人对如何达致正义存在争论,但无一例外的是,他们以现代性背景下的自由和理性作为基本理念,在他们看来,作为人的根本权利的自由保障是最基本的,是神圣不可侵犯的。道德就是遵守人们普遍遵循的所谓正义规则,至于遵循规则背后的动机则是难以考察的,每个人的内在德性不应该是伦理学建构的任务。这样的理论视角是在文艺复兴之后,随着现代性的兴盛而来,主要包括契约论、义务论和功利主义。而德性伦理学在古代曾经是伦理学的基本传统。柏拉图、亚里士多德等曾经开创了德性伦理学的基本架构,在当代麦金太尔等人大大推进了德性伦理的相关研究。德性实际是社会道德内化于人内心所形成的个人品质,它基于良心,追问并试图实现"善举",作为一种内在动力,能够促使德性转化为外在德行。德性伦理学并非是从"你应当做什么",即行动的正当性出发,而是追问"怎样的生活是好生活"和"如

何成为有德性的人"。①

规范伦理与德性伦理并非截然对立的两大派别,作为两大伦理学学术传统,两者存在密切的历史联系,古代的伦理学主要是以理性为基础的德性伦理学,他们更多关注的是,"应该成为什么样子的人"或"人应该具有怎样的品质",道德品质是其展开伦理思考的着眼点。随着资产阶级革命的开启,上帝统治"人"、人的主体性被湮灭的中世纪被强调平等自由的现代社会逐步代替,人的主体性日益觉醒,公民社会逐渐形成,人的自由、生命、财产等权利开始受到重视,因而旨在调整人与人关系的制度、契约和规则逐步建立起来,并用于规范现代社会生活,伦理学的核心也逐渐转向以规则的健全和论证为中心,强调人的外在行为必须符合社会规则,而不再过问内在品质。也即伦理学开始从行为者转移到行为本身,仅仅注重道德的能够实际表现出来的方面,至于人的内在道德品质即德性本身被忽视了。麦金太尔分析了此历史过程,认为现代社会是"德性之后"的时代②,这个时代德性被边缘化、被放逐,正是因此,才导致了现代社会诸多难以解决的道德难题。"从德性伦理向近现代占主导的功利论和义务论规范伦理学的转换表明,德性伦理已经不适应现代社会,德性伦理面临着现代社会结构转换的困境。"③

规则伦理学主要从人的外显行为去探讨人的道德问题,试图为人应该具有怎样的社会行为制定一套完美规则,只要人人遵守这些规则,社会的伦理关系就不会出现混乱,因而把道德关系变成了"行为规范的总和",不可否认,规则伦理学对人类社会关系的调整起到了重要作用,单靠人的德性修养不可能保障社会的合理秩序和人伦关系,规则伦理学明确地认识到德性伦理的局限性,因而特别强调规则的明确和遵守是至关重要的。但如此也把规则伦理置于难以解决的矛盾中,似乎人遵守规则即可,无所谓道德修养问题,最终导致没有高尚与卑鄙之分,从而陷入相对主义——只要不妨碍别人同样的自由,任何行为都无须禁止,社会价值观趋向多元化。

由此看,道德有两面性,在个人层面,它表现为个体的一种道德品质,即德

---

① 刘静.规范与德性:教师伦理的培育与践行[J].教育伦理研究,2020(00):177-182.
② 麦金太尔.德性之后[M].龚群等,译.北京:中国社会科学出版社,1995.
③ 龚群,胡业平主编.德性伦理与现代社会:2012中国人民大学伦理学与道德建设研究中心国际学术会议论文集[M].北京:中国人民出版社,2014:序言.

性。通过社会实践活动，这种内在品质渐渐成为指导社会行为的一种规范，但不能把道德本身等同于规范。规范是通过"应该"这一形式表达出来的行为规则，它总是企图劝告人们在社会中应该做出什么样的行为，禁止什么样的行为。是为了使人们在利益之争中做出合理的决定以便每个人得其应得。但是如果伦理学只限于规范，那么如何达到"最善"这一根本追求就变得不再可能。而且，任何规范都是基于某一种立场，就其本身而言从其他立场都可以产生质疑，公认的合理性与合法性就难以保证。笔者认为，既然社会已经开启了现代化历程，旨在探讨人与人合理关系的伦理学既要制定一系列规范，也要考察规范如何才是正当合理的，人为什么要遵守从而成为德性之人。而这只有诉诸人的德性思考才有可能解决。道德规范作为工具很重要，但正当的规范必然要从德性层面给出证明，伦理学要努力成就人的德性。因为道德规范如果是外在于人，没有经过每个人内在理性意志的普遍同意，它就不可能成为每个人自觉提升道德修养的助推器，很多时候只是被迫地遵守外在规范。

(二) 成"人"视角下教师德性的核心构成及其依据

基于以上的分析，提升德性的根本举措，应该是"两条腿走路"，既要重视规则伦理的建设，更要借鉴德性伦理的资源。对于规则伦理来说，主要体现为正义的制度建构和教师坚定地维护规则的正义感的生成，对于德性伦理来说，尽管具体的德性内容十分庞杂，但对于教师所履行的成"人"工作而言，对所有学生普遍的"爱"可以作为统领，也即要求教师具有对所有学生的公正的博爱德性。

对于教师德性建设遭受的危机而言，我们似乎更多强调教师规范伦理，制定了多种多样的师德规范，而且多是倡导性的高标准道德，我们树立了特别多的师德榜样来要求教师向他们学习，我们还不断地开展各种师德教育，要求教师加强道德修养，但实际生活中很多教师道德表现仍然让人揪心，教师的德性修养被人质疑，由此我们似乎陷入了某种怪圈，即越是重视师德建设，而师德却越来越成为显见的问题。

提高教师德性的路径何在？笔者认为，德性伦理与规范伦理两条路径都很重要，缺一而不可。教师道德水准的提高除了职业道德规范的约束之外，还离不开教师个人的道德修养。一方面，教师道德规范已经很多，但有研究者比较之后发现,我们的师德规范更多理想化表述,侧重教师职业道德与职业品质,但专业性与约束力均比较弱,缺乏可操作性,在实践中往往成为一纸空文。另一方面,由于现实教育中的诸多不合理因素,德福难以一致,教师德性修养还尚未成为教师的自觉行为,致使当下中国教育实践中的教师面临道德的巨大困扰。"化解当前教师道德困境,除了加强教师道德建设,同时必须要引导教师追寻个人美德。离开教师个人美德的保障,教师道德规范将成为一纸空文。"①

当前,为拯救教师道德,应该在加强教师职业道德建设的基础上,把着眼点放在教师德性如何可能和何以可能的基础上。在笔者看来,尽管德性的内涵非常丰富,包含的内容十分广博。但对于教师而言,教师德性不是为了教师自身,教师作为为社会发展服务的行业,其根本目的是通过造就学生的发展来实现美好社会,其核心在于成就学生的基础上实现"自我"。而对于使学生成为"人"的工作而言,教师爱与教师公正是最为重要的,爱是教师履行成"人"使命的强烈情感,公正是教师德性的最基本要求,只有强烈的对教育事业的爱、对学生无私的奉献,对如何促进学生全面自由发展的执着,教师才能真正履行教育成"人"的精神。教师对学生爱的存在使得学生感到"我"是受到重视和尊重的,从而会激发其发展的自主性,会更加配合教师的教导,促进自己的成长。教师的爱体现为对学生合理的发展诉求的维护,关心和爱护每一个学生,对教师责任的坚守,对学生人格的尊重,对其健全发展坚信自己负有充分义务。缺乏爱的教育,不可能把学生的成长放在心上,而只会在利益最大化的原则下把学生作为实现自己利益的工具。大量的冷酷、冷漠行为就会产生,最终损害教师的道德形象。

而教师对每一个学生及其家长的公正,教师在教育行为中的正义精神会更好地为教育成"人"精神的实现提供保障。"何为正义"的问题尽管是一个伦理学中众说纷纭的难题,每个伦理学家的回答都大相径庭。但有两句箴言却是可以获得普遍认同的。即"使每个人得其应得"和"相同情况相同对待,不同情况差别对待,并且能够成比例"。教师如能做到,并不容易。教师公正作为对待其他人的品质,要求给予他自己或他的每一个学生以应得。教师公

---

① 杨林国.追寻教师美德[D].南京:南京师范大学,2006:25.

正作为一种核心德性,会对学生的人品、性格产生深远影响。教师要想作一个公正而有爱心的教师,就必须不断反思自己的教育行为,追求高尚的精神修养,使德性修养与履行教育成"人"使命联系起来。这两个基本层面都是在追求教育内在利益的行动中形成的,是教师能够履行职责的品质基础。"实践当中,不能说教师没有爱,至少教师对于少数优秀的学生还是充满爱的,但这种爱却是朴素的、私性的,是违背对于教育内在利益追求的。因此,必须要在教师爱的基础上引入教师公正,以实现对于这种朴素的、私性的教师爱的超越。"①现实中很多教师为了自我利益、为了一些眼前名利而斤斤计较,放弃德性,显得私心重重,患得患失,这种把个人利益看得太重,处处为利益着想,就极有可能在处理学生的事情上表现出偏爱、不公正,成为"弃德"的教师。

总之,对于教师德性的构成来说,爱与公正是最为重要的,可以由此推导出其他德性。爱作为一种自愿的奉献与给予,能确保教师成"人"职责的实现,教师只有具备博爱的精神,真正关心每一个学生的成长和发展,才可能使得每个学生成"人"。但如果教师没有公正之心,陷入偏爱,只关注某些人的发展,则有违使每个学生成"人"的教育精神诉求。其实,中国古代所讲的"仁"(charity,benevolence,love)与"义"(right,justice)就是当前所言的爱与公正的前身。在春秋战国时期,就有人区分了"爱亲之谓仁"与"利国之谓仁"的不同,后来儒家提出"孝悌也者,其为仁之本",尽管孝悌观念随着社会的变迁,其内涵也不断变化,但"爱"人却是其一致的内涵。仁与义两者比较,在当代中国背景下,由"义"演变而来的正义、公正更重要。"爱而不公正,比没有爱更为可怕、可恨",②当然,公正却没有爱,也不符合教育的内在精神。下面分别对教师公正与教师爱进行具体分析。

二、教师公正德性

(一) 公正内涵

教师作为一种成"人"的社会职业,每天都处于各种各样的"关系"中。而

---

① 杨林国.追寻教师美德[D].南京:南京师范大学,2006:26.
② 王文东.心灵的教化:变革社会中的中国师德[M].成都:四川人民出版社,2003:序言3.

在处理这些关系时,公正便成为最基本的伦理诉求之一。我国学者赵汀阳认为:"在伦理学中只有幸福原则和公正原则才能充当基础公理,幸福原理所处理的首先是每个人与自己的关系问题,即如何善待自己的问题,而要保证幸福生活,我们还需要另一个原理来处理人与人之间的关系问题,这就是公正原理。"①

一般而言,公正有两个层次,分别是社会层面的公正和作为优秀德性的个体公正。前者"表达某种公共单位(制度、文化、世界、国家、民族和各种共同体)的合法性原理。"个人的公正和制度的公正所指称的主体有所差别。在柏拉图的著作中,个人的公正只有在一个正义城邦中才能实现,离开正义城邦(制度),个人公正就失去了存在的合理根据,从而沦为偶然性存在。因为,在一个正义城邦中,公正的法律和制度对个人本身有着不可替代的教化作用。个人的公正又是正义城邦得以实现的基础,离开个人的公正,正义城邦就成为纯粹的"乌托邦"。亚里士多德在《尼各马可伦理学》中比较系统地探讨了公正问题,他认为公正是一种完全的德性,是政治上最大的善,它比星辰更加令人惊奇。《尼各马可伦理学》主要探讨的还是个人德性,虽然在公正的讨论中,他也谈到了"政治的公正",但其研究的切入点仍旧在于个人的德性。他关于城邦正义或者制度正义的探讨比较集中于他的另一部著作——《政治学》中。② 而罗尔斯主要是从制度层面讨论公正,认为公正是好的社会制度的首要价值,不公正的社会制度必须废除。

关于公正的含义,历史上一直争议不断,从当代社会来看,麦金太尔认为"正义是给每个人——包括给予者本人——应得的本分"③。麦金太尔认为"在罗尔斯和诺齐克阐述中的正义与非正义的主张里,应得赏罚都没有占据这样的中心位置",④并据此对两人进行了批评。要而言之,"正义是行为对象应受的行为,是给予人应得而不给予人不应得的行为;不正义是行为对象不应受的行为,是给人不应得而不给人应得的行为"⑤。

---

① 赵汀阳.论可能生活——一种关于幸福和公正的理论(修订版)[M].北京:中国人民大学出版社,2004:128.
② 杨林国.追寻教师美德[D],南京:南京师范大学,2006:60.
③ 麦金太尔.谁之正义? 何种合理性? [M].万俊人等,译.北京:当代中国出版社,1996:56.
④ 麦金太尔.德性之后[M].龚群等,译.北京:中国社会科学出版社,1995:314.
⑤ 王海明.公正 平等 人道——社会治理的道德原则体系[M].北京:北京大学出版社,2000:3.

石中英、冯建军等学者对公正内涵做过系统梳理。① 石中英指出,作为一种体现在个体身上的德性,"公正是指一个人能够无私无偏袒地按照公认原则的要求对待他人,既不过也无不及"②。能做到公正的人可以说具有正义感,"正义感是理解、应用和践行正义理念,判断事物正义与否,并为这些判断提供理由的能力和愿望以及相伴的情感体验"③。罗尔斯说:"一个缺乏正义感的人,一个除非出于自私利益和权宜之计的考虑否则就从不履行正义要求的人,不仅没有友谊、情感和相互信任的联系,而且也不能够体验到不满和义愤。他缺乏某种自然态度和一种极其基本的道德情感。换言之,一个缺乏正义感的人也缺乏包含在人性这一概念之下的某些基本的态度和功能。"④尽管具有正义感不仅如此,更意味着敢于对不正义的事物保持良心拒绝,对现实中的既定规则能够理性地思考和谨慎对待,不服从非正义的社会制度,通过各种努力,为正义社会的建构而奋斗。据此,教师公正德性就是在教育生活中,能够无私地按照公正原则对待学生。问题是,如何对待才是公正的。这个问题非常复杂,理论资源上,我们需要具有多元正义的视角,从正义的多个维度进行综合审视,执其两端而取其中,才不至于偏离正义的诉求太远。正如阿玛蒂亚森曾坚持的基于现实比较的正义观,指出我们不可能在正义观念上取得一致,也无法实现完全的正义,但我们可以努力减少社会生活中显见的不正义。

下面我们首先从当代最有影响力的罗尔斯的正义观入手,论述在教师日常的教育教学中,教育行为如何才是公正的,即教师应该在教育行为中体现怎样的公正德性。在此基础上,指出配置正义尽管具有充分的合理性,但也具有一定的局限性,需要进一步借鉴多元正义的理论,从多个方面进行系统思考,消除或避免明显的不正义,促进教育正义的尽量靠近。

---

① 石中英.教育哲学导论[M].北京:北京师范大学出版社,2007:279-287;冯建军.教育公正——政治哲学的视角[M].福州:福建教育出版社,2008:第一章.苏君阳.公正与教育[M].北京:北京师范大学出版社,2008.
② 石中英.教育哲学导论[M].北京:北京师范大学出版社,2007:286.
③ 鞠玉翠.试论公民正义感的培育[J].教育研究,2013(11):73-80.
④ 约翰·罗尔斯.正义论[M].何怀宏等,译.北京:中国社会科学出版社,1988:491.

(二) 教师公正德性的行为逻辑①

1. 教师公正德性意蕴及其缺失表现

公正顾名思义就是公平正义,公平是手段,实现正义是目的。《辞源》上把其解释为"不偏私,正直",是指按照同样的标准和原则对待同样的人和事,亚里士多德指出:同样情况等同对待,不同情况区别对待;其另一含义是按每人贡献、能力等给予区别对待,即得其应得。罗尔斯认为,"在社会的所有部分,对每个有相似动机和禀赋的人来说,都应当有大致平等的教育和成就前景。那些具有同样能力和志向的人的期望,不应当受到他们的社会出身的影响。"②"获得文化知识和技艺的机会不应当依赖于一个人的阶级地位,所以,学校体系(无论是公立还是私立学校)都应当设计得有利于填平阶级的沟壑。"③可以说,包括教育公正的社会公正一直是人类社会普遍的理想诉求。

那么,什么是教育公正?教师在工作中如何体现公正?教育公正就是公正在教育领域中的应用,冯建军认为教育公正"是通过合理的教育制度,恰切地分配教育资源,使每个人获得与其相适宜的教育,满足个体的学习需要,使个体得其应得,实现个性化的发展。"④"它涉及三个层面:教育的外部公正、教育的内部公正以及教育结果的公正。"⑤其中,教育内部公正作为过程公正的实现是关键。由于学生在学校的成长发展主要是在教育中连续性地实现的,所以教师教育行为公正是教育内部公正最重要的条件保障,即每个学生都能在连续进行的教育中获得足够的教育影响,充分发展自己的潜力,这要求教师公正对待和尊重每个学生的发展权利,践行因材施教、差别教育,实现教育均等。美国的詹姆斯·科尔曼(James Coleman)在1968年发表的《教育均等的概念》中曾谈到教育均等的四条标准:进入教育系统的机会均等,参与教育的机会均等,教育结果均等(个性化的均等而非平均主义的均等),教育对生活前景机会的影响均等。

---

① 此节参考了笔者的论文:教师课堂教学行为公正:缺失与应对[J].现代教育管理,2011(1):66-68.
② 约翰·罗尔斯.正义论[M].何怀宏等,译.北京:中国社会科学出版社,1988:73.
③ 约翰·罗尔斯.正义论[M].何怀宏等,译.北京:中国社会科学出版社,1988:74.
④ 冯建军.教育公正——政治哲学的视角[M].福州:福建教育出版社,2008:43.
⑤ 冯建军.教育公正——政治哲学的视角[M].福州:福建教育出版社,2008:44.

但是，实际面临的困难是，教师作为教书育人职责的承担者，在教育教学职业行为中，对学生应该一视同仁，这是众所周知的。关键问题在于，怎么样做到对学生的公正？什么样的观念和行动符合公正的诉求？

每时每刻在教师面前的学生都是一个人，他们有普遍人权的诉求，希望在教师的引领下获得发展，成为独特的自己，因而要求获得平等的对待。另外，每个人又都有不同的智力水平、情趣爱好、家庭背景、未来设想，因而希望获得基于自身实际情况的差别化对待。这种困境是教师公正德性实现的难点。教师应该对所有学生一视同仁，没有差别，即不论学生的实际情况如何，在教育教学资源进行分配时，所有学生应该得到相同份额或比例。但这个只可能是理念上的，如果不同的情况却用同样的方式对待，恰恰会导致更大的不平等。所以，教师的公正德性必须考虑学生的实际情况，差别化对待。

具体地说，教育行为公正是指教师在主导教育中，应尽可能认识到每个学生学习背景的差异，按照每个学生已有的发展水平、学习方式、学习习惯等进行有针对性的差别教育。在教育活动中，教师是微观教育资源的拥有者和分配者，教育的资源非常有限，教育微观资源主要是课堂中学生座位的安排、被教师提问与展示学习成果的机会、获得教师关注指导的机会、上黑板练习机会、对学习中的困难和问题受到同样帮助的机会等。表面上看，学校教育对每个学生都是公正的，都是同样的教师上课，同样的教育内容，同样的考核评价，但实际上在教育微观资源的分配上明显不均等。例如，多数教师喜欢学习勤奋认真、成绩优良的乖学生，这类学生在具体教育中容易获得优待，安排更好或离教师更近的座位以便方便照顾，这反映了课堂空间资源公正缺失；课堂提问或提供练习机会时更多地让学习优秀的学生回答问题，讲解教育内容时以优秀学生的学习状况和理解水平为准，这反映了教育时间配置不公正。另外，如问题答错时对教师期待的好学生则不断启发提示，充分给予其各种鼓励支持，提供思考时间，从而促进其发展；对成绩不好、厌恶学习的学生则常常表现出不耐烦甚至鄙弃，致使其更加没有信心等，这反映教师不能一视同仁的公正对待。最后，教师行为中还存在为赶教育进度而不顾学习困难学生的要求、对学习能力不同的学生布置同样的学习要求等问题也是教育不公正的表现。那么，作为学校中心工作的教师教育行为为何会存在诸多违背公正要求的行为？教师如何对其改进？

在笔者看来,教师不公正的原因可能有以下几方面原因,首先是当前对教师工作评价的不正义不合理,功利化导向严重,只抓考试成绩和升学率,以此来评价教师的工作绩效,而德性培育几乎都是说来重要,做起来不重要。其次是教师的个人素养尚待提高,尤其是很多教师缺失高尚的具有公正、博爱、责任等的德性修养,沦为只教书不育人的教书匠。再次,部分教师对公正的理解很肤浅,对学生的差异和个性没有足够的思考,从而不能正确对待学生多元化的发展需求,以至于欲求公正而不得。

2.提升教师公正德性的对策思考

显然,教师教育行为的不公正会影响到学生的自由全面发展,德性的缺失决定了教育成"人"使命难以实现,导致处于学习弱势或对学习有特殊要求的学生创新思维和实践能力长期得不到明显提升,甚至厌学弃学或对教师产生怨恨情绪等,从而成为深入实施素质教育,实现基础教育新课程理想的障碍。如何提升教师德性,尽快提升教师教育行为公正性以提升教育公正的程度?

第一,按照素质教育的要求和新课程的理念,尽快改革教育中的功利化评价体制。对教师的评价是教师教育行为表现的风向标,它直接影响着教师对待不同学生的方式,从而直接关涉到教育的实际展开。评价不改,单方面要求或呼吁教师按照课程理念进行改革是不现实的。如果学生成绩仍然是评价教师教育的唯一标准,并与教师的收入、名誉、地位等直接相关,有理性的以利益为导向的教师就会毫不犹豫地遗弃公正德性,在课堂上更多关注学习能力强的优秀生,歧视差生。因为这样更有利于提高班级教育成绩,提高自己的收益。在教师可以控制的一切教育行为资源中,肯定会更多投向所谓被认定有潜力、学习成绩有较大提升空间或学习努力的学生。课堂的教育内容难度、教育方式都以这些学生为参照,忽略努力程度明显偏低或厌恶学习的学生,显露出教育资源配置的不公正。因此,促进教师教育行为公正的实现,应尽快改变一切向分数看齐的评价模式,注重因材施教的个性化教育,科学合理地评价教师的行为,使教师教育公正地面对课堂上个性各异的所有学生,特别是各种有特殊学习要求的学生。

第二,全面提高教师的专业素养,培育正确的教师公正德性。"人们认为行不公正是能力以内的事,因而行公正是很容易的。但实际上不是这样……

出于一种品质地做这些事情却不容易。"①在这方面,教师个人品质对教育行为的影响最大,如果教师不能秉持公正、博爱、责任、尊重、宽容的德性去面对所有学生,而是有意对不同学生进行区分并贴上标签,被列为好学生就给予特殊关心,对自己眼中的差生则忽视、压制或歧视,从而导致教育行为极大不公正。理解、尊重、体谅、关爱学生是教师应有的基本教育公正诉求。"一个对明智对象作评判的人,也就是个能理解的人,善体谅和具宽容精神的人。因为公正是一切善良的人在与他人的关系中所共有的。"②

另外,通过多种途径不断提高老师的知识储备和教育实践技能和智慧也是促进教育行为公正的有效途径。教育智慧的缺失也会影响教师公正的实现。譬如,有老师认为,学生座位的安排因为好座位有限就不可能完全公正,总会有学生坐在最差的位置上,这就是教育智慧缺失的一种表现,对有限的教育资源配置,罗尔斯的平等的自由加差别对待和补偿的公正原则应该是基本诉求,罗尔斯的著名正义原则即第一原则:平等的基本自由原则。《正义论》中原文的表述是:"每个人对与所有人所拥有的最广泛平等的基本自由体系相容的类似自由体系都应有一种平等的权利。"其含义是每个人都应该具有天赋的平等的权利,这种权利表现在只要一个群体内的人享有最广泛平等的基本自由体系,那么这种自由体系必须没有差等地惠及其中任何一个人,也就是罗尔斯所说的这种权利表现在每一个人对于一个与所有人同样的自由之安排相容的、完全足够的平等的基本自由之安排都拥有相同的不可剥夺的权利;第二原则:社会和经济的不平等应该满足两个条件:(1)他们所从属的公职和职位应该在公平的机会平等的条件下对所有人开放(公平的机会平等原则);(2)它们应该有利于社会之最不利成员的最大利益(差别原则)③。这充分地反映了罗尔斯的尊重自由基础上的平等主义倾向,用这个原则体系来表述教师的教育公正德性,就要求:(1)不论民族、性别、宗教、社会出身、地域、财产等身份背景如何,每个学生都享有平等的不可剥夺的教育权利和自由;(2)鉴于优质教育资源的稀缺性,教师应该公平公正公开地仅按照个人能力、分数、努力程度等非天赋因素进行分配,同时对可能的"最少受惠者",必须通过机会

---

① 亚里士多德.尼各马可伦理学[M].廖申白,译注.北京:商务印书馆,2009:158.
② 亚里士多德.尼各马可伦理学[M].廖申白,译注.北京:商务印书馆,2009:151.
③ 约翰·罗尔斯.正义论[M].何怀宏等,译.北京:中国社会科学出版社,1988:302-303.

倾斜或特别照顾予以差别对待和积极的补偿。另外,鉴于教育的伦理特性,博爱、尊重、关心、宽容的精神在教育资源配置中也不可或缺。尽管这些在有的研究者看来不属于分配的范畴,而是霍耐特等人的承认正义、艾丽斯·马瑞恩·扬的关系正义等关注的领域。

最后,提高教师公正德性的方法还有:第一,鉴于教育的社会性,改进社会在分配基本"善"方面的公正水平,提高包括教师在内的所有社会成员的公正理念,培育社会成员坚定的正义感;第二,加大教育投入,提高教师收入水平,改善教育资源贫乏的状况;第三,防止教育行政部门的不当控制和干涉,保障教师的教育自由权;第四,改善工作环境,提高教师教育的满足感、幸福感,保持良好的教育情绪,这些对教师教育行为的公正都会起到良好促进作用。

如何在教育中,公正地关注到每个学生的教育资源的分配,是每一个教师需要秉持公正德性深入思考的问题。以上分析主要是基于配置正义的视角对教师公正德性的分析,而我们既要充分考虑配置正义视角对教师德性实现的重要作用,也要理智地分析其局限性,从而拓宽教师公正德性的理论视野。

(三) 多元正义视角下的教师德性

1.教师公正的配置正义视角及其在实践中可能的问题

纵观学者对于教育公正问题的研究,对教育公正的理论讨论已有诸多的考察维度和分析路径,其中大多数以哲学中正义的相关理论来进行分析,继续考察这类研究论著,研究者大多以罗尔斯为代表的分配正义观作为理论依据,要求教育中每个人享有公平的受教育机会,教育权利平等、教育资源应共同分享、对弱势群体进行照顾等。以其正义原则和理论为分析视角来研究当前的教育公平问题似乎成为一种显学,有学者专门对此进行批判性反思,并归纳这一现象为"罗尔斯教育公正理论情结"。[①]

罗尔斯的正义理论原则已经为很多研究者熟悉,即每个人的平等的基本自由、公平的机会平等和使最少受惠者获利最大的原则。由此看,罗尔斯正义原则首先强调平等,后面的差别原则目的在于努力改变因种种原因导致的不平等的现实,使得在分配结果上尽可能接近平等。这种正义观明显偏向于照

---

① 刘同舫.罗尔斯教育公正理论情结及方法论原则批判[J].教育研究,2012(1):40-45.

顾弱势群体，其实相当于要求获利较多者无条件让渡部分既得利益，以便让最少受惠者获得满意，而且认为这种正义原则适用于包括政治、经济、法律、教育、民生等在内的各种社会领域。但正如刘同舫指出的，他的公正理论是抽象的设定；分析视角由于以统一尺度衡量所有社会"善"，具有片面性；而且他以平均主义倾向追求分配结果上的人人理性同意，不具有现实性。

在众多关于正义问题的理论话语中，除了广为引用的罗尔斯之外，还有德沃金、诺齐克等人，他们与罗尔斯一样，都属于自由主义阵营，主张每个人享有平等的自由权利，但对于社会资源的具体分配的看法却有一些差异。德沃金在如何获致正义的观念上与罗尔斯的正义原则差别不大，但更坚持"平等优先"，认为"自由和平等之间任何真正的竞争，都是自由必败的竞争"，因为"政府必须让它所统治的人过上更好的生活，它必须对每个人的生活予以平等的关切"。① 而诺齐克与罗尔斯有较大差异，他追求持有正义，坚决捍卫"个人的权利不容侵犯"，认为正义的分配不是体现在分配结果的平等，而在于对每个人的自由权利的完全尊重，每个人的资源获得只要是通过正当途径获得或持有的，就不能被强行剥夺去照顾所谓的弱势群体。以上这些正义理论都属于分配正义的范畴，是对社会基本"善"，也即社会中可供分配和分割的作为支配手段的资源、利益和机会的分配原则，也即罗尔斯认为的正义要解决的主要问题是社会如何分配每个人的基本权利和义务，以及各种因相互合作产生的财富和利益等。② 在教育公正研究方面，当前的教育学术界往往以他们的正义观作为理论基础，阐述教育公平的依据与内涵，但在这样的分配正义的框架内能够真实阐释教育公平与否的问题吗？配置正义主导下的分配原则贯彻于教育实践中会不会存在值得考虑的负面影响？我们可以用教育实践中的一些例子说明。

例如：当前的学生资助政策中，常常施行对贫困生的资源倾斜和补偿政策，包括奖、免、补、助、贷等，但由于现实中教师对贫困生甄别和监督的方法问题，例如张榜公示、提交各种贫困证明，或者提出附加条件，要求贫困生额外的劳务付出，例如清扫卫生、守开水房等，有时候，学校还专门对贫困生进行监

---

① 罗纳德·德沃金.至上的美德：平等的理论与实践[M].冯克利，译.南京：江苏人民出版社，2007：128.
② 约翰·罗尔斯.正义论[M].何怀宏等，译.北京：中国社会科学出版社，1988：1.

督,以防止其"高消费",如其拥有手机、电脑或请同学吃饭等,都会受到批评教育或者取消"贫困待遇"。这些举措使得部分贫困学生认为人格受损、尊严受辱,在其他同学面前抬不起头,甚至个别贫困学生吃食堂剩饭也不领取救助金。显然,由于被贴上弱势和贫穷的标签,从而实际羞辱了他们的人格尊严,伤害了他们的自尊心。

还有,在当前的社会观念中,倾向于对各种学校进行区分,例如重点学校(示范学校)、一般学校、薄弱学校,而对于受教育个体,则区分为优秀学生、一般学生、后进生(差生),然后以此来分配相应的教育教学资源,薄弱学校常常因缺失各种资源支持而越来越差,后进生常常因为被列为"低能"而给予较低的学习支持。我们需要反思的是,只要是学校,就有好差之区别吗?只要是学生,就有优秀生与后进生?这样导致学生在受到某些照顾时却被划为"另类",人格在不自觉的羞辱中受到伤害。因而,我们是不是可以换一种获致正义的思路?资源无论如何配置,总会存在多少之别,无论是平均分配还是按照贡献、能力、身份等进行比例分配,或者强行要求资源占有多的群体补偿占有少的群体,都难以照顾到所有人的利益,都会使得部分人产生不公平感。这些困境反映了配置正义视域下教育公平实践中的为难,即如果不从多维度考察教育公平,而囿于配置正义的单一理论资源,非常可能陷入没有实现预期正义,反而诱致更多不正义的窘境。而采用多元正义的观察视角,或许会对教育公平实践中的难题给出有益的启示。

总之,以往的教育公平理论研究往往注重从罗尔斯等人的一元正义观出发,倾向于对弱势群体进行补偿,从而实现平等的自由。这种理论由于忽略了教育公平问题的复杂性而容易陷入一厢情愿或衍生新的问题。解决困境的关键是必须引入多元正义理论,考虑教育实践中不同群体的多元正义诉求。

2.教师公正的再审视:从配置正义观到多元正义观

由上面的难题可以看出,尽管罗尔斯等人的分配正义已经在实践中对教育公平的实现产生了良好的推动作用,但恰恰也引发了新的问题,例如由于考虑不周全,对弱势群体的资源补偿造成他们不拥有表达心声的话语权,可能反而使其感受到了羞辱、惭愧和被排斥或者补偿其的恰恰并非他们最迫切需要的东西,在教育中常见的受资助学生被拉到前台诉苦、张榜公示、以勤工俭学名义要求其付出额外劳动工作等常常让学生感觉难为情、无奈或痛苦,这反映了做人的尊严被剥夺后的资助悖论,由此可以看出仅从分配正义方面不能真正解决教育公平问题,从而实现人们的理想预期。教育资源配置正义实现后的教育公平发展格局是值得期许的追求,但并不是我们的终极理想。罗尔斯、德沃金等人的分配正义理论试图从普遍理想出发,在某种单一的正义原则下解决复杂社会情境中所有的正义难题。这里的普遍理想内涵是:1.普世性,即社会正义应适用于不同民族及文化;2.一般性,即社会公平概念应跨越社会群体环境。① 这种正义观因忽视了社会群体环境和文化的独特性而受到社会主义者、女性主义者及多元文化主义者的批评。艾丽斯·马瑞恩·杨、弗雷泽、沃尔泽、戴维·米勒、霍耐特、阿玛蒂亚·森、纳斯鲍姆等人提出的关系正义、一元三维、复合平等、相互承认、比较正义、多元能力等多维正义思想,尽管具体的理论主张各异,但却具有超越分配范式的"家族相似"的特征,认为罗尔斯、诺奇克、德沃金等人的分配正义回避了分配的制度背景和文化境况,不适当地扩展了分配概念及其原则,提出了拓展正义视角、观察非正义现实的多维度思维。

马瑞恩·杨指出,在研究社会正义时单一强调分配原则是远远不够的,社会正义应包括"对集体行为能够产生影响的所有社会制度与关系"。她提出了关系正义论,认为正义不但是有关程序和分配领域的问题,而且还是有关社会关系的本质和排序的问题,包括在宏观和微观上的主导社会成员互相对待的正式的和非正式的规则。② 按照马克思的观点,人的本质体现为社会关系的总和,关系中的实际处境决定了每个人本质状态的迥异。关系正义论更关注的是一种人际互动层面的社会关系正义。从关系的角度去定位正义,由于特别强调差异政治和审议民主,能够看到一些在分配的视野没有考虑到或者忽视了的问题,照顾到社会不同群体的多样化诉求和需要。

那么关系正义如何理解?马瑞恩·杨提出了多层次的概念架构,认为当代社会不公的现象可以归因为各种"压迫"的存在,杨从否定性的角度将不正义大致界定为五种形式:剥削、边缘化、暴力、文化帝国主义以及无权。她以其

---

① Sharon Gewirtz and Alan Cribb.Plural Conception of Social Justice: implications for policy sociology[J].Journal of Education Policy, 2002 (17).
② 钟景迅,曾荣光.从分配正义到关系正义——西方教育公平探讨的新视角[J].清华大学教育研究,2009(5):14-21.

"差异的公民资格"与"差异政治"而独具特色。她批评了罗尔斯为代表的自由主义正义原则,认为单一的正义原则会回避或不自觉地伤害某些弱势群体。她以自己提出的差异的视角为切入点,提出解决关系视域中各类群体如何获致正义的理论,这不仅为女性、少数族裔、异议人士、贫困群体等差异性群体争取自身权利指明了方向,也试图以另外一种新的视角,即公民资格的理论视角,冲击传统意义上普遍主义的正义理解。①

在马瑞思·杨的运思逻辑中,当前主流话语对正义的关注聚焦于分配,而这种分配模式的正义论却不能彻底地反省到非正义的不同面向,诸如决策结构和程序、劳动分工以及文化等方面的不正义处于分配正义框架之外。所以,在认肯分配正义有其必要性的前提下,马瑞思·杨批判性地指出应以压迫和支配作为考察非正义的起点以转换正义的话语,尤其是从对分配模式的关注转到商讨与决策的参与程序上。

与此殊途同归的是,英国学者沃尔泽等人提出,社会正义是多元的,至少应包括分配正义(distributive justice)、关系正义(relational justice)、认知正义(recognitional justice)、文化正义(cultural justice)、再分配正义(redistributive justice)等。复合平等是沃尔泽多元正义的社会理想。他认为,绝对的无差别的"平等"不可能实现,可能实现的只是各种"不平等"聚合之后的复合"平等"。因此,"平等不是指某种物品的平均分配,而是指一系列社会关系形成的总体性质"。而且,他认为,各分配领域越独立,它们相互间的关系就越可能产生平等的公民身份,而这种平等永远是一个社会实践的"副产品",不是一种说有就有,或者想要有就能有的东西。多元正义以物品理论为基础,把自主分配作为根本的分配原则,支配为非正义。他认为各种领域各有其自己的公正原则,根据不同领域分别采用应得、平等和需要原则。由此认为,分配公正原则来源于事物的社会意义,而社会意义是具有其历史属性的,因而公正与不公正的分配会随着时间的变化而变化。另外,米勒也反对分配正义视域中的单一正义原则,鼓吹正义原则在具体实践中的多元性。"一是正义原则的应用有多重功能;二是被评判和指导的对象具有多元性。"多元正义的理论对于我

---

① 马晓燕.群体差异的公民资格与政治正义的实现:I.M.杨的社会正义研究[J].哲学动态,2008(7):58-62.

们从多个维度深刻理解正义,在教师公正德性培育的过程中促进正义的维持,是重要的理论资源。

基于以上学者的多元正义理论,笔者认为多元正义概念的主旨在于:1.正义不仅包括常见的物质利益和资源的分配,还包括成员资格、平等身份、文化认同、免遭排斥和羞辱等不同方面,这些方面不一定属于分配的范畴,但对于实践中的具体案例来说,却是必须要考虑的。2.正义的实现不是某种单一分配原则能够完成的,而必须考虑实践中的复杂性,在各种可能相互矛盾的选择中谨慎衡量,确保每个群体和个人都有发声的权利和机会,通过充分持续的协商,在资格、机会、过程、结果等方面力争减少明显的不正义,并且尽量不引发新的不正义。3.正义的实现不可能一蹴而就,其与试图实现正义的社会所处的具体情境和发展水平及文化等是密切联系的,不同文化、发展水平中的人们对于正义的看法显然不可能一致,即使在同一国家和社会制度范围内,不同阶层或群体由于各种差异的存在,对于正义的观念也不可能统一。因而,试图确定某种永恒的、普世的正义观念是过于理想化的追求,而只有依据马克思指出的具体问题具体分析的分析原则,才能得出合理的结论。因而,正义的实现必须吸纳这个社会的多种声音,让更多的人参与决策,并且做到采取平等地协商,智慧地探讨,谨慎地推进才是正确的道路。

3.多元正义理念对教师公正德性实现的启示

那么,多元正义理论对我们的教师公正德性培育有哪些启示呢？即教师在纷繁复杂的教育实践中,如要促进和维护教育的正义,应该如何借鉴多元正义理论的分析思维,以求尽可能避免"好心做了坏事"的负面后果呢？

(1)教师应拓宽对教育公平评价的正义范畴

由以上的分析可知,以往由于对正义内涵理解的单一性,教师在促进教育公正的实践中,往往只看到各种资源、利益和机会的分配,认为人人机会均等,并给予弱势群体更多的资源补偿就一定是公正的举措。不可否认,由于资源和机会获得对于一个人的发展来说是最为重要的,所以配置正义的实现是有待持续努力的。但是,如果认为正义的实现就是分配方面的公正,则很容易产生新的不正义,伤害一些弱势学生群体的尊严和人格,或者使得天资优秀者由于缺少特别的培育举措而无法获得充分发展,这无助于每个人正义感的满足及和谐社会的建设。

(2) 在教师公正实践中尽可能减少各维度正义之间可能产生的矛盾

鉴于多元正义概念的复杂性，在教师公正实践中就必须注意到一种无奈的现实，即正义的不同维度之间可能不是相互促进，而是相互矛盾、相互冲突的，也就是常见的教育两难问题。在教育公正实践中这类问题其实经常容易遇到，例如前面提到的贫困学生的资助政策。学校为了帮助贫困学生获得应有的教育机会和资源，不因贫困而辍学，采取设立助学金、减免学费、勤工俭学等一系列资助办法。这些办法的实施确保了贫困学生的入学机会和学习过程的完成。但是，一些教师在执行过程中，为防止少数学生弄虚作假，经常会采用提交各种证明、全班公开讨论、张榜公示等办法以示公平，而且要求贫困生不能购买高档消费品，不能请客吃饭，甚至不能使用手机。这种举措引发了新的问题，一些贫困学生由于担心暴露自己的贫困隐私，或者不希望被同学们看作"另类"，而宁愿自己悄悄外出打工、偷吃别人剩饭等也不去领取所谓救助金。显然，这反映了获得补偿的配置正义与保障尊严、防止歧视的关系正义之间发生了冲突，如何化解需要教师智慧而谨慎的探讨。

(3) 教师公正德性的实践需要从多元正义角度全方位审视

多元正义的引入，使得教师在实践教育公正德性时，为了确保正义的各个维度尽可能得到实现，在实施主体方面，是多元参与，充分考虑到在实施的阶段和不同层面，每个相关者或参与者的态度、诉求和他们的心声。而在教育公平实施过程中，必须考虑各方参与者的正当诉求，防止因为执行的偏差对弱势群体产生新的伤害。例如，在学生资助政策的制定中，应该对贫困生的判断标准和程序做出明确界定，但在界定时，当前很多教师采用的公开评比、民主决定、张榜公示、群众监督等手段是不符合关系正义的诉求的，因为这会伤害很多贫困生的脆弱心灵，使他们的人格受到羞辱，甚至被归为"二等公民"。但又得有充分的证据证明接受资助是必需的、应当的。实践中的这种两难如何解决有待进一步讨论。

最后，多元正义的概念是针对单一配置正义观的局限性而提出来的，不同学者对其内涵和实现原则的论述不尽相同，体现出多维性、立体性和复杂性，任何分析都可能挂一漏万，而没有把握多元正义的核心，以至于欲使其成为教师公正德性实现的理论基础，但却可能存在以偏概全。但有一点可以确认，即单一的配置正义观念在现实中必然会遭遇很多困境，如果对其视而不见，则非常可能在解决了某种维度的正义问题的同时产生新的不正义问题。教师教育实践的公正性衡量，需要以教育成"人"这一根本目的作为基本依据，以促进每个学生的自由全面发展为旨归，来作为教育是否正义的根本标准。也就是教师教育行为要符合当前以人为本的时代精神，笔者期待多元正义的概念能够引起更多研究者的注意，以其为分析工具，来对教师教育行为的公正性进行正义与否的多维度审视，从而不断提升教师行为的德性水平。这是因为，教师教育行为中的公平考量更多时候是一个程度的问题，而不是一个简单的是与非的判断问题。我们不能做到完全的彻底的公平，但通过拷问和改善教育实践的正义程度，可以持续减少现实中显见的不正义，从而不断趋近于人人自由和谐生长的美好教育。

三、教师爱之德性

(一) 爱的内涵与教师之爱

何为"爱"？这是文学、伦理学、艺术学、社会学等领域的热门话题。弗洛姆（又译弗罗姆）从新人本主义的角度阐述了爱的内涵，认为爱不是一个人偶然幸运地体验并"陶醉"的一种纯粹快感，而是一门艺术，一门需要重视和努力才能学会的艺术，同时也是具有创造性和成熟性格的人的一种能力；爱的本质是无保留的给予，包括人类的博爱、母亲对子女的母爱、两性之间的性爱、对自我的爱等形式，这些爱无一例外都包含着付出、关心、责任感、尊重和理解。他认为有两种爱：重生存的爱和重占有的爱，前者是"一种创造性的活动，这包括注意某人（或某事）、认识他、关心他、承认他以及喜欢他"。后者所体验的爱则是对爱的对象的限制、束缚和控制，只会扼杀和窒息人以及使人变得麻木，它只会毁灭而不是促进人的生命力[①]。弗洛姆"爱"的理论从人类的本性角度揭示了爱的本质内涵。在《爱的艺术》一书中，他指出，爱不是天生带来的一种情感，它需要后天的学习，是一种能力。要学会爱就需要学习爱的知识，懂得"爱"是什么。他认为，人们一贯把爱看成是"被爱"，看成是"接受"，

---

① 弗罗姆.占有还是生存[M].关山，译.北京：生活·读书·新知三联书店，1989：50-51.

而不是看成"去爱"。很多人不是努力"去爱",而是寄希望于别人"来爱"。为此,他强调指出,爱是主动的给予和付出,是心甘情愿地为他人的奉献。它是心灵的碰撞,内心世界的交流,并是以自己对生命和生活的热爱去燃起另一个人对生活的热爱,充实另一个人的生命,这体现为一种责任感。责任不是从外部强加于人的东西,是一种完全自愿的行动,是"我对另一个人的需要——表达的或未表达的——反应"。而责任又是和尊重相联系的,如果在爱的过程中,没有尊重,"责任就会很容易地坠落为统治和占有"。爱不是统治,不是占有,爱是把人当人对待,以信任来交换信任。真正的爱不是要把自己的意志强加于对方,也不是屈服于别人的意志而丧失自我,爱是一种基于平等意志的人互相尊重生命。具备"生存性的爱"的人能自觉地通过爱他人,即尊重、理解、奉献给生命中的他人来建构爱的世界,并且能够体验到作为共同体的相互依赖感和归属感。这种关爱目的是实现他人的幸福,愿意为他人幸福的实现默默付出,甚至在某些难以取舍的情况下牺牲自己的幸福,并且执着于此,无怨无悔。

按照康德的理解,一个人"出于责任"而非"合于责任"去做有道德的事情,才能称做德性之人。同样,一个老师通过做关爱的事情而达于爱的品质。这就意味着,成为教师德性品质的爱,必须至少具有三个最基本的条件:首先必须出于爱的缘故,而非为着其他目的,爱就是目的,就是说,这种爱必须是自足的。其次必须是普遍的、广博的,当爱成为一种品质,即意味着是对于所有学生之爱,而非对于少数学生之爱。最后必须是稳定的、一以贯之的,而非情境性的。爱作为一种情感状态,便意味着其本身有别于知。知有助于爱,但知本身并不就是爱。要从"爱"之知到"爱"之行还需要情感的强化和意志的力量,只有对爱的情感的坚持,才可能转化为强烈的意志,进一步转化为爱的行动。"爱是主动关心他人的幸福;它通过承认、喜欢、给予、关心、尊重、接受、赏识、责任感等方式来表达;是对人的不限制、不束缚与不控制,而且是对人的不自由的束缚的解脱;它可以唤起与增强人的生命活力,促进人的成长。这种爱不仅仅是一种情感,而且是一种能力、一种态度。"[1]

"爱"是人类德性体系中最能感动人、促进人努力向善的德性,有着无穷

---

[1] 朱小蔓,等.教育职场:教师的道德成长[M].北京:教育科学出版社,2004:51-52.

无尽的魅力,不断被赋予新的意义而推崇和歌颂。"在人类主要的文明体系中,友爱都是一种被普遍称赞和推崇的有德性的或伴随着有德性的朋友交往活动而发生的感情。"①孟子曾说:"人之所以异于禽兽者几希,庶民去之,君子存之,舜明于庶物,察于人伦,由仁义行,非行仁义也。"这里所言仁义尽管与"爱"并不完全一致,但基本含义都是对他人之爱。只是儒家的仁义限于尊亲之爱、差等之爱,而不是我们现在强调的对所有人的友爱或博爱,我们现在希望建立在"人本身是最高价值"基础上的相互关爱友爱。在教育中,对爱的德性的强调有利于学生的全面健康成长。以往我们常常过度看中学生的学习成绩,而忽略学生的道德成长。学生只以竞争以超过其他同学,教师只知把学生成绩提上去,学校只看中所谓升学率,而忽视了学生的德性成长,使学生成为只以"竞争取胜"为目标的单向度的人,从来不关心其他同学,甚至以其他同学为敌,导致畸形化发展、情感荒芜,相互之间越来越冷淡。并且个别教师时常对成绩好的优生表现出偏爱,对成绩排名靠后者则不理不睬或者冷漠无情。显然,缺乏爱的教育不是理想的教育形态。教师之爱的德性的生成,有利于提升师生对教育成"人"的价值认同感,使师生在彼此信任和相互关爱中,感受到自身的价值和尊严,体验教育的幸福,从而在诗意的教育生活中不断超越,促进教育成"人"理想的不断靠近。

教师之爱作为一种德性,体现为教师对所承担的成"人"工作全身心的情感投入,体现为教师的爱岗敬业、尽心尽力促进学生发展。由于教师之爱是一种处处为学生着想的给予,一旦被学生体认,就会转化为学生主动获得进步的动力,学生从教师的爱中知道"我"是重要的,"我"要努力成为教师喜欢的学生,从而不断超越自我,走向完美。"教师之爱就是指教师的心始终向着孩子,师爱构成了教师意向生活与情感生活的最高阶段。在教师的内心深处,出于'心向孩子'的意向比'出于义务'有着更高的价值,这也正是爱的逻辑或心灵的逻辑。教师职业道德素养形成的关键是教师如何拥有'心向孩子'的意识品质。"②教师的爱心只有始终指向学生的成长和发展,愿意为学生的发展需要而无私奉献,才能在实际行动中一切以是否能促进学生成"人"为取舍标

---

① 廖申白.伦理学概论[M].北京:北京师范大学出版社,2009:327.
② 朱晓宏.重新理解教师之爱——基于舍勒的情感现象学视域[J].教育研究,2009(11):53-57.

准,才能把爱之德性转化为爱之德行,从而成为优秀和卓越的教师。

总之,教师的爱是学生成"人"的不竭动力,学生感受到教师对自己的关心、理解、尊重后,往往会激发出"我要听老师的话,争当优秀学生"或者"好好学习、天天向上"的意志动力,在潜移默化中体验作为学生的幸福和满足,在诗意的教育中自由驰骋,获得健全的成长。没有教师之爱,被边缘化或者时常遭受排斥、羞辱、贬低,很多学生就会自暴自弃,把接受教育当作无奈的痛苦的过程,甚至因为教师的无爱、偏爱而产生心理扭曲,怨恨的情绪就可能占据学生心灵。教育是促进学生成"人"的活动,是生命提升、德性升华的过程,爱是教育的核心内涵,博爱精神是对教师的基本德性诉求。没有教师之爱,教育就会成为干巴巴的规训和说教,顶多起到了知识传授的作用。作为担负人类灵魂工程师责任的教师,如果只限于传授知识,成为教书匠,那么教育的完整性就会被割裂,教育也就没有了德性。

(二) 成"人"视域下教师爱之德性的体现[①]

教师的本职工作是成"人",其核心诉求是促进学生自由而全面发展。教师德性的根本体现为对学生坚定的爱的情感,它具体可体现为平等、宽容、良心和责任等具体德性上来,以此共同完成成"人"视角下的教师爱之德性的建构。

为了促进学生在教育生活中自由地成长为一个"人",一个能够完成人性、自由存在、自我担责从而对社会有益的完整人,教师需要对成"人"职责的实现给予充分反思,这要求教师在教育基本理念方面发生革命性的变革,即"轴心原则"的转换[②]。从强调工具论、适应论、符合论的教育现状中超越出来,回归其育人本真,在普遍关爱学生基础上促进每个学生的发展,它要求教

---

① 此部分参考已发表的论文:杨建朝.育人为本的价值基础论析[J].教育理论与实践,2013(22):12-15.

② 有学者曾提及现代社会需要发生"轴心思想"(axiel idea)或"轴心原则"的转变与重建,其原意是指"文明形式和人类意识在内容上的深刻变化,以及规范观点和指导性价值的重新定向"。(大卫·雷·格里芬.后现代精神[M].王成兵,译.北京:中央编译出版社,1998:135)也即,"轴心思想"或"轴心原则"的转变绝不是枝节性的花样翻新,它意味着本体论、认识论、价值论意义上的根本性变革。教育"轴心原则"的重建也绝不只是内容、方法、措施、形式等方面的左改右革,而更为重要的是教育的灵魂、本真、逻辑及其价值与理想的重新定位。

师在关爱学生身心发展中坚持自由与平等、宽容、良心和责任等良善价值的"相伴同行"和"和谐共生"。这是教师爱之德性的价值内涵。依此,教师爱之德性实现才具有了充分的价值合理性。

教师如要实现使每个学生成"人"的价值使命,就需要维护每个学生的自由,这样必然使得学生持有的价值观呈现多元化,这些价值观有的时候可以兼容或相互证明,以组成完整的价值链条,但更多的时候,情况不是这么理想,各种价值之间的冲突和纠结是必然存在的,这就需要教师博大而宽容的精神,需要这样的胸怀:只要不妨碍个人的自由,任何别人的自由选择就顺其自然吧,我们对不同于我们的思想和行为,可以提出各种各样的劝告、建议、提醒,但不应通过各种手段压迫或强制别人改变已有的立场。有人经常质疑,教师不能强制学生的教育,这种教育还能够存在吗?

这种质疑混淆了事情的不同范畴,教师作为教书育人的专门职业承担者,具有特别神圣的责任和义务——促进学生自由全面发展,这要求教师本身具有自由精神和自由施教的能力,要求教师能够对什么才是学生真正的自由有理性的判断和智慧的"教导",要求教师不是在教育中过度包办、全盘代替学生发展,也不是在学生成长道路上不管不问,取消一切影响和强制,而是在人类广博文化中通过正确引领,使学生习得真善美,走向完整的自我和独特的个性,即拥有优良的德性。只有建基于此,保障学生实现更高"自我"的宽容,才符合教育的根本精神——使人成"人"的真意。

总而言之,把教师成"人"德性的核心界定为在自由中促进学生全面发展,是因为它是生成其他美好价值的基本路径,借此才有可能使师生走向幸福、和谐、美好。以批判自由主义为名,兜售各种所谓唯一"正确"的价值并试图压制其他价值,不论采用了多么充分合理的论证,由于人类理性的局限和哈耶克所言的"无知",都是一种导向专制的举措,都可能带来消解教育本真的危险。只有多种价值的共生,才有可能在价值争论和交锋中渐渐显示出教育本真的影像。当然,教育中的自由与其他"基本善"即多种价值的关系是复杂的,教师德性的实现需要奠定坚实的多元价值基础。人类业已拥有的价值谱系中,"善"的样态是纷繁复杂的,每一种价值都有特定的内涵,教育成"人"倡导的是求真致善臻美,是走向以自由为核心的多种价值共生共建的教育。而且,教育成"人"作为教育轴心原则的转换和当代教育的根本精神,其价值基础并非只囿于本文阐述的自由、平等、宽容、良心、责任等范畴,而可能囊括更为广阔的价值空间,需要从多个维度和方面给予反思性的辨析,不断对现实中影响教师教育行为选择的价值基础进行剖析和批判,从而为教师德性的构建提供价值论的根基,最终完成教育使人成为"人"的根本使命。

(三) 教师爱之德性的指向:教会学生自尊与自爱①

当前,随着政治民主化进程的加快,学生的德性教育成为研究者关注的热点。养成教师爱之德性并非终极目的,教师承担的是使学生成"人"的工作,教师德性的拥有并非为了自己,而是为了学生,教师职业生涯的幸福是建立在学生能够健全发展的基础上的。其德性价值主要体现于培养学生的良好德性,使其走向做人的卓越。这其中关键是教会学生养成自尊与自爱的品质。在人之德性所包含的多种品质中,怎样让学生学会自尊自爱是成"人"的重要环节,是教师爱之德性的集中表现。为了对此有更深刻的认识,笔者在帕特丽夏·怀特的《公民品德与公共教育》中找到了值得借鉴的理论资源,获得了有益的启发。它关注的是民主背景中如何形成某些德性以便学会民主生活的问题。这里所说的民主是指杜威意义上的民主制度下全体公民如何参与公共生活的问题,"民主都应该通过把自由、公正、尊重个人的自主等价值最恰当地体现在那些场合来充分地实现"②。在道德教育成为教育理论界关注热点的背景下,怀特的德性教育思想却至今尚未获得应有关注。帕特丽夏·怀特对自尊与自爱德性的内涵作了界定和区分,对在教育中如何理解和开展自尊与自爱的德性教育作了深刻探讨,这对教师在教育中如何培育学生拥有民主的自尊和健康的自爱德性有重要启示,以下笔者对此作一简要阐释。

1. 什么是民主的自尊与自爱

首先,其认为自尊即"我作为一个人的尊严的意识",其表现是:"我将反对某些过分的要求,会发现某些东西在堕落,当我的权利被漠视时我会表示愤慨"③。她指出与自尊不同,自爱品质表现为:"有着肯定自爱(positive self-es-

---

① 本部分参考已发表的论文:杨建朝.帕特丽夏·怀特的自尊与自爱公民教育思想及启示[J].教育观察,2013(1):61-65.
② 帕特丽夏·怀特.公民品德与公共教育[M].朱红文,译.北京:教育科学出版社,1998:2.
③ 帕特丽夏·怀特.公民品德与公共教育[M].朱红文,译.北京:教育科学出版社,1998:37.

teem)的人,往往对他们自己作出良好的评价。"①作者说他同意罗尔斯关于自爱的看法,罗尔斯认为"对自己的生活计划值得努力去实现具有确定的信念,对自己实现自己的意图的能力感到自信"②。并认为:喜欢平等的政治权利,自爱就会提高。在一般意义上,我们可以对比《现代汉语词典》对自尊的解释:"尊重自己,不向别人卑躬屈节,也不容许别人歧视、侮辱。"心理学的理解有多种,例如认为"自尊是一种自我认识、自我评价的心理,表现为承认和重视自我在社会中存在的价值,喜欢和热爱自我的情绪以及接受自我的意向"③。另一种看法是"自我尊重是指人对自我行为的价值与能力被他人与社会承认或认可的一种主观需要,是人对自己尊严和价值的追求"④。这两个定义都指向承认和重视人的价值和尊严。

对比几个定义,可以认为作者反复提到的民主的自尊指自己对过民主的生活,履行民主的责任有信心,对受到权利排斥或不予资格承认或不符合民主的行为表示愤怒。适当的自爱是指个人拥有的才能、地位、财富、个人素质等使得其具有过满意生活的信心,对某些自爱的过度强调可能会与自尊相冲突,民主的自尊受到伤害主要来自于外部的政治制度或他人的歧视等,也可能源于自己对民主的不信任、自发排斥。自爱的过度表现为自负,自爱的不足表现为自卑。两者显然有相近的含义,但侧重点有所不同。当代著名心理学家马斯洛的需要层次论认为,尊重是人的一种高层次需要,尊重的需要是在生理需要、安全的需要、归属的需要和爱的需要得到满足之后的一种需要,比尊重更高一层的需要是自我实现的需要。由此可见自尊的教育的重要性,尊重的需要得到满足,一个人就会自尊、自信,就可能逐步形成民主社会所需的公民德性,共同造就幸福的公共生活,反之就会导致自负或自卑,形成不健康的德性。"人格的尊严对任何人来说都是均等的,不管地位、才智、经济的差别多大,人本身作为目的应该被尊重。尊重是对人格的承认,也是人格实现,即是主体自我发展的根本条件。尊重与自尊是每个人造福生活的相互承认,是社会形成

---

① 帕特丽夏·怀特.公民品德与公共教育[M].朱红文,译.北京:教育科学出版社,1998:35.
② 帕特丽夏·怀特.公民品德与公共教育[M].朱红文,译.北京:教育科学出版社,1998:36.
③ 何昭红.试论以树立自尊和责任感为基础的教师职业道德教育[J].广西师范大学学报(哲学社会科学版),2000(4):64-69.
④ 张向葵,吴晓义.自我尊重:学校教育不容忽视的心理资源[J].教育研究,2003(1):53-57.

共同价值(shared values)的基本条件。"①

教师应该对自尊的培养负什么责任？作者首先指出通常所谓自尊概念表现，即"当行为者意识到自己正在干正确的事，也就是说，以与他们深深地信奉着的价值相符合的方式而行动时会欣赏"②。在民主自由的社会中，自尊要求"使人们把自己看作具有一定权利的伦理人格，看作应该被平等相待、对自主的行为负伦理责任的人"③。而专制社会中，要求的是每个人必须遵守最高当权者的安排，当权者总是把自己装扮成伟大、光荣、正确的代表者，以近似宗教信仰式的意识形态控制，抹杀个人独立思考、自由成长的能力，要求所有人遵守尊卑等级的伦理秩序，不得自由思考，个人没有安排自己生活的权利。持不同政见者或许会不服从或表示反抗，但必然会遭到由当权者控制的国家机器的残酷镇压。作者期望，一种理想的政治结构，应该促进人们民主的自尊感。而这必然只有在民主政治体系下才有可能实现。在学校中，有关的民主教育决策应该承认每个成员的平等参与权，即"组成机构成员都是具有权利和责任的伦理人格"，尽管在当今一些组织庞大、人数众多的大型机构中不可能保证人人直接参与民主，但必须制定一系列准则，遵循民主的程序，促进所有成员的民主的自尊感并防止在成员中产生歧视。

2.民主的自尊碰到的障碍及其在学校中可能的遭遇

教师有义务积极地去促进学生民主的自尊感，鼓励他们参与学校的民主活动，当然这会遭受一些因素的障碍，受到两方面的损害：一是来自于别人的歧视、排斥或羞辱，而感到尊严受到伤害；另一种来自于自己行为的损害，例如学生自己不相信并且排斥民主，拒不接受教导等。而只有社会所有成员都能做到保证和促进别人的自尊时，民主的自尊才有可能得到普遍提高。作者接着提醒自尊、自爱与教育机构可能存在的复杂关系，从作者论述可以看出，自爱是"一个人对自己有好的评价，相信自己的能力，这可能依靠许多不同的基础"④，例如职业的高低贵贱、是某一种族或宗教团体的成员、运动能力、是否才思敏捷等。作者提出三个例子，说明在学校中自尊和自爱可能产生的复杂

---

① 金生鈜.保卫教育的公共性[M].福州:福建教育出版社,2008:101.
② 帕特丽夏·怀特.公民品德与公共教育[M].朱红文,译.北京:教育科学出版社,1998:37.
③ 帕特丽夏·怀特.公民品德与公共教育[M].朱红文,译.北京:教育科学出版社,1998:37.
④ 帕特丽夏·怀特.公民品德与公共教育[M].朱红文,译.北京:教育科学出版社,1998:40.

关系:第一个例子表明学校有时候不重视其成员的民主的自尊,认为学生没有实施民主的能力,尽管提供了自爱的基础。例如,在我们的学校教育生活中,重点学校会通过多种宣传手段和文化熏陶,让学生感受到身为学校一员的荣耀,感受到高人一等,但只把学生当作学校荣誉的工具、注重应试技能训练,不能通过民主的方式让学生学会自尊和尊他。作者认为这反映了"自尊性教育团体建立的必要性";第二个例子中,学生虽然获得自爱的基础,但反对民主的自尊观,坚持宗教或其他形式的自尊。譬如,在多元文化背景下,价值观日趋多样化,有些学生可能不认同学校民主的价值,坚持自己民族或信仰的宗教的价值观,反对学校开展自尊的教育。其建议是:有形成共同的价值框架的必要性;第三个例子中,学生完全排斥学校,仅仅视学校为达到自己目的的跳板,不能认同学校中的任何价值指导,没有明确的价值观念,随心所欲,也就是传统意义上"孺子不可教""天天混日子"的坏学生。

那么,学生应该怎样首先拥有最通俗意义上的自尊,即自爱应该建立在什么基础上?通常认为一个人的自爱似乎只要不伤害到别人,任何自爱的基础都可以接受——只要自己喜欢并认为能够体现自己的价值,例如从事某种职业、从事家庭劳务工作、仅仅作为一个浑浑噩噩的精神贵族。这应该是可以接受的,只要不伤害社会、集体和别人的利益,应该随其自我选择、自主成长、自己负责。但是,学校中很多学生难以感受到自爱的原因在于:学校对学生的评价尺度过于单一,导致部分学生无法找到自爱的基础,学校有必要扩大评价的尺度,使其多样化,对此,加德纳的多元智能理论给我们有益的启示。但这也导致一些难题,自爱的多样化及其可能的相互排斥必然导致民主的自尊的困难。另外,在伦理上,学校应该支持什么样的自爱基础呢?如何在促进自爱与防止学生自负中获得平衡?可能会发现过于强调自爱会导致一部分学生产生对他人的排斥,从而损害到人人可以获得的自尊的基础。但排斥学生这种自爱的基础,学生可能没有其他可以替代的自爱基础。笔者认为,学校应该支持有助于形成民主的自尊的自爱基础,反对自私自利,在尊重自我的基础上同时考虑到社会的习惯、风俗及伦理要求,在这样的基础上建立的自爱才可能与民主的自尊相匹配。

那么,学校教育如何培养学生的多样化自爱的基础?在初等学校,促进自爱的手段比较简单,且方式多样,智力上、体格上、实践中、伦理中都可以发现,哪怕是很微不足道的比如学会某种技能都会使小学生产生值得自豪的基础。不过在继后的学习阶段,更重要的任务是让学生学会对民主的生活的反思,并对相关问题形成深刻洞见,其任务要求是:鼓励对自尊和自爱的概念及其相互关系的理解,特别是看到专制体系下所谓自尊的风险。其次是认识到在权威机构中获得较高地位,这不应该是获得持久自爱的基础。① 可能是作者认为这样会导致损害民主的自尊,譬如,学生如果喜欢在学生会、班委会、团委等可以表现的机构中过度踊跃、喜欢控制别人并且以此沾沾自喜,即我们通常说的"官瘾",这可能就是有害的。所以,学校有义务帮助学生把自爱保持在合理的适当限度内。

另外,作者指出,在进行自爱教育时,教师有必要扩大学生知识面,增加自爱得以产生的基础的囊括范围,尽可能让每个人感受到自爱的基础并得以产生民主的自尊感。另外,要注意学校的教育方式可能会帮助提高或损害其成员的自爱基础,例如学校中的宗教活动对不信教的学生的伤害或不开设清真食堂对回族学生的伤害。其次,对学生的自爱教育,应该结合学生先前的基础和经验,例如,鼓励学生对自己现有的自爱基础进行反思,当确认有些不够合理、需要改变时,勇敢地适当修正。还有些自爱会在道德上不可接受或属于不健康的类型,必须予以纠正。这种对"自爱之根采取的反思的态度",能够给予学生适当的保护,免遭持不同自爱态度的他人的排斥和歧视,共同维护民主的价值基础。

3.关于教师如何开展自尊与自爱教育的问答及其启示

关于自尊与自爱的教育,大众还会产生诸多困惑和疑问,作者对教师在促进学生的自爱上所起到的作用的某些不同意见作了简要分析,并给出了回答。例如,对所谓好感疗法,即只要学生感觉好,就让学生发展某种获得自爱基础的技能的限度问题,作者是反对简单而不反思地采用这一做法的。第二种质疑是:"鼓励学生形成一种对自爱基础的探索性的反思的态度,就是向学生推荐一种不健康的自私自利。"这种质疑主要可能来自于专制的意识形态维护者,因为统治者的意识形态不希望学生学会反思和批判,并经常把西方倡导的个人主义简单理解为一切为了自己的自私自利的思潮。作者的应答是"教育

---

① 帕特丽夏·怀特.公民品德与公共教育[M].朱红文,译.北京:教育科学出版社,1998:44.

的目标根本不是任意什么类型的自爱,而是在适当界限之内的自爱"①。这根本否定了导致不健康的自私自利、为所欲为的行为。而且,经过反思后的自爱的基础应该会比盲目的、依从的、自发的自爱基础更健全,会使得学生更加健康全面地获得赖以自爱的基础。最后,自尊和自爱的教育实际是"要在一种相互支持的社会中实现的一项合作性的事业……自尊的根据和自爱的基础会不同,甚至可能冲突、产生对立"。所以,共同做出各种努力,达到在文化多元社会中互相妥协、共同协商的办法非常必要。另外,作者劝导持非民主的自尊的价值观者以及混日子的坏学生进入学校共同体时,要尽可能使其认同民主的价值观,展开对其持有的价值观念的深入探讨,促进其价值自觉和反思,而坚决不能弃之不顾、不管不问。"这一探索是致力于鼓励和发展学校共同体所有成员的民主的自尊和适当的自爱的整个学校政策的主题。"②这种价值教育对所有学生显然是非常有必要的,有利于大家共同生活在民主自由的社会共同体内,防止无端的排斥、羞辱、压制、规训等伤害自尊和自爱的行为。

最后,帕特丽夏·怀特主要论述民主的自尊与自爱的内涵及两种道德品质的生成问题,显然,作者没有像国内研究者一样,直接分析教育应该如何培养民主的自尊与适当的自爱以及两种品质培养的途径,例如国内研究者在论述学生的自尊教育时指出的"树立现代的学生观;满足学生主动、自由的天性;重视学生选择、判断能力的培养"③。这是为什么呢?原因在于帕特丽夏·怀特坚持主张,学校中应该改革教育理念和方式,形成有利于公民德性教育实施的民主自由的环境和氛围,应该构建民主自由的生活环境,在公共生活中造就民主和自由的气氛,从而自然获得德性的教化,而不是在课程教学中通过说教的方式灌输而成。

帕特丽夏·怀特的公民道德教育思想具有深刻的内涵,对教师在学校开展德性培育有诸多启示,兹简述如下:

(1)在保障民主的自尊与自爱教育的环境方面。民主素质需要学生在民主自由的学校教育体制和环境中自主实践生成,需要教师尽可能少的规训和压迫,需要充分尊重学生的道德自由选择、尊重每个学生作为一个人的独特人

---

① 帕特丽夏·怀特.公民品德与公共教育[M].朱红文,译.北京:教育科学出版社,1998:47.
② 帕特丽夏·怀特.公民品德与公共教育[M].朱红文,译.北京:教育科学出版社,1998:48.
③ 刘剑玲.论儿童的自尊[J].教育评论,2000(4):22-23.

格,为其生命自由充分成长保驾护航,让生命放歌,从而使其体验到作为人的尊严,自爱而爱人,主动生成高尚的公民品格,而非横加干涉,强迫灌输,以真理在握的心态施行的种种强制可能会使学生产生严重的依赖他人的奴性人格,有可能导致强烈的不服从的逆反人格。前者正是当前的中小学开展公民德性教育需要树立的教育价值取向,而后者恰恰是我们需要克服的,因为这是学生不健康自尊和不合适自爱产生的根本原因。我们需要重视的是民主自由的教育环境建设和制度保障,而不是喋喋不休的优良道德说教和灌输;需要充分尊重每个学生的个性并尽可能给予其生成独特自我的环境,而不是考试分数导向下的全面控制;愈是强调控制,学生的个性之花愈是衰败,自尊与自爱之公民德性愈是不可能养成。当然,这不是说教师和学校对学生公民德性的发展可以置之不顾,放任自流,而是要有所作为,积极行动。

(2)教师需要为学生拓展德性知识学习的范围提供条件,讲解作为民主生活的公民应该具备的素养和相关知识,拓宽学生民主自尊与健康自爱得以产生的基础,并且鼓励其经常对现在的"我"进行反思,即怀特所言的"探索性的反思",通过对现在的"我"的自尊与自爱的状况进行反思,揭示其当前自尊的性质和自爱的基础,并对这样的状况进行合法性评价,去恶存良,去伪存真,从而渐进地成为民主社会的德性公民。

(3)由于文化生活的多样性,教师应该对学生如何创造优秀的自我、合格公民的品质包括什么等问题在学生之间展开讨论,通过民主讨论和价值澄清,使其发掘天性中本有的民主自尊与适当自爱的德性基因,消除因不良环境的蒙蔽而产生的有悖公民应有素质的不健康德性。教师所能做的是建构民主的生活,制定民主的规章制度,使学生在其中慢慢养成民主的知识态度和行为习惯,摒弃不良社会中的习俗,例如对所谓权威阿谀奉承、看不起能力偏低者、喜欢讽刺挖苦别人或疏远有某种缺陷者等,并且学会客观评价自我的优势与不足,认识到每个人的尊严都是平等的,每个人的自爱都会有合适的基础,做到相互赏识、不卑不亢。由此,民主的自尊与健康的自爱作为人的优秀德性就可以广泛地在学生中形成。教师的爱之德性正体现于学生这种健康自尊与自爱的培育中,没有教师的关爱,学生就可能陷入"爱"的误区中,德性品质就会受到扭曲,成"人"的精神就会被割裂,陷入"无爱"的漩涡中。

第三章 教师德性迷失表现与原因分析

面对教师德性的社会危机及其对教育成"人"精神的深刻危害,我们需要全面系统思考其原因,显然,其原因的探寻不能只在教师自身寻找,而需要从教师所处的社会环境来解析。人的本质是社会关系的存在,每个个体的结合构成了社会,社会的总体状况决定了教育的基本特征。笔者认为,教师德性的危机是有深刻社会原因的,社会转型期的价值异变是导致教师德性迷失的根本原因,而价值异变又是社会急剧转型的必然后果。

一、教师德性迷失的理论溯源

(一)工具理性与价值理性背景下的德性境遇

所谓"工具理性",按照马克思·韦伯的看法,就是通过实践的途径确认工具(手段)的有用性,从而追求事物的最大功效,为人的某种功利的实现服务。工具理性是通过精确计算功利的方法最有效达至目的的理性,是一种以工具崇拜和技术主义为生存目标的价值观,有时也被称为技术理性。韦伯认为在人们的社会生活中,主要体现为两种截然不同的理性形式,即工具合理性与价值合理性。在他看来,工具理性"取决于对他人和相关之物的预期,而这种预期被作为行动者达到自身理性地追求和筹划之间的'条件'和'手段'",而价值理性则"取决于对于某种伦理的、审美的、宗教的和其他形式的行为的价值的有意识的信仰,而并不考虑成功与否"。工具理性关心的只是手段,即能否有效地达到预定目的,它与"价值理性",即不以成败得失和功用利益为取舍标准,只关注如何履行某种道德上或宗教上、政治上的义务职责,服从于道德良知感召的理性是对立的。① 简言之,工具理性把一切都当成实现目的的手段,从不过问目的本身的正当性,从不考虑目标的价值合理性。对此,查尔斯·泰勒认为:"最大的效益、最佳的支出收获比率,是工具主义理性成功的度量尺度。"②工具理性关注明确目的导向下的手段,希望用最佳手段,获得尽可能多的收益,而不审视目的的正当性。

在当代,似乎一切都被打上技术的烙印,技术的力量决定着人与存在着的东西的关系。工具理性以技术的发达为背景,把只要手段可行,不再思考目的是否符合德性诉求作为价值准则,把人类推向技术统帅一切,一切都是工具的境地。其实也就是把人异化为一种功能化的存在,人的本性反而遭到肢解。"现代人对自己和他人都是作为一种功能的集合出现的,然而把人等同于功能,实际上就等于把人变为物。在马塞尔看来,现代人确实日益功能化了。"③人的核心本来是德性,却被异化为功能性的"物"。

工具理性膨胀导致的极端情形就是广受诟病的二战时期的集中营。"执行者面对的不是一个与他们一样有生存权利、有创造性和想象力的生命,而是一件件产品原料,一堆有待处理的垃圾。"④因而,现代性背景下的工具理性旨在把一切都看成实现手段的工具,不关注人性的需求和发展,导致对自然、对社会和人本身的巨大破坏性。有人评述社会达尔文主义现象反映了科学理性主义的僭越,试图主宰人间的一切:"达尔文的进化论是一部虚无主义的著作,如果人们要想从其中揭示的自然规律中寻找精神寄托,那将是徒劳的。"⑤在这种前提下,德性就没有用武之地,一切都是科学的地盘,都成为所谓客观规律的囊中物,这反映了现代性背景下的工具理性不关注人本身,不把人当成德

---

① 单世联.反抗现代性:从德国到中国[M].广州:广东教育出版社,1998:83.
② 查尔斯·泰勒.现代性之隐忧[M].程炼,译.北京:中央编译出版社,2001:5.
③ 徐崇温.存在主义哲学[M].北京:中国社会科学出版社,1986:319.
④ 单世联.反抗现代性:从德国到中国[M].广州:广东教育出版社,1998:81.英国社会学家鲍曼认为纳粹集中营的屠杀行为是工具理性充分应用的结果,表现在对秩序的无条件服从、高效管理和唯技术等,每个人都不对这种理性给予充分的质疑和批判,放弃了价值理性的视角来思考。参见鲍曼.现代性与大屠杀[M].杨渝东,史建华,译.南京:译林出版社,2002.
⑤ 土木其.关于达尔文主义的讨论及其引申[J].读书.1998(9):54-56.

性存在,往往导致人的生存异化。

一般来说,工具理性和价值理性既相互对立,又相互说明,两者共同维护价值体系的完整性,只强调"人是目的"的价值理性,往往陷入空疏无用,而只强调工具理性,常常因为缺乏价值的追问和反思而使人类不择手段,放弃德性。"整个现代化就是理性化",而且这个理性主要是指工具理性。[①] 二战后,一股技术决定论的浪潮席卷人文社会科学的各个领域,技术被宣扬为解放性、建设性的进步力量,经济决定论经常以技术决定论的方式出现,何种价值观念能被继承发扬,也经常是在其与技术的关系中被裁决。在现代性的巨浪中,似乎只有工具理性独领风骚。"科学技术时代"几乎成了"理性的时代"的代名词。

"技术把人从地球上甩出去,将他连根拔除","人连根拔除之事已经发生。我们唯一剩下的东西,只有技术的关系。这已不再是人生活于其上的地球了"。[②] 技术理性的盛行要求教育的任务是大批量地生产技术性"人才",这种人才只关注于业已存在的目的和任务的达成,不择手段是唯一的手段,伤害和破坏是必然的,但这从来不是技术性人才关注和考虑的,因为他们不作反思,他们的字典上刻着的是:只要完成,在所不惜! 在阿伦特笔下,耶路撒冷的被审判的纳粹军官艾希曼就是这种人才的极端化的代表。可见缺失德性对于做人来说是多么可怕。这样的人只知执行命令,从来不反思命令本身是否合乎人类伦理。

自从近代科技革命持续成功以来,工具理性由于注重实际功利,注重通过最有效的手段达成某种需要的满足,而不再对手段进行德性拷问,以致工具理性成功地成为现代社会的主宰,价值理性日趋式微,德性越来越被放置于现代社会被遗忘的角落,以致物质繁荣、精神空虚,"不知为何活着",人生的意义感丧失。这种取向渗透于教育实践中,就是我们试图分析的教师德性失落原因,教师在工具理性的影响下(包括功利化)把教育的目的、方法、课程、教学等都按照其是否实用、是否有功利价值再来进行改造,进行教育的过程成为满足最大多数人最大欲求的过程,由此我们看到教育充斥的过度竞争、过度压

[①] 石元康.从中国文化到现代性:典范转移?[M].北京:生活·读书·新知三联书店,2000:44.
[②] 海德格尔.人,诗意地安居——海德格尔语要[M].郜元宝,译.上海:上海远东出版社,1995:149.

迫、过度商品化的气息,教育成功地成为造就势利、贪婪之徒的场所。而教师就成为势利、贪婪的直接推手,在自己成为精致的利己主义者的前提下,成功地把这些观念复制给学生。利己主义主要着眼于自己的利益最大化,以快乐为原则。利己的"快乐主义的原则是指个人把他自己的最大幸福当作其行为的终极目的。利己主义是这样的人,'当他面临两个或更多的行动方案时,他尽可能确定每一种行动方案可能导致的快乐与痛苦的量,并且选择他认为将给他带来快乐大于痛苦的最大余额的行为。'其中的痛苦和快乐分别包括所有的合意和不合意的感觉。"①

当然,也有教师自己功利化,却在学生面前故意展示出崇高的德性修养,这种令人作呕的表演往往不会掩藏得太深,作为道德伪善的表现总会在实践中"露出原形",一旦其本来的道德形象被发现,会导致学生的德性在上行下效中加速下滑。显然,当代教育也迎合了工业社会中的技术需求,培育没有自由能力的单向度的人,而且宁愿不教导人追求自由,也要追求一种充分满足欲望,无须考虑德性的低俗生活,只要功成名就、欲望满足,无须过问德性是其教育目的的真实写照。

技术的统治使现代社会成为一个"无德"的社会。在弗罗姆看来,现代科技和生产创造出大量的物质财富满足了人们的生活需要,同时给现代人提供了无数逃避自我存在的途径——从电视到镇静剂,使他们忘记了自身正逐渐失去生活中最有价值的东西。技术之人代替德性之人,成为人的终极追求。"由于这个技术的意志,一切东西在事先因此也在事后都不可阻挡地变成贯彻着的生产的物质。地球及其环境变成原料,人变成人力物质,被用于预先规定的目的。"②这就是"现代技术的全面统治"。

教师受到工具理性、效率主义的巨大制约,只关心知识传授的速度和效能,忘记了需要培养的是"人"。教师德性也就从成"人"这一本体规定下降为塑造知识人。教师只负责按照相关规定,传道授业解惑,传的是书本之道、讲授的是规定好的课业、解决的是学生在接受这些道理过程中产生的问题。通过做这些既定的程式化工作,获得可以养家糊口的稳定收入。而学生把这些

---

① 戴兆国.西方道德哲学著作解读[M].合肥:安徽人民出版社,2008:236.
② 冈特·绍伊博尔德.海德格尔分析新时代的技术[M].宋祖良,译.北京:中国社会科学出版社,1993:25.

东西吸纳后去应付各种考试,成为成绩的佼佼者,从而达到教育系列中的高位,以用来获得奖学金、重点大学入学机会、三好学生称号、优秀学生身份等外在利益,而教育的本体——成"人"却早已被遗忘。大家都把教育当作工具——满足某种欲望的桥梁而已。拯救这种危机的途径是重新审视教育的道德性,扭转技术化的人的塑造,着力培育具有德性的人,这要求教育的理念有根本的革新,即从适应论的教育转变为超越论的教育,从社会的"应声虫"转变为社会具有自由人格的主体。

鲁洁对当代教育受工具理性影响的人的评价是:"实证性思维成为人们把握一切事物现象(其中包括人自身)的惟一的,也是普遍的思维方式。……根据这种思维模式作出的人性假设,人也就只能成为诸如'生理人'、'心理人'、'社会人'、'经济人'、'知识人'等等支离破碎的、片段而非本质的存在,从而消解了人所具有的那种'是其所是'又'是其所不是'的独特性,而仅仅把人视为'是其所是'的与物同性的单向度的存在。"①由于受到社会工具理性和技术理性的深刻影响,教育就渐渐呈现出工具化和技术化的特征,教师就成为推进这一异化的"帮凶",教师的高尚德性也就难以生成。由此可见,现代性背景下,普遍强调工具理性,忽视价值理性,表现在教育中就是重视知识技能传递以及显见的成绩、排名、升学率、学习收益等,忽视人的完整德性培育。这是导致教师德性迷失的价值原因。

(二)德性的真正根基:价值理性

为了分析教师德性的影响因素,在工具理性与价值理性的探讨基础上,尚需分析人的德性与人的理性的关系。应该说,德性属于理性范畴,把德性看作是理性的,曾经大大推进了人类事业的不断开拓前进,通过探索德性的知识从而减少了盲目、冲动,因而德性之知识是德性养成的起始诉求。但是,物极必反,我们也要警惕的是,过于强调人的德性认知、把认知当作德性的全部和评价一切的绝对标准往往也会导致一些片面的弊端,把握不住德性的根本,黑格尔是理性主义的集大成者,把理性主义古典哲学推到了精神的最高峰,但这也是叔本华、尼采、柏格森等人强调人的非理性的重要原因。对此可作简要

---

① 鲁洁.道德教育的当代论域[M].北京:人民出版社,2005:13.

回顾。

在历史上,很多思想家把具有理性看作是人的德性本体,乃至把人定义为理性的动物。古希腊苏格拉底、柏拉图和亚里士多德都认为理性是人的本性。西方传统的德性观有一种基本认识是:"人是理性的存在物,把理性作为德性的起源和基础。"苏格拉底、柏拉图、亚里士多德等人都对此做过论述,认为通过理性才能探寻人性,而人性的核心是"至善",持有理性德性论。① 例如,苏格拉底说:"知识即德性,无知即罪恶。"每个人在他有知识的事情上是善的,在他没有知识的事情上是恶的。所以,"无人有意作恶"。德性即知识,这是理性德性论的肇始。

在理性德性看来,人的理性优于非理性,因为只有理性才能去把握实在的本质,达到永恒。苏格拉底的理性主义被亚里士多德以本体论的方式加以强化。亚里士多德认为,"没有任何东西比理性更属于人的了",因为人具有理性,他才能把自己与动物区分开。西塞罗也认为人"天生具有理性"。奥古斯丁把人看作是上帝创造的,而上帝创造人的整个躯体、体形和身材,都是为有理性的灵魂而作的。近代的理性主义思想家也认为理性、思想是人的本质。② 康德说:"真正的道德德性(或者道德规律)出自于人所独有的纯粹的理性。"在其《实践理性批判》中,旨在为自我立法,追求德性与幸福、理想与现实的统一,这种统一就是走向人之本性——至善。对此,笔者不禁要问的是,人之德性都是基于理性的吗?是不是也有意志、情感等非理性的冲动,是理性与感性的合体,两者共同构成了德性的源泉。这是我们需要继续探讨的问题。

正是因为古希腊开创的理性传统过于强盛、过度抬高了人的理性可能性,造成机械僵化窒息的弊病,并对人的丰富的德性形成了某种压制,卢梭作为浪漫主义的代表,对理性才开始表示怀疑,他竟然说道:"理性欺骗我们的时候是太多了,我们有充分的权利对它表示怀疑……"他相信"良心从来没有欺骗过我们,它是人类真正的向导;它对于灵魂来说,就像本能对于肉体一样"。③

尔后关于理性的反思和批判慢慢形成气候,这其中对现代理性的基础——工具理性的批判击中要害。这首先反映在文艺复兴后,现代性的兴盛

---

① 王国银.德性伦理研究[M].长春:吉林人民出版社,2006:145-150.
② 夏甄陶.人是什么[M].北京:商务印书馆,2000:158.
③ 卢梭.爱弥儿——论教育[M].李平沤,译.北京:商务印书馆,1978:411.

导致以科学为基础的工具理性,在对科学理性的批判方面,费耶阿本德对此作了深刻探讨,指出"科学和神话之间的相似委实令人惊讶"。费耶阿本德不否认,科学曾经是反对专制和迷信的先锋,是科学使我们能不顾宗教信仰而扩充了知识和智慧的领域;正是科学使人性挣脱了传统的思想桎梏而得到了解放。① 但科学被置于超越于一切价值的中心,被灌注到社会的一切领域,成为统治的中心,德性的完整性就被割裂了,与此相对的价值理性就逐渐被边缘化了,这是费耶阿本德坚决反对的。

马克思·韦伯、利奥塔、福柯等人对理性的批判打破了人们对理性的迷梦,他们认为当前具有统治地位的现代性背景下的理性主要是工具理性或技术理性,价值理性本身越来越边缘化。从工具理性出发,其视域下的人是被抽取了内在丰富性的单一科学化的人,是被当作不具有自由禀性的物品和达到其他目的的工具,而对康德的"人本身就是目的"的告诫越来越弃之不顾。

我们认为,基于理性来看待人的德性,往往抑制了人的非理性或感性方面,把人完全看成按照理性确定的方向前进,排除了偶然、不确定的方面,即不符合人的德性,也不符合历史中的人的行为,"实际上,单靠理性绝对难以产生积极作用;有时候理性仅仅只能抑制人们的活动,在更少的时候,理性虽然能够刺激人们的行动,但是理性从未完成任何伟大的任务"。其次,教育必须面对人本身,"人以一种全面的方式,也就是说,作为一个完整的人,占有自己的本质"。现实问题是,当代教育在科学理性的控制下,只强调知识和技能的灌输,忽视了如何做一个完整的"人",即如何才能成为德性之人。

(三)工具理性背景下的社会功利化与德性危机

中国是一个饱受磨难的民族,历史上的外族入侵、皇权专制、三纲五常、战争频仍等使得百姓生灵涂炭,似乎极少有机会成为一个自由的人。就像鲁迅揭露的,封建社会只有两种遭遇,一个是坐稳了奴隶,一个是欲为奴隶而不得。人民的悲惨状况由于文化的保守和封建的超稳态而延续了两千多年。近代的民族解放运动使中国获得了民族独立,救亡的历史使命完成后,主要的工作就

---

① 王书明.科学、批判与自由:费耶阿本德有限理性论研究[M].哈尔滨:黑龙江人民出版社,2004:134-135.

是人的现代化基础上的社会现代化的实现,但我们却走过了太多的弯路,"左"倾政治错误的泛滥成灾大大延缓了自由人的实现。而当前汹涌澎湃的经济现代化中,现代化的精神招致迷失,人们已经过快地陷入了经济潮流的漩涡,功利化凸显并弥漫于教育实践中,成为教育者难以摆脱的新的"奴役者",教育成为利益角逐的工具,成"人"的精神诉求早已被抛诸脑后。而在社会从农业社会到工业与信息社会、计划经济到市场经济的时代变革中,没有个体的德性保障,就不会产生健康的市场经济,市场经济迟迟有名无实又会不断扼杀人的德性,个体德性所达到的程度,是衡量社会主义市场经济体制的完善程度的标准之一。教育如不能在这种时代诉求中把握方向,甚至与市场经济建构中的负面因素同流合污,只会延缓个体德性实现的历程。

对于市场经济与道德情操的悖论关系,亚当·斯密在写作《国富论》的时候,就已经觉察到,并且写了《道德情操论》,认为在追求利益和财富的同时更要确保道德情操,用高尚德性制约利益的获得,他在其中系统地阐述了自己的美德理论,即"美德是公正的旁观者根据社会的普遍道德规则所推崇和赞美的那些品性;主张从同情原理推演出一切道德情感,并将公正旁观者中的同情感作为判定情感合宜或适当的标准;提出审慎、正义、仁慈和自制四种美德"[①]。以此试图对实行市场经济可能导致的负面因素进行制约,防止社会成为不讲道德、尔虞我诈、只知发财致富的"缺德"社会,威胁到人类德性的涵养,其找到的路径是,在追逐财富的同时培养美德,使财富的增长建立在美德不断完善的基础上,这样就能把握两者的平衡。只可惜,我们当前的社会变革并未充分注意到这个问题。中国社会在改革开放后,从传统社会中走出,在使人从宗法、纲常伦理、尊卑等级中解放的同时,其实又给人带上了新的枷锁,即"物质幻象"作为控制人心灵、使人被物奴役的因素日益凸显。它主要表现在物质宰制、市场崇拜、消费社会背景下德性精神式微中。现代社会成功地不断膨胀人的贪心欲望,激发享乐的冲动,使人膜拜于"物"的石榴裙之下,认为尽可能"攫取""占有"才是硬道理,而不再把如何成就德性当成人生的根本,把德性当成人之所以为"人"的本体已经成为遥远的过去。

1.功利化时代人的德性困境

随着社会转型期的到来,人的物质欲望被市场化社会加速激发,德性追求

---

① 侯红霞.亚当·斯密美德思想探析[J].理论界,2011(3):98-100.

越来越被边缘化,精神被掏空,意义和价值问题逐渐成为时代的主要问题。弗洛姆曾经批判当代西方社会过度重视物质欲望的满足导致精神危机,"今天的问题并不在于上帝是否死了,而在于人是否死了。人,我此处不是指物质上的人,尽管他也遭到威胁,而是指精神上的人。不管人是否尚未成为和正在成为一个自动机,最终留给他的将是一副完全空虚和没有生机的躯体"①。他所言的社会背景是现代性背景下的西方社会现状,但正好适合描述当下中国急剧转型中的社会现状。由于中国长期遭受的侵略和发展中的曲折,现阶段仍然处于从前现代到现代的转型中,在马克思所言的人类社会三阶段的划分中,"人的依赖阶段"已经过去,"物的依赖阶段"正在进行但尚未完成,从而落在了西方的后面。因此,西方近现代哲人充满智慧的论述,对我们正确面对和解决当前中国的教育问题有重要的启示,中国现在正在遭受的问题多已经发生在西方,而西方社会的问题在中国也已有诸多表现,例如,当代很多国家急切地想推动国家经济发展,国家日益将培养学生的经济生产力作为主要目标,而不是培养他们的批判性思维能力,让他们成为有知识、有道德、负责任的公民。② 而且这些政策似乎正在逐步展开,人的危机在中国变得日益凸显,教育如何面对现实、引领符合人性诉求的"新"人的成长,这一问题需要重视。

在物欲横流的当今社会,德性的危机存在于社会的各个角落,人们眼中追求的是短期的直接的物质满足,并在这种满足中使得欲望不断膨胀,"德性的提升、精神的涵养"成为不值一提的无用的摆设,人自甘为奴,被欲望填满,且不可救药。早在七十多年前,哲学大师雅斯贝斯就曾一针见血地指出纳粹即将获得全面统治时的社会状况:"在群众秩序的生活中,大多数人的教化,倾向于迎合普通人的需要。精神因其散漫于群众之中而衰亡,知识则由于被合理化地处理到让一切浅薄的理解力均能接受的程度而贫困化了。这一普遍降格的过程,表明了群众秩序的特征,造成了有教养的阶层消失的趋势,这个阶层中的人曾是由于连续不断的思想与情感的修养才造就而成的,他们因此而被赋予精神创造的能力。群众的人很少有空余时间,他所过的生活也不同整体相适应。他并不想要作出什么努力,除非有一个具体的目标,并且这个目标是

---

① 弗洛姆.人的呼唤——弗洛姆人道主义文集[M].王泽应,刘莉,雷希,译.上海:生活·读书·新知三联书店,1991:74.
② 努斯鲍姆.告别功利——人文教育忧思录[M].肖聿,译.北京:新华出版社,2010.

可以用实用价值的词语来表达的。他不会耐心地等待事情的成熟,每一件事情对他来说都必须提供某种当下的满足。甚至他的精神生活都必须服从于他的转瞬即逝的快乐。正是出于这些原因,文章采取了文学的通俗形式,报纸取代了书籍,散漫随意的阅读取代了对那些能够陪伴终生的著作的仔细研读。人们的阅读快速而粗率。他们要求简明,但不是要求那种能够形成严肃思考的出发点的简洁与精练,而是要求那种迅速提供给他们想知道的内容并能同样迅速地被遗忘的资料的简洁。读者同他的读物之间不再有精神上的交流。"①仔细分析这段话,就可以惊叹雅斯贝斯透彻的观察能力,庸俗、趋媚、弃德的时代来临了,德性被迫隐退了,取而代之的是没有心肝、随大流的"群氓",这是个人德性彻底丧失的法西斯主义兴起的前兆,也是政治"狂人"趋于掌握一切权力的端倪。

而且"教师们在缺乏任何统一的教育思想的情况下强化着自身的努力;论教育的新书层出不穷;教学技巧持续地扩充。今天,单个的教师比以往任何时候都更是一个自我牺牲的人,但是,由于缺乏一个整体的支撑,他实际上仍是软弱无力的。而且,我们的状况所独具的特征似乎是,具有实质内容的教育正在瓦解而变成无休止的教学法实验,这个教育的解体所形成的是种种无关宏旨的可能性。人们为自身努力争得的自由正在消散而成空洞无效的自由"②。雅斯贝斯这里指出的"统一的教育思想"就是指自主探索"大全"德性的教育思想。这其实也反映了我们当下时代在教育问题上的不安情形,即远离了应有的教育德性,被物欲侵蚀和破坏。

马克斯·韦伯关于现代社会精神基本状况的判断是,社会正在走向没有德性、缺少信仰的群氓时代,"一个基本的事实,即他注定要生活在一个既没有神,也没有先知的时代……我们这个时代,因为它所独有的理性化和理智化,最主要的是因为世界已被除魅,它的命运便是,那些终极的、最高贵的价值,已从公共生活中销声匿迹,它们或者遁入神秘生活的超验领域,或者走进了个人之间直接的私人交往的友爱之中……今天,唯有在最小的团体中,在个人之间,才有着一些同先知的圣灵(pneuma)相感通的东西在极微弱地搏动,而在

---

① 卡尔·雅斯贝斯.时代的精神状况[M].王德峰,译.上海:上海译文出版社,1997:108-109.
② 卡尔·雅斯贝斯.时代的精神状况[M].王德峰,译.上海:上海译文出版社,1997:95-96.

过去,这样的东西曾像燎原烈火一般,燃遍巨大的共同体,将他们凝聚在一起。"① 每个人都是原子化的个人,为了自己的利益和欲望而奔波,社会已经被割裂,没有共同体可以依靠,社会倡导的价值观是自由主义背景下的价值相对主义,只要不伤害别人,可以我行我素,以致道德危机日益突出。

2.德性困境在当下中国德育中的表现

这种景象用来描述当前的中国社会正好适当,当代价值精神的缺失导致社会的道德危机和个人的价值观混乱。有专家尖锐而深刻地指出:"几十年过去了,这种不断世俗化或现实化的德育趋势至今仍然意犹未尽。"② 我们仍然陶醉于这种简单的反动,尽管历史已经走过了很长很复杂的一段历程,当市场经济大潮已经使人们普遍感到价值失范、精神危机,大声疾呼"穷得只有钞票"的时候,中国现代化进程中已经产生与世界接轨的精神危机的时候,无价值感的"世纪病"在中国土地上也有所滋长的时候,人们仍然执着于一些简单的道德规范的建构。

目前中国社会的德性危机是以信仰危机为内核的,而我们的德育由于德育目标的节节后退而没有对此引起足够的重视,其重要表现就在于重视"规范"而忽视"关怀"。③ 教科书式的德育体系仍然喋喋不休地讲述着什么是美好的道德品质,通过典型个案、引诱劝导(接受这些规范可以得到的"好处")来灌输"优秀"道德。道德应该以关怀人的心灵成长为重心,促进个体学会自由地诗意地行走于世界中。其实,人类历史早就以无数事例一再验证了理想一旦世俗化、功利化与具体化,成为工具化的存在,就会造成道德普遍滑坡、社会风气败坏的极其严重的后果。

中国在以经济建设为中心的时代背景下,似乎正在大踏步地进入这个危机,而且更为糟糕的是,西方不断被人批判、要求其死亡的上帝仍然在现实生活中成为人们的精神支柱,诉求的精神是我们都是上帝的子民,要求自由平等博爱,中国连这点文化遗存都无以凭借,只得把孔夫子的尊卑伦理、仁义孝悌

---

① 马克斯·韦伯.学术与政治:韦伯的两篇演说[M].冯克利,译.北京:生活·读书·新知三联书店,1998:46、48.

② 姚亚平.社会精神资源的整合与开发:论当代中国社会的共同理想[M].南昌:江西人民出版社,2002:69-70.

③ 檀传宝.信仰教育与道德教育[M].北京:教育科学出版社,1999:5.

拿来灌输进国人的头脑。而儒家德性尽管对当前社会的道德建设有一定借鉴价值,但其仁义孝悌的精神已不适合当代社会的伦理需要。中国道德教育的核心应该从仁义转换为正义。①

3.教师德性危机的时代表征

在经济统帅一切的社会中,人们处处用利益的标杆进行算度,唯GDP主义盛行,在以经济建设为中心的口号下,教育成为经济的一个部门,对教师的考核不是注重教育内涵和质量,而是满足于可以量化的数字,教师不是为了学生德性的自由成长而辛勤劳作,而是为了在数字的阶梯中获得较先的位置,好位置的获得意味着名利收益。就这样,现代教师似乎逐步走进一种德性迷失和空虚的处境。"我们比以前更富有了,然而,我们缺少自由;我们比以前消费得多了,然而,我们却更为贫乏空虚。"②教育越来越成为经济跃进的工具,教师把学校作为自我利益谋划的场地,把学生当作利益获得最大化的工具,一切以利益为核心。没有了批判和反思的精神,教师就既是功利化行为的受害者,又是推动者,功利化教育奇特地让自己成为伤害自己本性的人,成为除了可以量化的带来名利的数字外,再不会自由地打开完善自己德性的大门。

凝思当代人生存的现状,难以否认的是,当代社会欲望的无限膨胀,人的过度贪婪导致了严重的精神危机,获得更多的地位、赚取更多的金钱、打败竞争对手成为很多人奋斗的方向,教养性的教育在当代为什么消失了,因为功利化已经渗透了教育的方方面面,玛萨·诺斯鲍姆说:"人们常常用低层次的功利性术语来讨论教育:我们该如何培养出受到良好技术训练的人以便在全球市场中抓住'我们的'份额?因为迫切追求利润,对民主的未来非常重要的价值正面临丧失之虞。追逐利润的动机使得大多数关心教育的政客认为,科学技术是至关重要的。"③同时,教育的"决策者们认为,人文学科和艺术都是无用的装饰,一个国家若想保持在全球市场中的竞争力,就必须砍掉一切无用之物"④。以致教育中有助于培养学生德性的科目不断被削减,能够带来经济利

---

① 张洪高.从仁爱到正义:中国道德教育核心价值的转变[D].济南:山东师范大学,2007.
② 弗洛姆.人的呼唤——弗洛姆人道主义文集[M].王泽应,等,译.上海:生活·读书·新知三联书店,1991:80.
③ 玛萨·诺斯鲍姆.为了利润的教育,为了自由的教育[J].吴万伟,译.复旦教育论坛,2010(3):29-33.
④ 努斯鲍姆.告别功利——人文教育忧思录[M].肖聿,译.北京:新华出版社,2010:3.

益的科目则迅速扩张,科学与技术的教育被提到非常高的地位,而文史哲却因为"无用"而废弃在教育内容的角落中或者只是做些点缀,甚至一些老师张扬"只要能赚钱,就是有出息的学生"。同时,日常的教育生活中也充满了铜臭味,教师与学生的关系有逐渐异化为马克思所批判的"赤裸裸的金钱关系"的危险——一切为经济增长服务的教育使得每个教育者都成为利益的追逐者,教师的德性几无存身之地。

过度的竞争贯彻进教育实践中,学生拼命为好分数、好大学而努力,教师拼命为教学业绩和利益而明争暗斗,教师的眼中只盯着分数和成绩,学生的眼中也完全没有了自我的存在,应试教育的顽症经历二十年的呼吁、政策、实践的怪圈之后仍然近乎原地踏步,与过度的教育竞争不无关系,竞争的目的显然是在当下谋生的阶梯中占据高层次的位置。这导致功利导向的教育理念大行其道。

看看下面的教育者的让人汗颜的行为,就可以体会教师德性在某些人身上已经沦落到何种田地:

北京师范大学教授董藩在微博上说,他对他带的研究生提出了这样的要求,"当你40岁时,没有4000万身价不要来见我,也别说是我的学生"。无独有偶,云南大学副教授尹晓冰开50多万元的宝马上课,有七八个手机号码,是3家上市公司的独立董事,在一次全国性的研讨会上,他"善意地提醒"大家称:大学教师全心投入教学是一种照亮别人的自我毁灭。事实上,教师身份及职责错位的现象在今天似乎"屡见不鲜":知名教授亲自给本科生上课反而成了"新闻";大学教师忙于论文、课题、项目、走穴……上课反倒成了"打酱油"。教授、导师被冠上了"老板"的帽子,就是这一情况的真实写照。①

南方周末报道长沙多家补课培训中心的学生,是被自己的老师"卖"给培训学校的。班主任每年能拿10—20万"人头费",年级主任与校长每年能拿到30—40万回扣。有培训中心每年送给教师的回扣费用达一千万。家境贫困的学生由于交不起补习费,在这场比拼资源的赛跑中掉了队。②

更奇葩的是,复旦大学称有人假冒该校老师欺骗考生修改志愿,更有教师

---

① 高校不寻常事件层出不穷 折射中国教育深层问题[N],http://teacher.eol.cn/re_dian_ping_shuo_58/20110704/t20110704_644110.shtml,2013-7-4.
② 陈军吉.向学生推销补习班有暴利 教师拿回扣,十万元一年[N].南方周末,2011-5-30.

在微博上直指"李鬼"来自上海交大。上海交大则紧急回应,称不存在上述行为。且不论真相如何、谁是谁非,这样的过招,在某种程度上折射高校招生时争夺优质生源的乱象。从自主招生的"北约""华约"抱团"掐尖",到去年北大、清华公布的新生状元数相互"打架",高分考生作为稀缺资源,使得一切以优质生源为先,这样的认识本身正佐证着对于教育结果的功利化评判和对于教育本质的功利化认知。① 更恶劣的有,华南理工大学计算机学院研究生考试复试成绩被院长等人私下篡改的新闻,②这深深地刺痛了每个寒窗苦读的学子的内心,使人们怀疑教育的德性何在?

"我们的老师们和学校都干了什么呢?幼儿园的老师会因为没有送礼而不给学生小红花;小学的老师会因为没有送礼而当众羞辱学生;中学为了升学率把所有体育课和课外活动取消,无人再提素质教育,培养出一个个'豆芽菜'和'考试机器';大学为了增收疯狂扩招,培养出无数个'半成品'找不到工作还要'被就业'。像奥数这种摧残儿童灵魂、人格的丑陋东西,也因为金钱利益被大张旗鼓地释放出来,坑害了无数学生。"

只要是处于当今教育场域,任何教师和学生恐怕都会体验到教育彻底被功利化的现实,教师和学校有时完全把学生的成"人"抛掷脑后,行为的动机滑落到"一切向钱看"的地步。教育本来是促进人的发展和成长,促进学生的自我实现的,而非通过控制个人来为国家、地方、学校、教育者的利益服务,因为这无异于贬低教育,把青年一代自由幸福成长的渴望扼杀在别人实现私欲的工具的摇篮里。"如果你把教育视为控制他人的工具、图谋经济势力的本钱,那么你就找错门路了,应该马上辞职。天底下让上帝最愤怒的莫过于操纵青年、断送他们的指望、利用他们来图谋自私的打算。"③

(四)无休止的功利竞争进一步妨碍了德性的培育

在一切迈向功利化的社会中,竞争基本处于一种无序状态,竞争的理由基于谋生——更好地生存于这种无序、残酷竞争中的以消费为目的的社会,"谋

---

① 上海名校为抢生源爆口水战 党报痛批教育功利化[N].人民日报,2011-7-4.
② 第一名被改成不及格?网曝华工8名考生考研成绩遭篡改!校方回应:涉事4名教师已停职接受调[EB/OL].http://finance.sina.com.cn/roll/2019-02/15/doc-ihqfskcp5389458.shtml,2019-3-6.
③ 孙志文.现代人的焦虑和希望[M].陈永禹,译.北京:生活·读书·新知三联书店,1994:151.

生"的理由成为压制人精神自由、寻求德性的障碍,而实际问题是不断追求物欲的满足和享乐成为主宰人们行为的动力,无论我们做什么我们总是被假设为"谋生",这就是社会的定论,想超越谋生目的的人急剧减少。① 教师作为这种社会中的成员,如果没有坚定的教育精神指引,很容易与其同流合污,把神圣的教育工作作为自我贪婪欲望满足的工具,一切以能否带来更多利益为行为取舍的标准,教育本身没有了精神,没有了德性,反而成为名利场。

这种经济中心主义的模式把人彻底功能化了,人成了消费的奴隶,不断被新的欲望牵引,找不到生活的价值所在,空虚而焦虑地行走在大地上。以致海德格尔在晚年提出"人,诗意地栖居"的人文理想,这种理想就是"拯救大地,接受天空,期待诸神,引导自己",人的诗意栖居只能在人所逗留的物中实现,"让物作为物而存在"②,以此试图挽救德性异化、精神式微、人文颓败的窘境。

教育在经济中心的背景下,"忙于"配合经济建设,教师更为关心的是让学生掌握更多作为工具的知识和技能,以便能够为"欲望的满足"这一目标提供资本。这样的教育本身已成为经济谋划的工具,它要训练的不是拥有作为"至善"存在的德性的人,而是通过种种手段激发人的无限贪婪欲望,它不是满足需要,而是制造需要,它不是让人更幸福地更美好地生存于大地上,而是故意设置欲壑难填的陷阱,引诱纯洁的人跌落,或者大力吹嘘说陷阱里的人最幸福……显然,当前的教育是排斥所谓"不实用"的德性涵养的。

不仅限于此,学校里几乎只是关注最大程度、最高效率地灌输知识,马斯洛批判道:"有压倒多数的教师、校长、课程设计者、学校督察,他们的工作主要是让学生得到在我们工业社会所需要的知识。……他们主要关心的是效率,即灌输最大数量的事实给最大可能数量的学生,用尽可能少的时间、费用和人力。"③而他们忘记了教育的精神所在,"教育的功能,教育的目的——人的目的、人本主义的目的,与人有关的目的,在根本上就是人的'自我实现',是丰满人性的形成,是人种能够达到的或个人能够达到的最高度的发展"④。这些德性诉求的东西都完全没有了地位,成为教育中可有可无的点缀。

---

① 汉娜·阿伦特.人的条件[M].竺乾威,等,译.上海:上海人民出版社,1999:111.
② 刘敬鲁.海德格尔人学思想研究[M].北京:中国人民大学出版社,2001:276.
③ 马斯洛.人性能达的境界[M].林方,译.昆明:云南人民出版社,1987:181.
④ 马斯洛.人性能达的境界[M].林方,译.昆明:云南人民出版社,1987:169.

我们应该采取一种有利于教师德性生成的社会机制,减少和弱化每个人之间的恶性竞争。减少普遍存在的不安全感,营造个体德性生成的社会环境。这种社会机制应该努力体现三种功能:第一,缓解人在社会中的紧张、焦虑情绪,使人们的心灵趋向平静,远离烦躁、空虚和无助。第二,使人们的注意力更多转向美好的人际关系建构,而不是物质财富的疯狂占有。第三,充分进行价值引导,在社会中树立崇尚美德的风尚,以德为本,抛弃以利益和欲望为本。①

综合来看,我们当前遭遇的德性困境就在于,中国现代化进程过于注重物质层面的现代化,而道德层面的现代化却非常艰难,缺少相关人文精神资源的支撑,对人的启蒙也未完成。正如许多西方学者如韦伯、卢卡奇等人所揭示的那样,由于在现代化过程中价值关怀(价值理性、乌托邦的冲动等)的消退、丧失、耗尽,人们在与物(工具理性、商品、理性机器等)的关系中,在生产物质财富的活动中已慢慢丧失了其主体性,"自我"成了衡量一切价值的标尺,使价值相对主义和价值多元化的人潮席卷了整个20世纪。② 这种社会境况使得教师不可能脱离社会,独善其身,德性被边缘化也就难以避免。

二、教师德性危机的现实原因:市场化社会的不健全

(一) 市场化社会的道德危机

1978年十一届三中全会的召开,逐渐确立了以经济建设为中心的新的政治核心工作,掀起了改革开放的新征程。当前社会正在加速推进市场经济,以经济建设为中心导致其他方面的建设被边缘化,社会的核心特征体现为一切都可以用经济指标来衡量,社会的各种关系靠金钱来维系,笔者把其称为市场化社会。市场经济正在加速推进,但相关正义合理的制度建构以及民主的政治进程的缓慢,使得社会的价值观念出现多元化趋向。人们似乎不再被政治的"铁链"牢牢束缚,有了更多的自主性,人的解放问题也被逐渐放开,以人为本的理念获得意识形态的认同。但是,恰恰是因为有了自由选择的权利,"人

---

① 赵永刚.美德伦理学:作为一种道德类型的独立性[M].长沙:湖南师范大学出版社,2011:191.
② 彭新武.复杂性思维与社会发展[M].北京:中国人民大学出版社,2003:324.

们在自由选择去发展自己的偏好时,更多的人总会发展在价值上比较平庸的东西,而各种价值又被认为是平等的,因此,为大多数人所'喜闻乐见'的恶俗价值就会具有更大的竞争力而获得成功"①。少数人在经济压倒一切的社会氛围中尚能独善其身,更多的人则随波逐流,越来越以实际利益为本位,趋向于追名逐利,个人的拜金主义价值观正在日益深入地影响每一个人,导致道德逐渐被边缘化,社会整体道德价值观出现令人揪心的境况。这其实反映了物质利益与道德情操的难以两全,"一个国家里尊重了钱财,尊重了有钱财的人,善德与善人便不受尊重了"②。

这种过度的功利化追求是以价值相对主义和虚无主义为背景的,前者认为价值选择是个人权利,只要不伤害社会他人,任何价值选择都是可行的。后者主要否认人生意义,也就是人生在世的基础、目的和价值等无法给予最好的判断,没有崇高,也没有低俗,在价值选择上怎么都行,无可无不可。"虚无主义意味着什么?——意味着最高价值自行贬值。没有目的。没有对目的的回答。"虚无主义者"从现存的世界出发断定,这个世界不该存在,而且,从那个本应存在的世界出发认为没有这样的世界。这样一来,生命(行动,受动,意愿,感觉)就没有任何意义了"③。既然一切崇高的价值都变得虚无,那么追逐实利,满足欲望,今朝有酒今朝醉、过把瘾就死等及时行乐的低俗文化就占据了主流,统治了人们的行为和心灵。教育如果找不到自身存在的根据,也就堕落为经济竞争的一个筹码,一种为个人带来更大欲望满足的资本。教育的事实不幸地印证了这个推测,甚至有过之而无不及。

在当代中国文化中,传统的价值即儒家文化体系已经崩溃,新的价值体系尚未建立,在不健全的市场经济的催发下,人们的精神空虚,价值混乱,价值观念呈现多样化。如传统的节日变味,追星一族盛行,芙蓉姐姐、超级女声、江苏卫视节目《非诚勿扰》的赤裸裸媚俗等,反映了庸俗的生活方式的流行。不仅如此,人们正常的生活准则、道德规范也被消解,由于以往着力推崇的单一价值观的自行消解,当前社会缺少统一的道德信仰,人们找不到值得奉献一生的最高价值目标。于是,人们生命存在的价值尊严难觅,生活的意义呈现为空

---

① 赵汀阳.论可能生活:一种关于幸福和公正的理论[M].北京:中国人民大学出版社,2004:153.
② 柏拉图.理想国[M].郭斌和,张竹明,译.北京:商务印书馆1986:322.
③ 尼采.权力意志——重估一切价值的尝试[M].张念东,凌素心,译.北京:商务印书馆,1991:270.

白。一切都可以做,一切也可以不做;一切都无所谓,一切似乎仅是游戏而已。现代人于是陷入价值与意义难定的虚无世界之中,这种状况尤其表现在青少年身上,使得青少年价值观混乱,德性危机凸显。教育就是年轻一代获取更多物质利益的阶梯,而不再是修身养性、提升做人品质的家园。

当前,国家的核心工作以经济建设为中心,以 GDP 为本位,而个人的物质欲望不断被唤醒,以发财致富、生活富裕为中心的全民拜金热成为时代主流,在很多人心目中,幸福就是赚取更多的金钱。金钱的占有是人们评判是否成功的基本因素。同样的,国家的管理体制也以市场经济为中心,GDP 成为考核核心指标。伦理学中"德福一致"的核心原则被"钱福"一致代替,这种改变必然导致道德作为人的追求核心异化为利益作为追逐中心。道德逐渐边缘化,老实人吃亏的基本现实使得越来越多的人不讲诚信,不愿做有德之人,反而金钱和权力成为大多数人不择手段追求的目标,人们为经济利益最大化而拼命努力,社会关系也逐渐异化为我们曾经批判的赤裸裸的金钱关系。"如果在某个社会,对外在利益的追求变得压倒一切,美德的概念起初可能是其本性被改变,然后可能几近被抹杀,虽然其影像可能还很丰饶。"①这样的"逐利弃德"情形之所以产生,其实反映了利益压倒一切后的必然逻辑,越来越多的人感受到"从不正义那里比从正义那里个人能得到更多的利益"②,社会都已经不道德、不正义,谁还会愿意遵循道德的约束?不道德的社会里面,道德的人能不能生存下去?

物欲横流、钱权至上等思潮在改革开放三十多年后似乎没有被消解,反而越来越成为人的主流价值观,每个人都可以互相利用,人们把社会作为实现自己利益的工具,而不再是需要共同维护的生活共同体。麦金太尔认为"前现代进入现代社会中,发生了一个本质的巨变:即人从社会中抽身,不再认同共同的、内在的'好',不再把社会看成内在的共同体,而是看成保护一己个人的利益追求的屏障","现代道德言论和道德实践只能被理解为来自过去年代的残章断片"。③ 此种现象也反映了自由和解放的时代,一些人在价值自由的幌子下几乎完全没有了道德底线,这应该是我们从社会生活中看到的,它正在侵蚀

---

① 麦金太尔.德性之后[M].龚群,等,译.北京:中国社会科学出版社,1995:248.
② 柏拉图.理想国[M].郭斌和,张竹明,译.北京:商务印书馆,1986:48.
③ 麦金太尔.德性之后[M].龚群,等,译.北京:中国社会科学出版社,1995:139.

着我们的社会道德环境。人们对义务、责任、大公无私、无私奉献、道德理想、理想人生等等都讲得越来越少,而对收入、房子、车子、官位、头衔等重视得越来越多了。

(二)市场化社会的道德危机对教师德性的深刻影响

1.市场化社会背景下的教师失德现象

在当前的以市场竞争为核心特征的社会背景下,人可能异化为纯粹的"功利人"——人生在世的最高目的就是追求利益的最大化,贪图享乐,很多人恨不得多一张嘴、一个胃口、一个生殖器,以满足不断滋生的欲望。在教育生活中,以利益为核心追求的价值观已经全面渗透,体现在师生关系中的就是社会已经出现的拜金主义、享乐主义、极端个人主义等。而且,由于教师的经济收入始终偏低、劳动强度大,"生活清苦、环境艰苦、工作辛苦"仍然是许多人民教师的真实写照。再加上一些不合理的教育利益分配机制和实际存在的社会对教师职业的道德绑架,使得少数教师内心失去平衡,渐渐失去了对教育事业神圣的责任心,仅仅把教师职业当成赚钱获取名利的工具,把学生看成是一种自己利益最大化的"棋子",热衷于对自己带来实际利益或"好处"的教育活动。这样的教师往往不愿履行教师使命,遗弃教师的成"人"职责,德性缺失现象越来越普遍。

教师德性的缺失并非能够简单归结为教师不注重道德修养,而主要是受市场化社会的逐利性影响,一些教师内心的不平衡使得价值取向发生异化,为了成"人"的教育事业异化为为了更富足的生活,而功利者的眼中更好的生活就是不劳而获或者少劳多得,弃道德于不顾,贪图眼前利益和欲望满足,价值取向强调物质利益,放弃精神生活。在利益最大化导向下,很多教师对于教育事业的使命感减退,使学生成"人"的责任心异化,将自己的教书育人的本职工作视为赚取利益的手段。由于教师的日常教学枯燥而辛苦,很难获取可观的回报,一些教师仅仅把其视为留在体制内获得正当身份的方式,在获得这种身份后,一些中小学教师在课堂上不认真,反而在课后辅导补习中非常认真,或明或暗地要求学生在课后补习,以赚取高额补课费。还有的教师收取部分书店的回扣,要求学生到指定地点购买各种试卷或学习资料。这些现象非常普遍。而大学教师则投身更赚钱的"科研"工作,这样不但有利于把丰厚的科研经费转化为个人生活福利,也容易在职称晋升、荣誉赚取、职务提拔等方面获得优先权,可谓一举多得。还有一些教师热衷于"走穴"——给各种辅导班、校外培训机构上课、到其他学校讲学等方式赚钱,而对自己的本职工作却抱着完成任务的心态,大多三心二意,敷衍塞责,不求先进,只要合格,这种现象值得深思。

2.教师德性困境的症结

从上面的分析可知,社会环境和时代风尚对教师德性养成的影响非常巨大。有人认为目前教师队伍存在五个师德问题:其一是"人在曹营心在汉",缺乏事业心;其二是"做一天和尚撞一天钟",缺乏进取心;其三是对待后进生冷漠无情,缺乏热情与爱心;其四是经不起金钱诱惑,物欲熏心;其五是师表意识淡薄,形象扭曲。市场经济的背景下,缺失了崇高与卑下的标准,人们的一切活动都是满足经济利益的需要,教师与学生的关系也异化为消费和赚钱的关系,学生是教育的消费者,教师是提供教育服务来谋生存的人。从事成"人"工作的教师职业也丢失了崇高,仅仅被教师自己和社会视为谋生的职业。教师的教学技能、教学业绩,更简单说就是所教学生的学业成绩,成了决定教师是否优秀的基本标准,至于教师在教育行为中体现的德性则完全不受重视,以致教育不断造就"精致的利己主义者",这些人只想最大程度获得和占有,不愿无私奉献和付出。这种状况下,坚守教师德性会遇到极大的困难。

而与此相伴的是,面对教师的师德缺失,学校的管理者没有对此给予有力的回应,其依然固执地为了学校的升学率,要求教师专心于提高学生学业成绩,或者只限于要求教师遵守所谓师德规范,而教师在价值多元的背景下,经常迫不得已陷入道德冲突中,自己所信奉的价值观念和传递给学生的价值观念往往不一致,以至于教师传递的价值观念不仅难以在学生的内心"扎根",甚至经常自己也对其表示怀疑,难以自圆其说。而且,从教师口中说出的赚大钱娶美女的教育目的论,不交学费不得上学、不完成作业罚款的经济挂帅,以及更恶劣的论文公开买卖、职称评定造假、只交钱即可毕业的无良承诺等无不证明了教育已异化为某些教育者手中"任人打扮的小女孩","打扮"的目的其实就是赚取更多的名利、身份、金钱等,教育远离了之所以为"教育"的精神,完全成了"利益"的侍女。当代教育由于过度强调教育的工具价值而忽略了其伦理精神培育的使命,因当下教育"现实中存在的过度世俗化、功利化、工具化而迷失自身、放弃自我,以致将本应蕴藏的最重要的精神、思想、灵魂都交付于一种他主、外在的目的"①。不断重复既有的满足于知识传递和技能提高的教育模式,这种教育取向看似合乎社会要求,实则偏离了社会发展内在的精神诉求,它没有努力使人摆脱"物"的束缚,去追求精神的自由,而是不断加强这种束缚,追求建立在欲望激发与满足基础上的所谓"自由"。可想而知,这样的教育环境下,教师的德性修养如何可能提高?坚守教师德性又会付出多少代价!

这种教师德性境遇是跟整个社会的价值导向变迁紧密相关的,以经济建设为中心,保证GDP持续增长,使人们物质生活富足是社会设置的前进目标,作为社会的组成部分的教育不可能脱离社会而实现所谓"有道德"的发展,而只能在社会的大场域中把握自身的促进人的个性自由发展的精神,坚持自己的价值定位,而不是与低俗、平庸、实利"同谋",否则,推波助澜的后果是个人与社会的双重危机,人是片面单向度的人,社会是扭曲失衡的社会。拯救这种危机的全部希望显然不可能单纯放在教育的改进——让教师坚守教育精神的根基上,这种危机的出现是一个综合的带有根本性的时代问题,但教师德性的重构和坚守显然有助于这种状况的改善。

教师如何从功利化的"洞穴"中走出是一个时代的问题,这种时代背景让人窒息,处于欲望满足后的空虚和欲望难以满足的痛苦这两种状态中,使教师无法体验"为师"的使命和尊严。对此根本的突破首先在于使教师成为一个摆脱欲望纠缠的德性的"人"。布鲁姆在《巨人与侏儒》中这样写道:"柏拉图式的洞穴图景描述了人类的根本处境。人是其所处时代及场所中权威意见的囚徒,一切人由此开始,大多数人也在此结束。教育就是从这种束缚中获得解放,就是上升到某种立场,从那里能够看到洞穴。"②但是令人遗憾的是当今教育的媚俗也使其自身深陷洞穴,错把意见当知识,陷入有用就是真理、有利益就设法争取的误区,很多教师非但不试图在教育的领地抵制这种功利化的狂潮,回归教育成"人"诉求,培育具有自由能力和精神的完整的人,反而主动与其合谋,把利益无限扩大化作为追求目标,从而"拖拽"着年轻一代深陷于功

---

① 杨建朝.自由成"人":人性视角的教育精神[M].北京:中央编译出版社,2013:4.
② 阿兰·布鲁姆.巨人与侏儒[M].秦露,等,译.北京,华夏出版社,2003:8.

利的"洞穴"。对此进行揭示的目的在于寻找问题的本源,并努力从这种洞穴中找到拯救的希望。

3.教师德性困境化解的可能路径

从上面的分析可以看出,当前存在市场经济不健全的状况,本来"市场"作为看不见的手,可以充分培养人的自主性,也可以培育人的公平、民主、平等、法制等现代伦理观念,但由于我们的文化传统影响和政治体制改革的滞后,导致我们的市场经济不够健全,人们自利性的追求在激发人们的主体性的同时,也使得个人信奉工具理性,舍弃价值理性,也就是功利对道德的逐步侵蚀。这在教育中也体现得越来越充分,教育中一切以所谓效率、结果、功利为评判标准,阻碍了教育道德的提升。经济对道德的僭越现象对教师美德的生成是一种巨大的威胁,教师作为教育实践的主体,无法单独支撑起德性建设的大厦,在社会整体不道德的情况下,强行要求教师具有较高的师德修养,实在是强人所难。"德性与外在利益和内在利益有一种不同的关系。拥有德性(不仅是拥有德性的类似物和德性的影像)就必然可获得内在利益;但完全有可能使我们在获取外在利益时受挫。"[1]由此,如果遵循德性,试图成为德性之人,但却在现实面前屡屡不能获得应有的外在利益,那么,尽管德性可以确保内在利益的获得,仍然对社会每个成员不会有太多吸引力,德福不一致的前提下,再重要的内在利益获得可能都不能挽救社会道德的颓败之势,不可能作为普遍正确的行为规则被接受,特别是在当前的不够健全的市场经济条件下,让人们追求高尚德性而放弃名利的收获,不符合逻辑。尽管"知礼节"需要"仓廪实","衣食足"后才可能"知荣辱",但从社会现实看,"仓廪实"后很多人仍然不会"知礼节","衣食足"后"知荣辱"的人还是不够多。其内在原因,反映了社会需要德性教育,需要人们的道德修养,但也更需要审视社会制度的伦理特性,要求正义的社会制度规则的完善和对人欲望的约束。

总而言之,社会主义市场经济的发展给每个人的道德修养带来了巨大的冲击,这种冲击显然会影响到教师道德层面来。市场经济的深入推进使得教师队伍中也出现唯利是图、拜金主义的趋向。当然,这并不意味着市场经济是教师德性危机的罪魁祸首,不能认定市场经济是道德衰败的诱因,而是不健

---

[1] 麦金太尔.德性之后[M].龚群,等,译.北京:中国社会科学出版社,1995:248.

全、不正义的制度体系导致了社会道德衰败。健康的市场经济其实恰恰激发了人的道德主体性。内蕴于市场经济中的很多价值观念是我们的传统文化欠缺的,只有实行市场经济,促进生产力发展,才有可能带来社会整体德性的提升。例如社会主义市场经济体制要求的公平、正义、平等、民主等观念,就是我们的文化传统中较为欠缺的。因而,我们在道德建设中,应该审视传统道德文化的合理性,取其精华,弃其糟粕,同时吸纳现代市场经济的积极价值,促进道德文化建设。只有首先具备正当合理的制度体系和道德文化,社会道德水平整体提升才会有坚实的基础,教师坚守崇高师德才会蔚然成风。

(三) 教师德性何以式微的"经济人"分析

本来,人的自由和幸福是人性的核心,效率、功利等应该服从人的本性,人的一切活动的目的都是寻求自由解放,过上幸福的生活,这是人类生存于世的终极追求。经济作为直接创造物质财富的活动,是一种获得终极目的的手段,也应该是以促进人的自由发展为目的,是人的终极目的的实现的工具。现在的问题是,由于物质财富本来可以直接满足人的生活需要,提高人的生活水平,提升人的幸福程度,但现实中需要被过度激发,异化为欲望,财富想要满足人不断产生的欲望是不可能实现的,就像叔本华所言,永远处于欲望不能满足的痛苦和满足之后带来的痛苦。经济财富过于被看重,工具和手段就僭越了终极目的,人就会远离自己的自由解放追求,陷入无休止的残酷竞争中,不仅无法带来幸福,反而陷入痛苦的泥潭。实际上,对于人的幸福和自由这一终极追求来说,财富仅仅是实现的手段。

"若效率或财富成为至上的,那么人自身就会在实践中失却主体性地位而沦为客体,人就不再是作为目的性存在而是作为手段性存在。确实,一个社会不能没有效率、不能没有财富,人民不能没有基本的社会物质生活保障。人民需要宽敞的住房、便捷的交通、舒适的环境、新鲜的空气,但是人民也需要社会的公正、环境的祥和、文化的繁荣、精神的充实,换句话说,人民的最终关注并不是经济的增长,而是自身的自由、解放、幸福、全面发展。因而,一个社会并不能将经济发展、财富增加作为自己的至上任务,而只能以人民生活质量的提高作为自己的最高目的。经济的增长既不能以人民的全面健康发展为代价,也不能以牺牲社会一部分人的利益为代价。说到底,以人民的全面健康发展、以社会一部分人为代价,即使能换来经济的繁荣、财富的增加,也仅是眼前暂时的繁荣。"①

以效率、财富、功利作为核心追求实际是"经济人"的一种人性假设。而追求德性则是"道德人"的假设。教师既是"经济人",一切行为都追求利益最大化;又是有良心的"道德人",希望成为具有"善"的品质的人。所以,道德必须关注人们的经济利益,经济利益的追求也必须有道德的约束,"道德'思想'一旦离开利益,就一定会使自己出丑"。如果单纯关注个人利益追求很容易导致社会利益矛盾和冲突,需要靠制度来约束和合理化引导,道德则存在于人的内在自我中,需要在现实的经济生活中接受考验和个体的自我修炼。为了培育更具有现实性的教师德性,在社会主义市场经济的现实背景下,应该适当引入市场中的"经济人"概念,即平等、公正、自主等,使牺牲型的教师道德向公正型的教师道德转化,保持德性理想与利益获取的平衡。

"经济人"的观念来自于亚当·斯密,其基本假设是:1.人是不断追求自己利益最大化的。2.人有理性的能力。"经济人"的教师假设,给我们思考教师道德建设提供了独特的视角,第一,教师作为社会中的人,为了生存境遇的提高,也需要很多物质利益,因而要重视教师利益的满足问题;第二,每个人追求利益最大化必然带来纷争不断,要设立制度规范使每个教师都能按照程序和规则来理性地追求利益。因为教师如果是"经济人"的话,那么个人利益就成为其首先考虑的因素。教师行为选择的关键在于确保利益的最大化,他们会冷静地计算该行为能给他们带来什么好处,他们会损失什么,怎么做最符合自己的利益。这样纯粹为了满足教师功利要求的行为,使得教师往往顾及不到"道德人"的责任和义务,以至于趋"利"而忘"义"。例如,按照功利原则,"经济人"在现实中都希望实现利益最大化,作为"经济人"的教师都希望让学生参加自己办的课后补习班,以便实现多赚钱的目的,为了实现这个目的,他们就会选择在课堂上少讲必要的知识和技能,以此暗示学生课后再跟他们继续学习;而且他们对于家长的钱物往往采取来者不拒的态度,事后则对提供钱物的家长的子女额外关照;还有的教师特别关心有钱有势的家长的子女,并通过种种手段让这些学生的家长送钱送礼等。面对这种情况,空洞地呼吁教师要

---

① 宋希仁.社会伦理学[M].太原:山西教育出版社,2007:137.

克制自己,进行道德修养往往是软弱无力的,根本的办法仍然是教育制度的跟进和控制。避免这种教育功利化带来的困境,体现在制度上就是以麦格雷戈(Douglas McGregor)的"X"理论为基础的严格的抑制、约束"恶"的制度设计。另外,"经济人"的教师假设中德性的位置会不断消除,教师容易渐渐成为功利之徒,这就要求作为可塑性的存在,还要继续加强超越性的德性培育,德性培育诉求的是教师通过不断内省和践行,一心一意向善,强调限制自我的欲望和利益,甚至宁愿牺牲自己的利益去满足他人的愿望,是一种"英雄道德"、一种"趋向于神的理想人格",它具有一种教师人格上的提升功能,能够作为基本条件,为教师成"人"职责的实现提供支撑。我们需要的是两者的平衡,既要引导教师追求高尚德性,又要关注教师利益,使追求德性的教师能够获得合理利益。

(四)坚持教师利益与道德的统一,促使教师坚守德性

我们期待的是,通过对相关教育利益分配规则进行伦理审视和变革的方式,求取教师追名逐利与修身养德的平衡,既要引导教师追求高尚德性,又要关注教师利益,使追求德性的教师能够获得合理利益,为德性高尚的教师给予最大可能的物质补偿,遗弃德性、只热心名利的教师利益则应最小。选择放纵必然遗弃德性,而完全寡欲不仅不可能,而且也是对教师的不公正,没有充分的理由要求教师就需要无私奉献、燃烧自己、照亮别人。教师就不能追求财富和享乐吗?这是当代教师道德问题面临的普遍质疑。根本的化解途径,已经不可能完全依赖对教师的道德说教和培训,也不可能指望广泛树立道德榜样让教师学习来解决德性困境,这些方式在计划经济时代曾经发挥不可替代的作用,但在强调公平正义的市场经济规则下会使得部分教师难以在内心接受,或者一些教师会表面认同,但却当面一套,背后一套,成为"伪君子"。

教师德性的根本扭转只能依靠公正的教育利益分配制度的建构,在有关教师的政策、法律、规定、文件、通知等方面的制定中,谨慎思考,充分商谈,着力维护教师利益获取与修身养德的平衡,使坚守德性的教师和违背师德的教师在利益获取方面差异显著,坚守德性的教师要给予物质利益和精神利益的保障,同时严肃惩罚教师中的故意失德行为。这就需要对当前的有关教师利益配置的制度体系进行透彻的伦理审视,对功利化、绩效化、市场化的教育逻

辑进行反思,取消对教师诸多不合理、缺乏正当性的考评规定,承认教师作为"经济人"的合理需要,不断提升教师的经济收入和生活条件,经常倾听教师心声,帮助教师解决各种现实困难,努力推进合乎正义的教育利益配置制度和政策建构,才是教师走出道德困境,坚守育人德性的根本出路。

三、权力的僭越阻碍教师德性的自主建构

(一) 自由是德性生成的首要条件

麦金太尔认为自由是德性的先决条件,他说:"自由是德性的运用和善的获取的先决条件。"①没有自由就不会有思想,没有独立自主的思想就不可能产生德性的意识和行为,人一旦被强权所控制,缺失了基本自由,那么人也就异化为工具,此种状态下任何行动都不可能处于自己的自主意识控制中。教师的德性也需要教师的自由来保障,其德性的形成是其在自由环境下自主思考与选择的结果,"自由不仅是发展德性的先决条件,自由本身就是值得欲求的德性"②。石中英也认为拥有自由是德性产生的前提,"真正的个人德性,必须在一个自由的社会和自由的精神状态下才有可能形成"③。但不幸的是,教师往往由于超强的社会控制而无法获得充分的自由,从而德性的自主生成也就非常艰难。

众所周知,教师是从事引领人自由生长、促其成"人"的事业,但当代教师却在功利化、工具理性以及威权宰制中失掉了德性的自主选择。这主要表现在社会本位的教育目的中,要求学生成为单向度的社会服务者,清晰地界定了教师必须为社会建设服务,培养各级各类对社会有用的专门"人才"。这种目的决定了教师工作中的教育内容、手段、方式等由于没有基于人的自由全面发展的出发点,成为外在于、强加于个体生命的异化活动,它不是来自于个体生命的自主意志,而是来自于试图压制个体的诸种权威,这样的教育下可能最终造就的是迷失了自由本性、不会选择、不愿担责、浑浑噩噩的单向度的人。长

---

① 麦金太尔.德性之后[M].龚群,等,译.北京:中国社会科学出版社,1995:200.
② 张宜海.论公民德性[M].郑州:郑州大学出版社,2011:277.
③ 石中英.教育哲学导论[M].北京:北京师范大学出版社,2002:199.

此以往,社会将被群氓填满,这些群氓缺失良知,"异质性被同质性吞没,无意识的品质占了上风"①。这也类似于雅斯贝斯批判的"群众"特征,"群众是无实存的生命,是无信仰的迷信"②。由群众组成的社会会逐渐形成技术性的危险的群众秩序,而教育陷入其中、与此同谋正成为教育的时代病,这种病症集中体现在教师身上,就是一种没心没肺、不会反思、不愿负责的人,他们绝对服从权威,认为遵守既有规定、服从领导要求就是"好"教师。下面重在分析权力异化如何导致教师的客体性、工具化存在,使其无法基于自身的主体性自主形成自己的德性。

(二) 权力异化导致教师缺失德性自主

一般认为,权力是一种带有强制性和胁迫性的可以影响公共事物或他人态度、情感和行为的能力,本身是有正当与否之分的,彻底消解权力肯定会导致混乱和无序。权力的存在一方面可以维护良善秩序,制止恶人的不法行为,确保自由的实现;另外一方面也非常可能成为专制的工具,成为压制自由,施行精英意志的暴力。所以,如要保持权力的正当性,确保权力来自于人民、由人民共享,权力必须接受基于个体自由权利的制约,需要以自由为本位的制度的约束,否则就容易演化为赤裸裸的控制人的工具、扼杀个体自由的刽子手。就教育问题来说,教育的权力只能是为了每个人的自由成"人",为其提供充分的条件和保障,如果权力的运用偏离了这种轨道,而异化为控制人、约束人、压迫人的权威,仅仅为个别精英的独断意志服务,从而阻碍了基于自由人性的"人"的生成,就是值得反思的错误了。本节的权力概念主要是基于这种理解而展开论述的。

应该说,权力被异化在中国的历史中一直存在,权力作为政治精英治理社会的工具一直是其意志推行的护身符。帝王将相总是通过其暴力手段和思想牵制来稳固自己的统治。即使是解放后我们建立了社会主义社会,由于思想理念方面的"左"倾和具体制度建设方面的滞后,1957年反右运动开始至改革开放前的三十年,这个阶段是由于阶级人性论的偏颇立场导致社会主义建设

---

① 古斯塔夫·勒庞.乌合之众:大众心理研究[M].王飞,译.北京:现代出版社,2018:11.
② 卡尔·雅斯贝斯.时代的精神状况[M].王德峰,译.上海:上海译文出版社,1997:34.

经历曲折和困难的特殊时期,在当时的特殊背景下,由于缺乏充分的协商讨论的民主机制,权力过度集中于某几个核心人物,其他人放弃了主体性,导致事业的损失。"社会成员不是一般地不享有进行自主的思想和行为的自由权利,而且是承担着不得进行自主的思想和行为的'职责',相应地,公权者则处于有权的状态,有权干涉社会成员的思想和行为的自由。"①

在这种时代背景下,一些学者曾经批判过极左时期的德育,即政治化的意识形态的过度僭越。这种"德育"在特定意识形态的控制下,不仅"不育人",反而"反德育",制造出越来越多的人性中恶的因素急剧膨胀的人,导致毫无自由能力、只会盲目服从的残缺"随大流"者。"我们的教育,几十年来都在说'德育第一',效果如何呢?改革开放之前的德育,学校里讲的是'阶级斗争你死我活',……使人以为敌人只是'敌'不是'人'的政治灌输,取代了'己所不欲勿施于人'的道德教育,这正是'文化革命'中非人暴行层出不穷的一大祸根。这种德育之误,在于已异化为'反德育'。……把政治灌输混同于道德教育的结果,是德育本身被'架空。'"②那个年代强调"高、大、全"式的道德灌输,宣传只有在某种类型的国家中人才是最自由、最幸福的,国家把所有人都纳入自上而下的体制中予以改造,所采用的内容是大公无私、毫不利己、专门利人、狠斗私心、崇公灭私等"高标"道德,方式是强迫灌输、反复记诵、互相监督、榜样示范、道德评比、严格控制、强化宣传等,使所有人在被设计的唯一正确的轨道中前进,压制了个体自由选择、自主生长的空间,个体仅仅是政治精英实现革命理想的过河卒子。作为个体的人在权力的肆意膨胀和无孔不入中是无可选择的,或者成为急先锋,或者成为受害者,这使得规训之网越来越紧密、坚固,教师在这个过程中不仅自身需要接受这种规训,不断接受各种各样的批判,去塑造"服从式道德",并且要完整、不折不扣地"传递""复制"给学生。

新中国成立后塑造了种种道德典型让公众学习,他们作为"毫不利己、专门利人"的时代楷模,成为我们的时代英雄,让人产生无比崇高的崇敬,或者感动得泫然泪下。但仔细分析,这种榜样式的道德教育尽管非常有效,但在逻辑

---

① 夏勇.走向权利的时代:中国公民权利发展研究(修订版)[M].北京:中国政法大学出版社,2000:636.
② 何光沪.有心无题[M].北京:生活·读书·新知三联书店,1997:184-185.

上似乎也有可商榷之处:牺牲得越惨、付出的越多、就越是道德的楷模。如果救人或保卫集体财产而没有造成对自己的伤害则往往不值得表扬,更不会成为宣传典型。而有病不看,坚守工作岗位,最后壮烈牺牲,这种事迹反而鼓励大家学习。有青少年就质疑"他们完全可以治好病再去工作,为党为人民服务更长时间"。而改革开放前斯霞真正体现教师德性的"童心母爱"却横遭批判,认为抹杀了阶级差别,实在让人痛心疾首,扼腕叹息。显然,这都是基于不合理的人性观和道德观而产生的非正常现象。

后来,随着时代变迁,改革开放催生了社会价值观的变革,"以人为本"的时代精神逐渐成为社会的主流价值观,近些年也产生了很多可歌可泣的道德榜样,例如教师群体中就有在交通事故中为救学生而高位截瘫的张莉莉、危机时刻把生的希望留给学生而自己牺牲生命的李芳、在汶川大地震中保护四名学生而自己付出生命的谭千秋等。他们死得很悲壮,道德人格很崇高,被评为烈士或英雄给予了崇高荣誉,并且引发了广大民众的自发学习,弘扬了社会主义新时代正能量。

(三) 教师德性迷失的权力机制分析

回头来看,改革开放前的一些偏差都是由于时代对人性的理解偏差导致的,当时依据马克思的"人的本质在其现实性上是一切社会关系的总和"的论断,强调人性就是社会性,而社会性又被狭义地理解为阶级性,因而提倡集体主义,批判个人主义,片面地认为集体主义就是大公无私、毫不利己、专门利人,西方的个人主义就是自私自利、冷酷无情、唯我独尊。强调个人的利益严格服从集体利益,实际是扼杀了个人的自由权利,要求个人无条件地成为"集体利益"(其实是领导意志)的工具。否定个人自由权利的后果是个人的思想和生存权利的剥夺以及奴性意识的增长,人们没有独立探索、自由思想和发表言论的权利,社会体制不容忍不同思想和意见,敢于坚持自己独立自由思想的、具有个性的人都惨遭迫害,总之,那个特殊时代只有阶级,无视"人性",尤其是"非无产阶级"的基本权利得不到保障。

新中国成立后,我们推翻了"三座大山"的压迫,建立了人民民主的社会主义国家,但由于当时长期存在的"左"倾政治导向的偏误,在已经推翻了剥削阶级统治的前提下,在很长时期内仍然把阶级斗争作为社会主义的主要矛盾,并且深刻地影响了教育的主线,在教育中充斥的是"阶级斗争一抓就灵""千万不要忘记阶级斗争"等最高指示,我们的教育内容充满脸谱化的思想说教,只要是我们反对的,与我们的意识形态不一致的,一律就是邪恶的、腐朽的、衰亡的,我们提倡的一律是伟大的、美好的、正确的,要求学生分清敌我,对坏人敢于斗争等,如何成为权利和责任相统一、坚持自由和正义的公民的教育理念迟迟无法在教育中获得应有地位,反而一再提倡教育为政治需要服务、为经济建设服务。如何促进学生自由发展的理念没有在学校教育中扎根,反而一切为了国家和社会需要、反对个人自行其是统治了我们的教育。教育的内容、方式和手段都要服从国家制定的统一的教育方针,国家权力在教育领域获得了淋漓尽致的充分发挥。而权力的拥有者,往往意味着文化资本、符号资本的双重占有。国家权力包括显性的政治权力和隐性的经济权力、文化权力、符号权力等。在教育领域,教育行政部门不仅直接通过行政命令、经费拨付、设置审批等管理和控制学校和教师,而且通过隐性方式进行渗透,例如,进入学校课程的隐性的符号权力,管理者通过符号资本的生产、转换和渗透,以便受教育者在学习和背诵中情不自禁地、自愿地接受意识形态的要求。

这种管理体制符合中国国情,具有正当性,但如果不断完善政策制定方式,取得的效果就会更为理想。例如,教育部作为国家教育行政管理部门,规定教师有权批评学生、教授必须为本科生上课、教师不得有偿辅导学生功课、不得与学生有任何不正当关系等,发布加强思想政治教育和师德规范的通知等,都反映了中央集权体制对教育的影响,尽管其合理性正当性无可置疑,但由于缺少充分的协商和广泛讨论,并未完全获得教师的内在承认。反而使人感到,教育的"规律""真理"并非掌握在教师手中,而是掌握在某些官员或学校管理者手中,在精细化管理的规训中,教师大多无权决定自己如何从事教育工作,怎么安排教学,只需对上级和学校要求遵照执行。布迪厄把这种符号支配叫作"符号暴力"。他说:"国家是符号权力的集大成者……我认为:国家就是垄断的所有者,不仅垄断着合法的有形暴力,而且同样垄断了合法的符号暴力。"①这种符号规训远离暴力和强制,仿佛是受教育者自我要求的,这与福柯

---

① 皮埃尔·布迪厄,华康德.实践与反思——反思社会学导引[M].李猛,李康,译.北京:中央编译出版社,1998:302.

引用塞尔万的话"真正的政治家则用奴隶自己的思想锁链更有力地约束他们"有异曲同工之妙。

雅斯贝斯曾经这样评价国家的意识形态,国家意志则变成一种以专政形式而对统一、权威与服从的重建。而这种重建的结果(国家意识强化到狂热的程度)将是人类自由的丧失,除了野蛮残忍的暴力以外,将没有任何其他东西继续存在。上述两种转变的任何一种,其结果都是使领导体现为这样的暴力:它由于不是一种达到了真实人性水平的存在而缺乏合理性。这样,所有人的政治命运看来都将是命运之阙如。因为,只有当个体自我掌握住生活、以自己的活动抓住生活、实现自身、具备勇气的时候,命运方才存在。① 在国家意志的绝对一统下,个人的自由、个人的独立性等就不再会有任何地位,个人就可能沦落为工具,而不是真正的具有人性的人。

在强调控制和服从的社会中,教师的道德行为和伦理选择往往有着严格的规定,成为什么样的教师是由"上面"规定的,每个教师都应该遵照执行。吴康宁认为:目前政府部门拥有不受制约的权力,对教育存在超强控制的体制。② 而且这种控制体现于教育生活的方方面面,是全方位、无豁免和深入彻底的。"个人应该毫不迟疑地服从领导人、政党或政府的命令。通过官方宣传——领导人和政府正在追求伟大高尚的目标,完全服从极权主义独裁政府的命令得到确立。"③如果身处这样时代背景中,教师的坚决服从和执行就是最安全的行为模式,甚至被一些人认为是最高的美德,哪怕这种服从可能基于错误的立场,哪怕这服从本身可能要损害学生的健全发展。在这样的处境下,教师的道德自由是完全被压制或扭曲的,教师独立自主地追求自己的美好教育生活的权利是不被承认的,如果这样做了,反而可能会遭受批评或惩罚。"这样,本来只是某一特殊社会利益所需要的规范,就被赋予了人类存在所固有的普遍规范的尊严,从而,具有了普遍的适用性。"④尽管这不一定具备合法性,但政治精英却一般会把其治理说成最合理、最正确、最伟大等,要求所有教师无条件地接受和服从。"正是在政治僭越和行政权力重压之下,教师作为道

---

① 参见卡尔·雅斯贝斯.时代的精神状况[M].王德峰,译.上海:上海译文出版社,1997:65.
② 吴康宁.教育改革的"中国问题"[M].南京:南京师范大学出版社,2015:30-38.
③ 古特克.哲学与意识形态视野中的教育[M].陈晓端,译.北京:北京师范大学出版社,2008:281.
④ 埃·弗洛姆.为自己的人[M].孙依依,译.北京:生活·读书·新知三联书店,1988:219.

德主体的尊严和价值式微。主体异化为客体,规范取代了德性。"①

总之,教师作为"传道授业解惑"的专业工作者,由于对青少年的影响特别大,受到的各种控制也极为严格,权力部门通过制定师德规范、发布各种通知、职称评定、绩效考核、师德考核、奖金福利分配、评比师德模范等方式来严格规训教师的教学行为,促使其完成要求的角色行为。这样,教师就成了教育义务的"积极"承担者,而且这种义务还有不断泛化和加重的趋势,教师生命的整体性被压榨为"道德模范"的追求者,丧失了自身的道德主体性,"什么是道德的行为,什么是有道德的教师"已经被明确规定,教师也就往往没有条件自主探索德性,也不再思考"我"如何成为德性的教师。而且,这种权力控制下的所谓教师道德规范会由于缺乏教师的内在认同而成为一纸空文,很多时候导致教师的"表面遵守,实则反感",说一套做一套,异化为表里不一的"伪君子"。这从侧面解释了一个怪现象,即行政部门制定了那么多的师德规范,各种有组织的师德说教和培训接连不断,现实中的师德表现却在"世风日下,人心不古"中越来越不理想,一些突破师德底线的现象让人扼腕叹息。

所以,当代教育急需从德性伦理思想中汲取资源,在如何使人"自由"中成为"人"这一使命中有所作为。在一个一切都被纳入政治工具和市场逻辑的时代,彰显教育的伦理精神,促进教师的自由意志解放和自由能力发展就非常重要,它要求教育不媚俗、不崇利、反对各种控制与规训、崇尚自由与超越,在个人和社会的张力中智慧地选择并服从。这种服从是"指个体有自我意识的遵从理性本身,保持自己于理性的一致,而不是纯粹盲目的顺从"②。但教师的德性如何真正提升和培育尚需要更多的思考、质疑和求索。

---

① 赵秀文.当代中国教师的道德发展之困[J].当代教育科学,2012(14):4.
② 王丹.论黑格尔的教育理论[D].上海:华东师范大学,2015:42.

第四章　成"人"视角的教师德性培育路径

美德伦理和规范伦理是两种最古老且经典的伦理形态,西方伦理学界的有关研究源远流长,相关论述非常丰富,而且围绕两者的争论不断出现新的研究成果。为了实现教师德性提升,应该从规范伦理和德性伦理两个基本维度进行探讨。规范伦理就是要从制度德性和行为规范的角度,建设旨在促进教师成"人"的教育制度,为教师趋善避恶提供外在的基本价值秩序和行为要求;德性伦理要倡导教师的自我德性修炼,使其经常反思和内省,促进德性自觉,为教师扬善抑恶提供内在的品质保证。规范伦理建设要在内容方面与时俱进与以人为本的时代精神结合,形式上要更具有合理性和可操作性,能够被教师普遍内心认同和接受,这样才有助于其基于自觉的德性践行。德性伦理作为教育者的内在品质修养,在市场经济冲击下必然被边缘化,需要充分借鉴中国传统德性文化,着力培养教师的德性自觉,并且促成教师作为内在品质的德性向作为外在行为的德行转化,从而实现教师德性的整体振兴。

一、教师德性可能的提升路径:规范与德性

(一)教师德性何以可能提升

教师在履行教育成"人"使命发生的教育行为中,应该不仅考虑是否遵循了相关的教育外在规范,更应该从内在良心出发,审视自己的行为所依凭的德性,是否遵循了教育成"人"这个至善的规范,外在规范与内在德性是否获得

了统一:外在规范显然也包含着善的诉求,只是这种"善"可能是基于教育满足社会要求的立场出发,而不是从学生本身的健全发展出发,它也确认了何者为善,何者为恶,只是不一定能够把握教育的最高善,也就是教育成"人"的精神。因此,外在规范作为明确的行为约束机制,是某些人从某种立场制定的,没有也不可能经过每个教师内心的认同和接受,存在一种不可避免的割裂,教师仅仅以外在规范来约束自我行为,往往容易陷入"欲行德性而不达"的境地,外在规范如果没有转化为内心德性诉求,就不可能完整地获得履行,其有效性就会受到影响。规范伦理当前已经呈现诸多不足,"一个凡事基于规则而行动的人,虽有点不近人情的固执,但毕竟能做道德正确的行为。然而现在最严重的问题是,许多人根本不做这种行为,根本就不理会规则伦理学所提供的道德理由——即便是在某些需要责任感和义务心的情境中。那么,究竟是什么让人们在心理上不再向往道德崇高而自甘平庸甚至任其失落呢?"① 这种状况应该是多种原因造成的,既有规范本身的不完备,也有社会环境、制度、体制等原因。李义天认为:"当伦理学作为一门实践知识同实践本身不合拍时,它还是应该首先反躬自问。如果某个年代的人们竟然经常性地、大规模地漠视道德知识与道德观念,那么这似乎不能总归咎于普通人的软弱或糊涂。"② 这是什么原因呢?

显然,规则伦理的不足只有依靠德性伦理的补充和支撑,才能消除困境。只有依靠德性的自我规范力量,社会伦理规范才可能真正发挥理想的作用。社会外在规范往往表现为冷冰冰的条款,而教师德性更多地体现教师内在的具体道德品质,从其形成过程考察,相当程度上是社会合理规范的不断学习、内化并体现于实践行为中的过程。由此,教师道德规范是一种死的规定,教师德性品质却体现于每个教师生命的历程中,是活在每个教师心中的一种道德律令,这才是真正值得赞叹和敬畏,也是所有教师道德建设的最后落脚点。康德在其名著《实践理性批判》结尾中写道:"有两种东西,我们越是经常、越是执着地思考它们,心中越是充满永远新鲜、有增无减的赞叹和敬畏——我们头上的灿烂星空,我们心中的道德法则。"教师德性作为内心的道德法则与教师

---

① 李义天.美德伦理学与道德多样性[M].北京:中央编译出版社,2012.29.
② 李义天.美德伦理学与道德多样性[M].北京:中央编译出版社,2012.29.

的教育生活有着紧密联系,有什么样的德性,就会体现为什么样的教育生活品质,而教育生活中的具体经验,又往往反作用于教师德性,促进教师德性的提升或恶化。

教师德性是一个知情意行相统一的过程,决定了教师基本的精神面貌和从事教育工作的品质。教师个体在教育实践中,由于自由意志的作用,并非会完全遵循外在的教育规范,而是会根据自己的独立意志有所调整。"当行为出于德性时,个体并不表现为对外在社会要求的被动遵从,而是展示为自身的一种存在方式。在德性的形式下,知当然与行当然开始相互接近:作为同一主体的不同存在状态,知当然与行当然获得了内在的统一性。"①教师德性的培育,应该首先确保有合理的外在规范,并转化为具体的教育制度,使教育制度本身合乎德性的要求,制度正义德性是考量制度伦理的根本,它的核心标准就是要符合教育的根本精神。在此基础上,使教师由德性之知转化为德性之行,制度的形式体现为教师必须或禁止,德性的形式体现为教师自愿或教师希望,从而扬弃制度规范的强制性,使其转化为教师自律的德性,体现于理想的教师行为。

然而,从德性之知到德性之行并非轻而易举,教师德性的实现还会面临多种多样的道德冲突,教师在面对现实教育情境时仍需谨慎思考。"正确的行动是道德的本质要求。良好的意愿并不就是一切,良好的意愿并不总是带来善行。而坚定不移的行动才是最为重要的,孜孜不倦地做好一件事会给那些旁观者以一种无声的力量,这种力量是我们无法估量的。"②亚里士多德也提出从德性之知到德性之行时要考虑的三个方面:"第一,他必须是有所知的,自觉的;其次,他必须是有意识的选择行为的,而且是为了行为自身而选择的;第三,他必须在行动中,勉力地坚持到底。"③由此,教师德性之行才是根本的,而正确的德性之知为前者提供了基本依据,正确的德性之知是一种理性意志的审查过程,需要一种对外在规范的反思,并把其中合理的因素转化到品质层面,这体现了理性的自由意志,后两方面涉及了意志的规定,这样的德性之行便表现为自觉与自愿的统一。仅仅肯定德性之行应出于德性之知是不够的,

---

① 杨国荣.思想的长河:文化与人生[M].北京:北京师范大学出版社,2010:113.
② 塞缪尔·斯迈尔斯.人生的职责[M].李伯光,等,译.北京:北京图书馆出版社,1999:32.
③ 亚里士多德.尼各马科伦理学[M].苗力田,译.北京:中国社会科学出版社,1990:30.

外在规范即使获得天然的合理性,如果对其完全"照章办事",却也可能给教育实践带来极大危害。亚里士多德要求在德性活动中将理性的自觉与意志的自愿结合起来,承认了理性与意志的双重作用。理性的思考决定了规范本身是否能够获得执行,而意志的选择最终决定教师是否会接受外在规范,并努力体现在日常教育行为中。

以理性的德性之知来确保德性之行的方向,是真正的以不变应万变、确保教育实践的善之统一,也即教育实践情境尽管纷繁复杂,变换不一,但只要始终把握德性意蕴,遵循教育的成"人"诉求,就可能达到游刃有余、从心所欲不逾矩的境界。总而言之,教师若要成为德性的教师,成为真正的成"人"之师,首先需要作为规范体系的教育制度的改进,因为其强制性和统一性,会对教师的道德实践产生巨大影响,所以需要谨慎地思考制度的设计,保证教育制度的正义性,使教育制度本身是为了成"人"的理想,促进每个学生的健全发展。教师并非天然就不愿成为德性教师,而是由于遭受了诸多内外因素的影响,使得道德产生了某种危机。社会转型期背景下,当前教师道德危机凸显,弃德逐利现象严重。这种趋势要想改变和扭转,笔者认为根本的办法首先是教育制度伦理建设,使制度本身是符合正义规则的。制度建设要与教师利益密切结合起来,使得遵循师德的教师获取更大的利益,违反师德的教师得不到利益。其次才是教师的自觉修养,也即"为仁由己"。包括树立坚定的良心和坚守责任感、正义感,教师对违反正义的抵制与不服从,教师的知识分子人格修养等。在此基础上,促进教师对德性的自觉体认和践行,而这种践行特别需要吸纳传统文化的道德修养方法,树立真实的德性榜样。经过反复的内心斟酌和思索,每个教师自我的内在德性就可能获得真正提升,教师道德危机就有可能得到化解。

现代性背景下的教育,由于原有价值秩序的消解,只能首先依靠各种各样的制度规范来对教师行为做出明确规定,防范教师不良行为对教育活动的负面影响。而且,随着现代教育的制度化进程,确实需要各种各样的制度对其进行规制,保证合理的教育秩序,而为了实现良好的教育秩序,促进教师的德性提升,教育制度必须是基于人的自由全面发展而设计的,不能把制度的功能理解为控制人、限制人,要求教育按照某些权威设计的道路前进往往会导致危险。所以,需要不断审视制度本身是否合理正当,在此基础上随着现实情况的持续改变,不断修正制度,问题是即使制度规范完全是正当的,也不一定就能自然促进人的德性提升。正当合理的教育制度可以防范教师"恶"的持续发酵,但成为一个德性教师还需要教师自己的道德修炼。"规则是有限度的,而德性是脆弱的,各方都有所为有所不为,这也就是我们既倡导德性培育又主张制度教化的原因。二者的结合,一方面可以通过制度教化,使人们对公正制度的信任加以泛化;另一方面通过德性培育,直接以社会动机取代公正的原初的利益动机,直接进行动机遗忘。这就是把教育作为一种意识形态再生产的手段的重要原因。"①一个遵守师德规范的教师至多可以说是合格的教师,但还不能说是有德性的教师。其实,规范的主要目的是合理的秩序,德性需要以此为基础,但还不能仅仅凭借此来实现。师德规范一般是采用否定性表述,告诉教师行为的底线标准,而德性多是一种内心的道德命令,指导教师在教育实践中做出德性的行为。前者注重防止教师"恶"的行为产生,后者重视教师个人向善的追求,两者的共同作用和相互支撑,可以确立为教师德性培育的基本路径。

(二) 教师德性提升的双重思维取向:制度与个体

由以上分析,教师德性的培育应该从规范伦理和德性伦理两个途径出发,前者表现为社会各种制度伦理的审视与健全,后者体现为传统文化修养所讲的"为仁由己",也即教师为了教育使命而自发自觉地主动修炼与提升。从可能性讲,前者起着根本保障作用,但不可能通过制度的力量让每个教师都有高尚德性,后者则是通往优秀品质的核心。但是,在现实生活中,虽然社会通过设定教师道德规范、树立榜样等鼓励教师成为德性教师,但当前现实中的各种机制却是调动和刺激人的物质欲望,很多人在经历多年的物质短缺后,欲望急剧膨胀。在对物质财富的竞争中,由于资源的相对短缺和社会相关制度的不合理,一部分人陷入弱势地位,这其中就包括教师、农民工等,使得德性这一高尚的品格修养对他们来说遥不可及,因为按照马斯洛的需要层次理论,基本的生活需要不能满足的前提下,教师是很难具有较高德性的。要实现德性在教

---

① 蔡春,扈中平.德性培育与制度教化——论道德失范时期的道德教育[J].华东师范大学学报(教育科学版),2002(4):10-20+54.

师群体中的普遍复兴,需要满足两方面条件,一是类似于公务员的高薪养廉,持续提高教师的物质待遇,使更多的人愿意成为教师。另外,就是要通过制度的改进,引导教师追求高尚德性。

实际上,教师能否体现完美道德,不仅受到自身的道德修养水平的影响,更主要的是教师工作的实际环境,包括作为小环境的学校环境和作为大环境的社会环境。要求教师在任何情况下都表现出德性不太可能,教师每天都会面对大量的道德冲突,大多是个体利益与践行德性之间的冲突。化解这种冲突的关键是怎样通过制度的设计,使教师的个体利益与德性修养统一起来,使得越是讲道德的教师,越是对学生的成"人"负责任的教师,就越是能够获得更大利益。"通过制度的改造与创新,使校长和教师切身利益的获取同其促进学生发展的实绩紧密关联起来,让校长和教师心无旁骛地奉献于学生的健康成长与发展。"[①]当然,由于利益本身的个体差异,对部分陷入功利化的人来说,再好的制度设计可能都无法满足其不断滋生的欲望,而如果教师陷入这种不断膨胀的欲望陷阱,实现成"人"的德性诉求几乎是不可能,而且从德福一致的伦理视角来看,这样的教师不可能获得教师的幸福。亚里士多德曾说,以消费和财富为目的而鼓励消费和积累财富的城邦,或者以提高福利和军事霸权为最终目的的城邦,错误地理解了最佳生活的本质。这些城邦的公民将不会认识到人类的理性力量,因而容易成为缺乏美德的非正义的人。所以,美德的培养需要政治制度来提供有利于美德兴旺的环境。因此,社会还需要通过各种方式,其中主要是制度改进的方式来改善教师的物质待遇,为教师德性修养提供良好外在环境。

现实情况是,受到现代性的背景影响,人们的自由和权利意识逐步觉醒,这给他们提供了实现欲望的条件,他们基于自身的欲望来调整自己的追求。他们认为只需不伤害别人,是否追求美德是个人的私事。自己愿意怎样,他人不能来干涉。这也是价值多元化的前提下价值相对主义的表达。这样,要求教师具有高尚德性就比较困难。"现代社会是一个道德宽容的社会,但同时也是一个道德冷漠的社会。在现代交往中,只要不侵害他人,每个人都有权不受干涉地选择自己的生活方式和道德水准。在自由主义话语里,需不需要美德,

---

[①] 吴康宁.为什么学校会对学生的发展不负责[J].教育研究,2007(12):21-25.

把什么当作美德,完全成为一个私人的意愿问题。所以,现代社会既可以容纳卓越的美德,更可以容纳心灵的平庸!"①但尽管如此,正义的制度体系和良好的规范仍然能够为教师追求德性提供保障。没有制度对人性中"恶"的约束和限制,"善"就会被"恶"逐步侵蚀。恰如卢梭所认为的:"优良的社会制度是最善于改变人的本性的那种制度。只有在公民的意志与国家意志相同而不是相异的契约社会中,才能真正实现他的消极教育,也才能实施真正的公民教育或爱国主义教育。"②

其次,为仁由己是教师德性实现的主观条件。教师德性的养成是以教师内在需要为前提的,是以能够确保教师内在利益和外在利益的统一为基础的。实际情况是,教师会有具备高尚品质的需要吗?教师为什么要选择高尚?教师选择成为优秀的教书匠或者以努力赚取更多钱为目标,这可不可以?亚里士多德的回答是:德性优秀可以使我们生活幸福,也即德福一致。但是,如果有人坚持名利就是幸福,金钱就是幸福,宁可选择利益满足的"猪栏的理想",而不要精神的幸福,那又能对其怎样呢?亚里士多德似乎对此也没有明确回答,只能对此表示遗憾和鄙视。另外,麦金太尔强调德性与内在利益的一致,而内在利益是实践决定的。因此,对德性的追求主要是理想信念的问题。教师如要成为德性教师,首先需要具有成"人"的教育理想、坚定的成"人"信念,并以此作为从事教育职业的永恒追求,基于此,才需要考虑如何培育德性,成为德性教师。教师致力于过何种生活,决定了其德性追求的基本面貌。教师最终能不能成为具有高尚品质的人,关键在于其是否有这样的德性信念。《论

---

① 李义天.美德伦理学与道德多样性[M].北京:中央编译出版社,2012:33.安德鲁·马森(Andrew Mason)指出,麦金太尔对自由主义批判的一个重要维度,就在于他能看到自由主义所依赖的各种体制破坏、侵蚀了美德。对于这个问题,自由主义者没有给出充分的回答。参见 Andrew Mason (1996),"MacIntyre on Modernityand How It Has Marginalized the Virtues", in Roger Crisp (ed.), How Should One Live9.Essays o 凡 the Virtues, New York:Oxford University Press。而更为清晰的反思可以在弗朗西斯·福山(Francis Fukuyama)有关自由民主社会之内在缺陷的讨论中看到。福山注意到,右翼学者通过援引尼采而对他发动的攻击是更有力的,因为"平等的承认"确实可能导致"平庸的人群":"尼采相信,现代民主制度不是把奴隶解放成为自己的主人,而是让奴隶和一种奴隶道德获得了完全的胜利。自由民主国家最典型的公民是'最后之人',一种由现代自由主义缔造者塑造的人,他把自己的优越感无偿献给舒适的自我保存。自由民主创造了由一种欲望和理性组合而成但却没有抱负的人……'最后之人'没有任何获得比他人更伟大的认可的欲望,因此就没有杰出感和成就感。"参见弗朗西斯·福山.历史的终结及最后之人[M].黄胜强,许铭原,译,北京:中国社会科学出版社,2003:代序 13.

② 彭正梅.现代西方教育哲学的历史考察[M].上海:上海教育出版社,2010:25.

语·颜渊》中孔子说:"克己复礼为仁。一日克己复礼,天下归仁焉。为仁由己,而由人乎哉?"另外,在《论语·述而》中孔子又言:"仁远乎哉?我欲仁,斯仁至矣。"恰恰就反映了德性修炼主要在于教师的自我追求,即对德性的自觉和自修。如果不想成为"仁义"之师,当然不会有"礼"的作为。

考虑教师德性的实现途径,我们认为,教师个体的理想信念是一个关键,教师只有为了学生的成"人"理想而选择教师职业,才可能养成高尚的德性。教师只有深刻认识到学生在学校是求进步、求发展、求自我实现,才更能够清晰认识到作为教师的崇高使命,在这样的理想信念引导下,才可能走向"仁义"之师。但仅仅有理想信念只是一个前提条件,教师如要变德性为德行,还要在真实的教育实践中智慧地学习和把握,克服现实中的诸多道德冲突,形成比较坚定的德性信念,并转化为实现的意志。

综上所述,学校教育制度的完善尽管为教师道德提升提供了根本支撑,是教师提升德性的基本保障。但再美好的规则体系也只能保障合格水平的教师德性,只能确保教师不做有损师德之事,却不能完全保证每个教师都在道德冲突中持续提升德性水平。教师高尚德性最终还要靠坚定的道德信念融入个人意志,要依靠教师在经常内省基础上的自觉修炼,这类似于古人所言的"慎独"的道德修养,人内在的道德修养程度决定了其外在言行是否合乎道德的诉求。在这方面,需要借鉴中国丰富的传统道德修炼经验。

二、当前常见的教师德性培育方式:榜样和说教

显然,作为立德树人的专业工作者,教师道德的沉沦会对学生道德发展带来深刻的负面影响。那么,面对师德的"沉沦"困境,既然"德性是人的一种获得性的品质,拥有并运用这种品质将使我们获得对实践具有内在意义的利益,而缺乏这种品质则妨碍我们获得这种利益"[①],那为什么极少数教师会舍弃符合教育内在利益的道德?我们可以通过什么方式尽量减少教师的弃"德"行为,促使教师的内在道德品质——德性之提升?下面探讨曾经广为使用的道德榜样和道德培训两种方式,探讨其合理性与局限。

---

① 麦金太尔.德性之后[M].龚群,等,译.北京:中国社会科学出版社,1995:154.

(一) 师德榜样的树立:教师德性生成的可能路径及其局限

自新中国成立以来到1978年,这个阶段是政治统领一切,人们的物质生活非常贫乏,人们的思想政治意识比较单纯,教师尽管不断受到意识形态的冲击,但一般教师的道德修养似乎没有成为特别明显的问题,他们基本上都能兢兢业业服务于祖国的教育事业。改革开放后是经济统领一切,以经济建设为中心,这一阶段由于人受到的控制和束缚明显减少,因而每个人的道德越来越成为问题。即,我们的经济高速发展,社会物质财富越来越丰富,人们生活水平也不断提高;但令人揪心的是,社会中弃德逐利现象越来越多,疯狂攫取利益成为很多人的首要追求,再加上制度的不健全,导致社会利益冲突不断,开始出现阶层分化与固化,各种贪污腐败现象也逐渐增多。经济与道德似乎成为悖论,即要想富,先要牺牲道德,而做一个道德高尚的人,只能甘受清贫。在这种社会背景下,学校中承担教书育人职责的教师也往往陷入利益漩涡,成为不要道德的功利之徒。

为了扭转这种趋势,我国提出了以德治国,并通过多种方式对民众进行道德教育,这其中采用最多的就是树立道德模范和榜样。其操作程序一般是寻找探访可以用来宣传的符合意识形态要求的先进人物,然后通过宣传部门大力宣传有典型事迹的榜样精神,再通过一系列动员机制,号召广大民众学习榜样,在学习活动中继续探寻新的榜样人物进行表彰和奖励。"它最为显著的特点是以自上而下的方式推动人们学习榜样。"[1]榜样教育其实在中国并不陌生,在漫长的历史中,我们就通过列女传、孝经、义士、立孔孟为圣人、为贞节女子立牌坊等方式来进行道德规训,曾经使多少人臣服于儒家的仁义礼智信、三从四德等伦理之网中,这是榜样示范的历史传统;在当今社会我们主要是根据政治意识形态的要求树立各种道德模范,谁的奉献越多、牺牲越大,谁就可能成为榜样。雷锋、焦裕禄、孔繁森、张莉莉、孟二冬等人都曾经或现在仍然是这个时代的道德英雄,其中在教师群体中的榜样数量占有庞大的比例。树立师德榜样让广大教师学习模仿,这个办法在中国的各行各业中曾经广泛实施,直到现在,太多的榜样仍然在不断树立,我们学校的教科书、宣传墙、黑板报、教

---

[1] 吴全华.后榜样教育时代的道德建设[J].教育科学研究,2012(9):24-26.

室等上面,各类报纸、电视等公共媒体上,似乎也越来越丰富。但是榜样宣传后对民主教化的真实效果可能就不尽如人意了,在时代的价值观不断变革的时代,很多人对榜样产生了各种各样的质疑。那么为什么榜样教育在现实中没有发挥预想的作用?应该在教师德性培育中树立什么样的榜样?

在师德建设中,显而易见,树立榜样示范,表彰道德先进,以便让其他教师学习,这是我们最常见的对教师进行道德教育的方式。这样做的目的是把少数人所达到的道德境界让更多教师学习,以便每个教师都成为道德高尚之师。这个模式在改革开放前的封闭年代,确实效果明显,人们认为榜样就是自己努力的方向,学习榜样是实现人生价值、提高德性修养的基本途径。在制度和社会风尚的影响下,学习榜样,争当先进是当时社会民众的普遍心态,其学习成效也是显著的。教育领域内成千上万的教师在共产主义道德的感召下,不谈回报,不计较个人得失,为祖国的教育事业做出了杰出贡献。但是,改革开放后,由于市场经济本身的逐利本性,充分解放了人的物质欲望,导致精神式微,欲望膨胀。于是,很多教师也放弃追求了高尚师德,随波逐流。尽管还在不断树立师德榜样,但效果却大不如从前。现实情况是,榜样的力量逐渐在弱化,很多人承认榜样的无私奉献、鞠躬尽瘁,但自己不愿意学习。觉得还是追逐物质利益比较好,有的看着榜样的行为是感动流涕,一旦到了真实的道德冲突情境中,则天平仍然偏向了实际利益的获取。在榜样示范中,为什么很多人不愿学习呢?

这是由多重因素决定的。核心原因,笔者认为:第一,树立的师德典型,大多是先人后己、崇尚奉献和牺牲,是一种不要利益、只尽义务的苦行僧。他们甚至不顾家人死活、不顾自己身体病痛,坚守工作岗位或课堂讲台,以致"英勇献身"于教育事业,这种不以人为本的榜样让教师效仿,以前可能还能够被接受,因为他们是为了特别崇高的理想而生存,但现在的大多教师对此就存在疑问,对这些榜样的行为往往很怀疑其真实性,或者觉得成为这样的教师很高尚,但不敢学习和效仿。其实,如果教师都成为这样的苦行僧,一方面对教师来说极不公平,谁都知道他们的劳动辛苦,付出极多,如果没有合理的利益回报,谁还愿意做教师?另外,教师都成为君子,那么小人就会大行其道,社会就会陷入更加不道德的境地,有学者对此做过分析,强烈批评那种牺牲型道德,认为无条件地把"利他"、"奉献"和"自我牺牲"等视为道德的核心是不对的,这种道德价值观常常使"君子"吃亏,"小人"得利,不利于公平、公正的社会关系的建立,不利于社会主义的道德建设,其强调要重视物质利益的分配公平,通过合理利己而利他。① 邓小平其实对此也有深刻认识,在改革开放后也说:"不讲多劳多得,不重视物质利益,对少数先进分子可以,对广大群众不行,一段时间可以,长期不行。革命精神是非常宝贵的,没有革命精神就没有革命行动。但是革命是在物质利益的基础上产生的,如果只讲牺牲精神,不讲物质利益,那就是唯心论。"② 不讲给予教师合理的利益回报,只强调教师的牺牲、奉献,把教师比喻为无限奉献的春蚕、蜡烛、园丁,就是对教师的道德绑架,基于此树立的师德榜样就变成不食人间烟火的"圣人",这在理论上极不公平,缺乏合法性。在实践中则是对以人为本的时代精神的扭曲。

第二,即使是树立强调义务与权利平衡的师德榜样,它对教师德性的提升仍然有限,正如前面所言,一方面由于人性本身存在的恶的一面,宁愿选择庸俗也不要高尚的人在当今社会大有人在,另一方面,榜样教育的方式毕竟不具有强制性,人们基本是遵循德福一致的方式来进行选择的,在制度建设滞后的情况下,如果榜样意味着"老实人吃亏",那么大多教师就不会自愿成为德性教师,这表明制度本身才是决定性因素,杜时忠认为"制度比榜样更具强制力、影响力,制度德性比个人德性更具普遍性"③。只有持续地审视师德制度的正义程度,不断改进制度的公信力,才可能促进教师修炼自我德性。

第三,在当前仍然普遍采用的榜样示范中,很多榜样人物是宣传部门刻意修饰加工的,由此,如何建构德福一致的原则,促进制度中合理利益与讲究德性的统一是我们要重点考虑的问题。如果我们为了社会道德危机的化解和道德修养的提升,而刻意继续创造更多的道德先进模范,让广大包括教师的民众学习,可能只会使得社会中的道德骗子越来越多,道德投机主义盛行。而且,为了树立高大全的形象,榜样失去了其真实性的情况下,榜样可能就成了人人仰望的"神仙",可以膜拜但谁也不愿学习。

所以,师德榜样尽管是一种常见的可以提升教师德性的方式,但我们也需

---

① 扈中平,刘朝晖.对道德的核心和道德教育的重新思考[J].华东师范大学学报(教育科学版),2001(2):46-53.
② 邓小平.邓小平文选(第2卷)[M].北京:人民出版社,1994:146.
③ 杜时忠.德育十论[M].哈尔滨:黑龙江教育出版社,2003:151.

要充分考虑到其局限性,道德模范应该是真实的,教师从内心觉得需要效仿,才能起到对教师德性提升的积极作用。"强制性的灌输和欺骗性的说教所起的作用都是表面的和暂时的,把师德建设的希望寄托在先进人物的榜样示范上更是错误的。"① 因为,"道德的目标是让大多数的人成为善人,而伪道德却使大多数的人成为罪人。道学家是人类最大的敌人,是道德最大的敌人,真正有道德的人不是为了自己成为道德家而宣扬道德,而是为了让道德引人向善。过高的道德标准不仅不能推广道德,反而推行了不道德,最终的结果就是自己成为道德偶像与道德圣人,而大多数人却不能遵守最起码的道德规范"②。

(二) 强调培训和说教的教师德性培育方式反思

除了树立榜样外,对教师的德性培育还有很多方式,其中最常见的是教师道德培训和教化的方式,这种方式通过在各种教师教育或培训中设立师德课程,专门讲授教师应该具备的道德修养,或者由学校领导和聘请的专家来开展讲座,讲解什么是优秀的道德表现,怎样修养道德,怎样成为道德高尚的老师等,目的都在于让教师深刻领会高尚师德内涵,坚持学习,体现于教育行动。例如,有学者分析公民德性教育的基本方式包括:建立品德共同体、建设专门课程、学科教学中渗透、开展主题德育活动等。③ 尽管其主要是面向德性尚在形成中的学生,但作为同样接受继续教育的教师也时常在现实中广泛使用。这些方式可能包含一种理念,即教师作为成年人,由于相关知识和能力的不足,还不清晰自己应该拥有怎样的师德行为,或者教师不会主动修炼德性,只能由相关教育行政部门或其委托的专家学者来制定师德的具体标准和内容,然后通过培训和教化,把这些要求传授给教师。这种方式的师德培育有一定的合理性,能够对教师正确认识师德,提升道德修养起到借鉴的作用。在以往的教育实践中大行其道,其也起到了很大的效果,促进广大教师德性不断提升。

然而,改革开放之后,随着市场经济的深入推进、政治民主化的逐步落实

---

① 许锋华,岳伟.关爱教师利益 提升教师道德——新时期教师道德建设的发展趋向[J].哈尔滨学院学报,2009(12):122.
② 甘剑梅.学校道德生活的现代性问题辨析[M].镇江:江苏大学出版社,2009:300.
③ 周兴国.公民德性教育:历史、观念与行动[M].合肥:安徽教育出版社,2013:206-216.

以及人的解放历程的加快,这种否认教师道德主体性的道德教化已经渐渐呈现其不足。教育培训的方式尽管确实对教师的德性培育有非常重要的作用,可以让教师认识德性的内涵、价值、功能以及修炼德性的方法等,但已不是提升教师德性的根本办法。作为成年人,一般教师不是不知何谓高尚职业道德和修养,而是在利益驱动下不能正确认识利益和德性的关系,极少数教师为欲望实现可以不择手段。例如为提高升学率,赚取名利而置学生身心健康于不顾,各类作业、考试、补课等行为一再加码,使其日日熬夜,严重伤害学生身心健康,甚至现实中有学生不做作业或做错题被罚站被体罚等案例。作为与学生朝夕相处的人,教师难道不知道这种行为后果吗?某些中学为了严抓升学率,往往贴出很多不人性的标语:"只要学不死,就往死里学";"提高一分,干掉千人";"流血流汗不流泪,掉皮掉肉不掉队",以及某些教师让学习不好、表现不佳的学生穿红校服、戴绿领巾,罚答错题的同学抄写一百遍等等。这种"反教育"行为是教育者认识糊涂导致的吗?教育部门一再强调不准有偿补课、不准乱收费、不准体罚学生,难道违反这些规则的教师不知其不良后果吗?所以,再多的教育培训,再多的道德教化,可能对于教师道德危机的扭转难以起到根本作用。因为再完善的师德培训和教化,如果没有教师内心的自我认同和坚定信念,没有教师的教育良心保证,没有教师淡泊名利的心志,其在现实中就很难被教师落实于教育行为中,而随着教师主体性的觉醒,这种灌输式的道德规训已开始让越来越多的教师表面服从,内心却不再认同,从而尽管其仍内含很多合理性,对教师的道德认知和行为有启发强化作用,但仅仅凭此难以起到理想效果。"当下在政治僭越、舆论胁迫、传统负累及自我隐退等几个因素的影响下教师的道德发展陷入困境之中。"①

我国传统的师德教育采用的很多方法随着时代的变化已经需要进行扬弃,教师德性培育的方式必须有新的路径,曾经最普遍的树立各种各样的师德榜样和开展师德学习培训尽管还有存在的价值,但面对日益凸显的师德问题,应该考虑到社会转型背景下其日益显现的局限性,已经不再是师德问题的根本解决方式。有学者指出,当前开展师德建设的重点应该往三个方面努力:一是推进社会公平正义,培植师德建设的道德根基;二是反思传统师德教育,实

---

① 赵秀文.当代中国教师的道德发展之困[J].当代教育科学,2012(14):3-6.

现师德教育的理论创新;三是重构师德规范,以行业自律带动教师个人道德自律。① 可见已有学者对此做过思考,我们应该探寻新的师德提升思路。基于此,要想使教师德性有根本的提升,需要深入思考教师之所以"失德"的社会基础,并找到行之有效的应对之策。易言之,我们应该根据社会转型时期社会核心特征以及人们价值观发生的变化,探寻新的教师德性提升路径。

综上所述,作为促进学生健全发展的专业责任者,教师应具有高尚的道德品质,然而当前少数教师德性表现却不够理想。当前培育教师德性的途径主要可以归纳为榜样宣传、培训教化、制度建设等三种方式。从培育根本途径来看,师德培育不可能通过树立师德榜样让广大教师学习来达成,也难以依靠延续传统的道德培训和教化来完成,只能依靠深入审视学校相关制度的伦理特性,完善旨在以人为本的正义的规则体系来保障教师德性的持续提升。

(三) 结论:走向正义的教育制度建构

现有的旨在提高教师道德修养的一些手段和途径之所以不能抵御教师道德危机,其主要原因是市场经济的实行,承认了付出与利益应该平衡,这大大解放了人的物质欲望,崇高的精神追求逐渐式微,名利至上、拜金主义的继续发酵使大多数人把幸福寄托在财富的占有和名利的丰收上。德福不能一致,而"财"却与"福"获得了高度一致,这样,师德的修养作为一种精神生活方式,被很多人觉得无足轻重。对此,笔者想起诗人北岛的一句很有名的诗词:"卑鄙是卑鄙者的通行证,高尚是高尚者的墓志铭。"这句话好像可以理解为"怎么都行",一个人愿意卑鄙,就让他卑鄙吧。而卑鄙的人在社会好像真的能左右逢源,畅行无阻。而愿意成为德性之人,那就讲道德吧,至于经常吃亏,"好人不得好报",那也是自己选择的。面对卑鄙的人变得富有阔绰,高尚的人可以选择坚持道德或者可以随波逐流,或者可以遁世逃避,总之,你可以"自由"选择。我们从社会以往的现实可以感受到的是:选择无私奉献和品质高尚者大多贫贱地终老一生,或者孤独地甘受清贫,而选择不讲道德甚至无耻卑鄙者则经常出手阔绰,风风光光,近来时常出现路边老人倒地,路人出手相助却反被讹诈,利用民众的同情心大肆敛财等。强烈的对比是什么造成的?为什么

---

① 杜时忠,岳伟.师德建设"三题"[J].中小学德育,2014(1):23-27.

时常出现道德高雅之人除了孤芳自赏外却屡屡受骗被讹？以致越来越多的人宁愿选择"弃德"来获取最大利益。答案只能是制度，是可以影响人、控制人、甚至强迫人的制度！

以往治理道德教育危机的途径，一般主要是从探讨德育的具体方式、德育的目标、内容或组织形式等方面入手，用的是"头痛医头、脚痛医脚"的药方，结果也取得了一定成效，但从道德现实来看，似乎却没有遏制住道德表现总体滑坡的趋势。有人甚至认为计划经济时代人们的道德修养比较好，道德滑坡都是实行市场经济的结果。这种结论反映了某些人对道德核心的无知，错误地把取消道德主体性的奴性道德当作道德教育的真实表现。有学者指出："德育工作及其效果之所以会落到现在这种尴尬和无奈的境地，其根本原因并不在于改革开放，而是由于我们对道德本身、尤其是对道德的核心的认识不当所造成的。"[①]继而提出了利己和趋利避害是人的本性，道德的核心是人性化的公平公正。这就要求我们不仅重视道德教育自身建设，更要从制约道德的社会制度改革入手，每个人都是在制度中生活，不正义的制度和其影响下的社会环境对人的道德影响往往起着更重要的作用。"道德问题既非本身所能独立解决，也非外在因素的干预所能奏效的。完整的道德教育必须归结于外在条件和内在因素的合力，兼顾制度的外在秩序和道德的自由意志，把道德他律与道德自律有机统筹起来。道德他律与道德自律的逻辑关联是，道德他律是道德自律的前提和基础，道德自律是道德他律的终点和旨归。制度作为他律的一种形式，在道德教育中的作用是不容置疑的。"[②]显而易见的是，接受过学校道德教育的人都知道什么是有道德的行为，怎样做有道德的人，但为什么那么多的人看到老人摔倒不敢去扶？看到遭遇车祸的小悦悦躺在马路上而无人上去搭救？为什么那么多的贪污腐败，前"腐"后继？为什么我们的社会往往老实人吃亏，无商不奸？如果一个人一直生活在一个不道德的社会，那他会不会有道德？笔者认为，长期来看，尽管每个人都有一定的道德自觉和道德意志，但最终一般人无法在不道德的社会中坚持自己的德性，除非是"圣人"。

"正如人不能脱离其生存的环境一样，道德教育活动也必须在制度环境中

---

① 扈中平,刘朝晖.对道德的核心和道德教育的重新思考[J].华东师范大学学报(教育科学版),2001(2):46-53.
② 冯永刚.制度道德教育论[M].北京:北京师范大学出版社,2011:2.

进行。人是一种制度性存在,同时又是一种道德存在。制度是人活动的产物,人的道德的发展离不开制度。"①一个想要维持良序的社会,一个旨在构建和谐、美好的社会,如果认同的是所谓性善论,倡导善对恶的惩治却不够,天天高举道德榜样让所有人学习,却对故意作恶者过度宽容,以至于"有道德会吃亏、卑鄙可以幸福",那么社会的不道德或伪道德就会越来越多。所以,改革开放以来,社会尽管不断推出新的榜样供大家学习,师德规范不断修改、师德培训层出不穷,关于提高师德的政府文件也连连下发,但教师道德却并没有得到预想的效果。根本的问题还是在于教育制度和相关社会制度的缺陷! 相关的社会制度和教育制度缺失正义的精神,没有把握教育的核心价值取向并通过制度的力量切实予以保障,那么教师德性的培育就变得没有支撑。我们应该"把落在传统教育学理论视野之外的制度纳入进来,把制度看作是教育的资源、教育的手段,甚至是教育的过程,倡导建构道德的制度来培育道德的人"②。

教育制度伦理的建设是一个多层次、多方面的体系,但核心应该是促进人的自由全面发展。"随着时代的发展,制度诉求的是一个丰富的、多层次的价值体系。在此价值体系之内,既包含制度的目的性价值——自由和平等,也包含制度的工具性价值——效率和秩序。"③"制度的终极价值是人的全面而自由的发展。"④对于旨在促进学生成"人"的教育制度来说,学生的自由全面发展是教育制度的应有理念,其内在的诉求就是自由、平等、公正和民主等。具有这样价值内涵的制度才能促进教师德性生成和持续提升。所有这些价值体系都要服务于每一个学生的自由全面充分发展,它是教育制度的最高价值,也是价值建设的基本导向。

三、教师德性培育的正义诉求:旨在成"人"的教育制度

总体来看,制度是德性形成的主要基础,有什么样的制度,就会有什么样

---

① 冯永刚.制度道德教育论[M].北京:北京师范大学出版社,2011:3.
② 杜时忠.制度何以育德?[J].华中师范大学学报(人文社会科学版),2012(4):126-131.
③ 施惠玲.制度伦理研究论纲[M].北京:北京师范大学出版社,2003:150.
④ 施惠玲.制度伦理研究论纲[M].北京:北京师范大学出版社,2003:156.

的社会德性。不合理不正当的社会制度,作为一种"结构性的暴力"①,会泯灭普通人的善良人性,激发潜在的种种恶行。教育制度改革应以保障教育自由成"人"理想为根本旨归,良善制度会努力促进人自由全面发展,而非规训和控制人的发展。这可以从哈耶克自由哲学中的"无知"观获得证成。要想使广大教师的德性良好,必须建构良善的教育制度,解放教育实践中的广大师生,这首先是确保教师的消极自由,这是促使教师履行成"人"使命的根本保障。

当然,为防止教师僭越自由的可行范围,教育制度也应谨慎维持师生自由边界的平衡,这以是否有利于学生的自由全面发展为依据,教师的强制只能用于抑制学生的纯主观的未开化的自由意志。黑格尔认为:"教育上的强制或对野蛮人和未开化人所施的强制,初看好像是第一种强制而不是随着先前的第一种强制而来的强制。但是,纯粹自然的意志本身是对抗自在地存在的自由的理念的一种暴力,为了保护这种自由的理念,就必须反对这种未开化的意志,并克制它。"②也就是说,教育目的不是顺应儿童低劣的基于本能的"自然意志",而在于使人由无教养迈向有教养、由感性的盲目迈向理性的自觉。

总体来看,当今教育在社会的不道德前提下开始出现日趋严重的道德失范现象,其根本原因就在于社会转型过程中,市场化社会的不健全导致人们追逐利益的不择手段,即见利忘义,名利面前难有道德的地位。这是制度的建构缺少正义内涵导致的。"在当前社会转型时期,人类在物质生活领域和精神生活领域出现了严重的脱臼与断裂。倘若没有制度权威,每个人都根据个人的好恶欲望和利益看待问题、决定行为,人们遵纪守法的意识就会荡然无存,也就不会有服从管理的义务,社会公德教育和公民道德养成也就成为空谈。"③

教师作为社会的普通职业,也无法摆脱利益的困扰,在社会普遍追求利益

---

① "结构性暴力"(Structural Violence)一词是由约翰·加尔通(John Galtung)在20世纪60年代提出的,加尔通是将和平研究作为一个学科的奠基者。结构性暴力是指社会资源以一种结构性的方式不平等、不公正地分配,从而使普通百姓无法满足他们的基本需求。结构性暴力包括精英主义、大民族主义、种姓制度、种族主义、性别歧视、民族主义、异性恋主义以及年龄歧视等。结构性暴力也会是政治的、经济的。在资源、权力、教育、医疗或法律方面的不平等,也属于结构性暴力。参见:舒拉克·西瓦拉克沙.可持续的是美好的[M].任建成,译.海口:海南出版社,2012:18.
② 黑格尔.法哲学原理[M].范扬,张企泰,译.北京:商务印书馆,2011:111.
③ 冯永刚.制度道德教育论[M].北京:北京师范大学出版社,2011.242.

和欲望的满足的时代背景下,不管我们把教师说得多么崇高,最终都应该体现在教师的经济收入相对较高、政治和社会权利有保障、专业权利能够落实的基础上。否则,就会给教师德性的提升带来极大的悖论,在教师群体中容易形成两面人格,也即虚伪、表里不一等。教师道德在本质上是社会存在和社会生活方式在教育中的反映。要想根本扭转教师德性的失落趋势,要教师努力成为成"人"的德性型教师,就必须首先审视教师德性存在的制度环境,考察相关教育制度是否是以人为本,促进每个人全面自由发展的,只有符合成"人"的教育精神这个根本准则,才能为教师德性培育提供充分的保障。教师优秀道德品质的养成需要在外在正义制度规范的保障过程中才可能实现。因此,教育制度的成"人"取向无疑是当前教师德性建设的根本。

(一) 制度建构对德性培育的根本作用

制度一般是在公共生活中用来指导和约束个人和组织的社会行为,调节人与人之间、组织与组织之间、个人与组织之间社会关系的各种规则。制度的相关规定促进个体某些行为的产生和某些行为的避免,促进产生的行为一般是可以获得奖赏、鼓励的行为,而容易受到指责或惩罚的行为则是个体一般会尽量避免的。制度的伦理特性使制度中的人获得行动的依据,从而产生相应的德性。另一方面,制度通过对获得利益方式的界定,从而使制度中的人按照自我利益最大化的原则采取相应行动。如果制度本身是正义的,则制度就会促进人们在利益获取的同时养成良好德性。公平正义的利益分配制度和约束机制安排,会使个体利益与社会利益得到有效整合,从而提升整个社会的道德水平,扭转社会道德的滑坡。

从根本来讲,教师德性的生成不可能是宣传、教育、说教、管理等方式的结果,而是好的制度运行的结果。制度是良好德性的最主要依靠力量。道德作为调节人们社会关系的规范,其内蕴的道德理念要想深入人心,必须依靠制度的作用。当前社会道德水平之所以产生种种问题,关键不在于我们的教育出了问题,而是正在对每个人形成深刻影响的制度不够正义。赢家通吃、贪污腐败、老人摔倒无人敢扶等现象揭露了制度本身是多么需要调整和改善。只有正义的制度体系改革,才能彻底改变人们弃德不顾、疯狂攫取利益的现实,才能逐步改变道德价值取向,尽可能保持德福一致。"目前,学校教育中存在的教学制度、管理制度等对教师的专业自主、民主权利等造成不同程度的抑制和侵害,导致了教师专业道德实现的种种困境。"①教师不是不食人间烟火的神,而是有着自己利益需求的普通人,教师德性的持续提升需要在教育成"人"这个最大利益的保障下,维护和促进每个教师都能获得最大利益的教育制度,也就是教师德性的根本途径在于教育制度的改革,改革的方向是建构自由成"人"的教育制度,这样教师才可能坚守成"人"的使命,在追求成"人"中合理对待利益,德性就会有了坚强支撑,普遍的教师优秀品质就可能在教育实践中蔚然成风。

(二) 教育制度改革的价值追求:保障成"人"

教育制度是指教育主体秉持某种教育价值取向制定的各种旨在维持教育教学秩序的规章制度和规范体系,它是教育的基本架构,影响着身处其中的每个人的心身发展。它一般为某种特定的意识形态和教育目的服务,带有一定的强制性和划一性。教育价值取向不同,制定的教育制度差异极大,例如以社会本位还是以个人本位,其具体制度规则显然不同。我们坚持的是教育个人本位与社会本位的统一,希望在社会中使教育能够促进每个学生自由全面发展,在理想自我的指引下个性化成长,也即教育成"人"的理想。在此基础上,我们期待的是通过培育彰显自由人性的个体来形成以自由人为组成主体的社会。在马克思的视域中,人的自由全面发展正是体现人的本质的发展,这种发展就是"人以一种全面的方式,就是说,作为一个总体的人,占有自己的全面的本质"的过程。美国学者纳坦·塔科夫盛赞自由对于人的生成的重要作用,人的自由权利要求得到教育制度设计上的保障,自由给予人们自我主宰和自我发展的机会,但是,只有把自由设定为人的基本权利,把自由看作是对政治和教育提出的要求,这样,才能在制度上保障个人自由不受侵犯。教育自由其实意味着教育只能创造条件让个体的理性在充分自由的交流中自己决定自己的发展。②

制度一旦建成,对受其约束的人的影响是非常巨大的,能极大地决定人的

---

① 蔡辰梅,徐萍.制度下生存与教师的专业道德困境[J].教师教育研究,2007(1):31-35.
② 参见纳坦·塔科夫.为了自由——洛克的教育思想[M].邓文正,译.北京:生活·读书·新知三联书店,2001:151.

发展方向和进程。以往的教育制度在某些不正当的价值取向和现实因素的影响下,陷入了某些误区,带来了一些弊端,以至于教育制度某些情况下不是为了成"人"服务的,不是为了学生的自由成长保驾护航的,它经常过度强调控制和束缚,以过度的无所不能的心态制定了各种各样的条例、规章、规定、准则等,而且在具体管理中为了管理而管理,没有体现教育成"人"的教育理想诉求,反而感觉控制人、压迫人,把人作为管控的对象仍然是其主要出发点,因而使得教育制度中的每个人感到压抑,感到制度不是服务于"我"的,而是专门压制"我"的成长的。"当前部分学校的生活未能实现一种良善状态,面临一种过于关注效率与强调控制的不义困境。"①以"哪里有压迫,哪里就有反抗"的精神来看,这必然导致教育中受此规训的每个人对这种制度的表面服从、内心反抗,消解教育制度的正当性和公信力。

教育制度作为强制性的行为规则体系,对教育实践的影响显而易见。如何实现良善的教育,关键在于教育制度本身的品性。很多教育制度的理念可能是好的,但从实施效果来看,研究者和广大师生还有很多不满意的地方,而教育制度的改革向哪里去是大家讨论最多的问题。在笔者看来,教育制度改革的方向就是确保制度正义,对于社会中的每个人来说,当制度本身不正义时,就会出现强者压迫弱者,弱者逆来顺受的局面,权利、民主和自由等就无法保障,慢慢会成为压迫和剥削盛行,弱肉强食,每个人都不会自由,更不会产生什么德性来。

人类文明发展史表明,社会公正作为人类的一种永恒追求,首先要通过制度加以确认。制度问题更带有根本性、全面性、稳定性和长期性。因此,亚当·斯密在谈到社会公正的作用时就这样说:"正义犹如支撑大厦的主要支柱。如果这根柱子松动的话,那么人类社会这个雄伟而巨大的建筑必然会在顷刻之间土崩瓦解。"他还进一步强调:"与其说仁慈是社会存在的基础,还不如说正义是这种基础。虽然没有仁慈之心,社会也可以存在于一种不很令人愉快的状态之中,但是不义行为的盛行却肯定会彻底毁掉它。"②关于制度的正义问题,也已经引起党和国家的高度重视,习近平说:"不论处在什么发展水

---

① 胡金木.教育正义与学校良善生活的构建[J].高等教育研究,2019(11):30-36.
② 亚当·斯密.道德情操论[M].蒋自强,等,译.北京:商务印书馆,1997:106.

平上,制度都是社会公平正义的重要保证。我们要通过创新制度安排,努力克服人为因素造成的有违公平正义的现象,保证人民平等参与、平等发展权利。要把促进社会公平正义、增进人民福祉作为一面镜子,审视我们各方面体制机制和政策规定,哪里有不符合促进社会公平正义的问题,哪里就需要改革;哪个领域哪个环节问题突出,哪个领域哪个环节就是改革的重点。对由于制度安排不健全造成的有违公平正义的问题要抓紧解决,使我们的制度安排更好体现社会主义公平正义原则,更加有利于实现好、维护好、发展好最广大人民根本利益。"

因此,我们的教育制度改革的方向应该树立旨在促进自由成"人"的价值理想。自由成"人"要求把人的价值、意义和精神培育放在核心地位,促进其充分地展开自由人性,也就是要坚持康德的伦理原则:人是最高目的,总不能把人当工具。教育制度的建构必须基于此,服务于此,把人的自由生成当作核心理念。尽管我们承认教育制度既然是一种参与教育活动的游戏规则,就总是带有控制人、约束人的一面,但其控制的应该是可能存在的人性中的恶的因素,激扬的是善的因素。如果不体现自由成"人"的精神内涵,教育制度本身就很可能成为恶的,教师的德性也就没有生成的根基。

(三) 教育制度何以保障成"人"的"无知"视角

从根本上来说,教育制度需要保障个体自由是因为教育制度无论如何设计,都没有力量"包办"人的发展,教育管理者不可能无所不知,所以其制定的教育制度总是存在不足和缺漏,还是把发展的使命留给生命自己吧。让教育自由、让学生自由成"人"是不得已的举措。哈耶克在自由的观念中认为,任何一个人都不可能穷尽我们所处世界的真理,因而即使伟大人物也有"无知"的一面,由于其"无知",其独断的意志就很可能把人类引向灾难。"大凡认为一切有效用的制度都产生于深思熟虑的设计的人,大凡认为任何不是出自于有意识设计的东西都无助于人的目的的人,几乎必然是自由之敌。"[①]无论如何,教育的美好未来不可能由处于"无知"状态的权力精英或伟大人物设计出来,这是因为,"如果我们能够构设出这样一种政府模式,使得政府在其间只能

---

① 哈耶克.自由秩序原理(上)[M].邓正来,译.北京:生活·读书·新知三联书店,1997:70.

够为社会的自由发展而提供一个有助益的框架,而不得赋予任何人以控制这种社会发展过程的权力,那么我们便完全有望看到人类文明的持续发展。……对于任何想通过把个人互动的自生自发过程置于权力机构控制之下的方式去扼杀这种自生自发的过程并摧毁我们的文明的做法,我们都必须予以坚决的制止。但是需要强调指出的是,为了不使我们的文明蒙遭摧毁,我们就必须丢掉这样一种幻想,即我们能够经由刻意的设计而'创造出人类的未来'"①。

关于教育如何追寻真善美实现自由的知识是无限的,人的认识范围和能力却非常局限,所以,基于人的"无知",任何人的理性都是不完备的,"主张个人自由的依据,主要在于承认所有的人对于实现其目的及福利所赖以为基础的众多因素,都存有不可避免的无知"②。不论是暴君或伟人,小人或君子,一旦抱有"真理在握"的心态来制定最"正确"的教育制度,施行最正确的教育管理,取消教育主体的自由注定会成为灾难。既往的教育被管制、被规划的历史不知扼杀了多少师生的自由智慧,造就了多少只知服从和执行的傀儡!教育如要持守成"人"的精神,按照哈耶克的说法,应该只是人类长期摸索不断试错的过程,是"自生自发"得到进步而绝非设计的结果。应该在教育精神实现的过程中努力倡导进化的理性主义,反对基于建构的理性主义的各种计划、规划、安排,这样的教育制度只会生产出符合社会或国家需要的工具人,是残缺的不完整人。如何成为一个顺遂本性的"人"?不可能由必然处于"无知"状态的国家、政府或教育者包办,只有个人自己知道自己的发展道路,他有的时候会被蒙蔽、需要帮助,但一定不能强迫其走向所谓正确的发展道路。

这里就涉及如何对待教育制度建构的最高主体:国家和政府。在教育上,一些学者明确反对政府对教育的控制和干涉,"将整个教育制度置于国家管理或指导之下,切切实实地隐含着种种危险"。政府通过直接管理大多数民众就读的学校所拥有的控制权力,固然可以促使一个国家的经济迅速崛起,可以为所有的公民提供一种共同的文化背景,但也付出极高的代价,如美国的种族或学校冲突以及其他多民族国家的民族冲突。因为,当公共教育为国家所控制

---

① 哈耶克.法律、立法与自由(第二、三卷)[M].邓正来,等,译.北京:中国大百科全书出版社,2000:492.
② 哈耶克.自由秩序原理(上)[M].邓正来,译.北京:生活·读书·新知三联书店,1997:28.

时,那么在这个国家内,应当由谁来控制学校制度便会成为一个容易引起动乱的政治问题。"事实上,在国家教育制度下,所有基础教育(elementary education)都可能被某一特定的群体所持有的理论观点所支配。"①因而有可能引起教育的混乱无序。当然,反对国家控制教育,不是说国家不管教育,而是主张国家有义务为教育提供必要的经费、安全、物质等保障实质自由的条件。除此,不应干涉教育内部成"人"机制的运行,不应以国家的意识形态来控制教育。卡尔·波普也认为"只有少数的社会建构是人们有意识地设计出来的,而绝大多数的社会建构只是'生长'出来的,是人类活动的未经设计的结果"②。因此,他的提议是对于社会改进这种巨大的人类知识难以完全把握的领域,最好采取渐进的、小规模的调整来实现其目的。这意味着,因为没有人能够完全把握社会发展的规律,所以通过计划的方式,由政府或国家的组织机构来领导社会前进方向不可能实现社会和谐的目的,更不可能使人走向马克思揭示的类自由的"自由个性"阶段。

同理,教师由于自身的认识局限,即"无知"的困局,也不可能完全把握教育规律从而施行最"美好"的教育。对于学生如何发展的问题,最合适的教育必须由学生通过自主的意识来认知和把握,教育者只是学生最合适的教育提醒者、帮助者、引领者,而不应该是学生发展的掌控者。以为真理在握,并且强行为学生发展设置预定轨道,效果往往适得其反,而只有进行充分的民主协商,才可能引领学生正确的发展方向。密尔、杜威、本杰明·巴伯和德里克·博克等在谈到政治与教育问题时也持类似观点,迈克尔·奥克肖特对自由教育与国家之间的关系则提供了第三条道路,即参与民主方案。而蔡元培、胡适等人在中华人民共和国成立前早已提出的教育独立思想与此也不谋而合。他们共同的立场都是希望教育制度的内在诉求是保障个体的教育自由和作为公民的民主参与权利,反对来自政府的组织、思想、行为等方面的肆意控制和强行干预,为个体自由发展开辟道路。

正是由于此,我们认为每个有理性的人的权利都应该获得同样的尊重,期待由所有教育的当事人和参与者通过充分的民主协商,建构旨在促进教育实

---

① 哈耶克.自由秩序原理(下)[M].邓正来,译.北京:生活·读书·新知三联书店,1997:164.
② 卡尔·波普.历史决定论的贫困[M].杜汝楫,邱仁宗,译.北京:华夏出版社,1987:51.

现自由成"人"使命的教育制度,这样的制度不是与人性发展的要求相对立的,而是充分地反映人性的诉求,尊重自由人性,最大限度地解放人的潜在可能性和创造力,使人最终成长为完整、和谐、充分生长的人。教育制度的善恶好坏,即其伦理特性已经被很多学者揭示,他们大多数认为当前的教育制度没有体现以人为本,有公正性缺失、死板僵化等弊病,例如一考定终身的高考制度,尽管体现了分数面前人人平等,但其不论城乡条件统一考试内容和方式、按照地域划片招生等却是值得讨论的。教育制度伦理性的最终衡量标准只能以是否能够促进自由成"人"来衡量。受到了充分的伦理检视的教育制度是正当的、合理的,而不是基于人的自由人性,仅仅是为了方便控制、方便约束、方便独断意志实施的制度就需要反思、质疑。这是促进制度正义程度的基本考察标准。罗尔斯曾言:"正义是社会制度的首要价值,正像真理是思想体系的首要价值一样。一种理论,无论它多么精致和简洁,只要它不真实,就必须加以拒绝或修正;同样,某些法律制度,不管它们如何有效率和有条理,只要它们不正义,就必须加以改造或者废除。"①如果制度仍然不能尊重和保护每个人的自由权利,显然是非正义的。

(四)保障教师自由的教育制度是实现教育成"人"的基础

教育制度的改革旨在促进每个人在自由中健全发展,实现自我的个性成长。制度是否正义取决于每个人的自由权利能否确保,罗尔斯曾明确指出:"每个人都拥有一种以正义为基础的不可侵犯性,甚至社会的整体福利也不可践踏之。正因如此,正义否认为了其他人获得更大的利益而使一些人丧失自由这种做法的正当性。它不容许许多人较大的收益是以抵偿强制少数人作出的牺牲。所以,在正义的社会里,平等公民权的自由被视为确定不移;由正义所保障的各种权利不可受制于政治交易和社会利益的权衡。允许我们默认一种错误理论的唯一前提是尚无更好的理论;与此类似,容忍一种非正义的条件只能是有必要避免更大的不正义。"由此,制度如何对待自由就是制度正义与否的主要考量标准。但从伯林把自由分为"我能为什么"的积极自由和"别人无权干涉我做什么"的消极自由的视角来看,作为规则体系的制度不可能推进

---

① 约翰·罗尔斯.正义论[M].何怀宏,等,译.北京:中国社会科学出版社,1988:1.

人的积极自由,而应该着力保护人的消极自由,对于教育中的构成主体来说,这主要包括教师的消极自由和学生的消极自由。这里重点探讨教师的消极自由保障问题,因为只有教师拥有不被任意干预和强制的自主开展教育行为的自由,促进每个学生的自由成"人"理想才有可能在教师的正确引领和帮助中落实。

1.自由的二元划分及其意蕴

受到贡斯当的影响并继承了其基本思想,伯林于1958年在《两种自由概念》的演讲中提出消极自由与积极自由的区别,其提倡的消极自由影响甚大。消极自由与积极自由相对,积极自由是"以做自己主人为要旨的自由"。追求积极自由是为了实现人作为自由生命的独特价值,它是自由人得以生成的基本条件。它强调个人可以任意去做没有明文禁止的事情,其行为选择来自于个人的理性能力。消极自由则回答"主体(一个人或人的群体)被允许或必须被允许不受别人干涉地做他有能力做的事、成为他愿意成为的人的那个领域是什么?"①它是以"不让别人妨碍我的选择为要旨的自由",特别是强权者或政府的规训和压制。

两相比较,他更加强调消极自由,给予它崇高的地位,因为它基于个人的基本天赋权利,不享有这些权利,他就会被别人或社会奴役,失掉做成一个自由人的资格。因而,消极自由旨在于要"为个人保留一个不容国家或其他权威任加干涉的广大私生活范围","在变动不居的、但永远可以辨认出来的界限以内,不受任何干扰"。② 这种对自由的划界旨在伸张个人权利,要求属于个人权利范围内的一切行为,不论行为人怎样选择,只要不涉及他人利害,外界任何人都不可强制干涉。消极自由的主体是相对于"我"的他人,消极自由的目的在于防范他人的积极自由可能带来的对"我"的伤害。这与罗尔斯的看法一致,他认为自由意味着能够免受干涉和奴役,"罗尔斯首先把消极自由置于最为重要的位置上,并以消极自由来限定积极自由。换言之,罗尔斯是在消极自由的前提下,指出自我作主的可能性"③。消极自由的保障是必需的,教

---

① 伯林.自由论[M].胡传胜,译.南京:译林出版社,2003:189.
② 以赛亚·伯林.两种自由概念[M]//刘军宁等.市场逻辑与国家观念.北京:生活·读书·新知三联书店,1995:205-206.
③ 龚群.论罗尔斯的两种自由理念[J].天津社会科学,2001(5):57-60.

育成"人"不能实现往往都是各类"教育者"超越权力边界对教育肆意强制的结果。而消极自由保障之后的自我做主、自我实现的积极自由则不需要别人指手画脚,自己凭借独立的思考和判断即可完成。

消极自由并非一定比积极自由重要,它们本身是不可分割的,之所以要特别强调教育制度对消极自由的保护,是因为积极自由本身只有在消除外界各种强制中才可能实现,后者是前者的前提,消极自由其内涵与密尔的自由原则是一致的,"个人的行动只要不涉及自身以外什么人的利害,个人就不必向社会负责交代。他人若为着自己的好处而认为有必要时,可以对他忠告、指教、劝说以至远而避之,这些就是社会要对他的行为表示不喜或非难时所能采取的正当步骤"①。

2.强调保障教师消极自由对教师履行成"人"使命的意义

既然消极自由是能够自由成"人"的先决条件,要更加注重保护教师的消极自由,保护他们这些无权无势的弱势群体,保障其自由意味着使其有条件选择,能够选择,哪怕选择是不高尚的。对于个体生命来说,自由的敌人就是无从选择:一是企图干涉、取消和吞噬个体独立生活的各种外在权威,二是企图剥夺、压制个体生命的自由选择权,让他无法选择自己的生活目标,"关闭他面前的所有大门而只留下一扇门,不管所开启的那种景象多么高尚,或者不管那些作此安排的人的动机多么仁慈"②。基于此,应该防止以集体或国家利益的名义实施的"多数人"的暴政。"无论如何,多数人的同意并不足以使社会的行为合法化:有些行为是不可能得到任何赞同的。无论某些权力何时作出这类行为,都与权力的来源没有多大关系;不管它自称是一个人还是一个民族,都没有用处。假如它是整个民族,那么,除了在它压迫下的公民之外,没有什么东西是更合法的了。"③不能禁止思想的自由,统一思想只能形成思想的专

---

① 约翰·密尔.论自由[M].程崇华,译.北京:商务印书馆,1959:102.
② 伯林.自由论[M].胡传胜,译.南京:译林出版社,2003:196.
③ 贡斯当.古代人的自由与现代人的自由:贡斯当政治论文选[M].阎克文,刘满贵,译.北京:商务印书馆,1999:57.实际上,赵汀阳认为古代人的自由与现代人的自由分别对应于现代所讲的集体自由与个人自由,只是集体自由很容易成为多数人的暴政,例如法国大革命的血雨腥风,所以必须更加重视消极自由,保护个人权利。赵汀阳反对伯林两种自由的划分,认为其只是为了突出积极自由的危险,认为它"常常成为残酷暴政的华丽伪装"。参见:赵汀阳.坏世界研究:作为第一哲学的政治哲学[M].北京:中国人民大学出版社,2009:245-249.

制,或者直接说就是取消人的大脑可以独立思考的自由,导致思想残缺,这是非常危险的毁灭人类智慧的行为。"没有观念的自由市场,真理也不会显露;也就将没有自发性、原创性与天才的余地,没有心灵活力、道德勇气的余地。社会将被'集体平庸'的重量压垮。所有丰富与多样的东西将被习惯的重量、人的恒常的齐一化倾向压垮,而这种齐一化倾向只培育'萎缩的'能力,'干枯与死板'、'残疾与侏儒式的'人类。"[1]而保护教师的消极自由是实现学生美好教育生活,从而诗意栖居的基础,个人的成长只有依靠给予个人充分的自主空间,让个人自由选择,成为自己的主人才可能实现。而主张民族、全人类自由如果不是基于其组成部分的每个个体的自由实现是不可能实现的。所以,使教师真正成为能够自我选择并担当成"人"责任的人,就需要尊重教师的消极自由。

首先,保障教师消极自由有利于教师生成并坚守德性,实现成"人"使命。教育成"人"是一门科学,更是一门艺术,需要较高的理论修养和实践技能,需要深入认识自由人性并在教育中实现人性化。这就需要恰当的教育方式,正确的教育理念,合理的教学内容、教学方法、教学手段等,其选择显然具有较高的难度,只能由教师本人通过理性的思考,抓住教育的内在精神才能做出,"一说到必然性,一般人总以为只是从外面去决定的意思……但这只是一种外在的必然性,而非真正内在的必然性,因为内在的必然性就是自由"[2]。所以不可能通过条条框框把其规定下来强制每个教师服从,这是违反教育成"人"的基本要求的。何况很多制定这些规则的所谓专家和领导可能并不精通教育如何成"人"或其看法带有"无知"的偏见,至少难以使其规则成为放之四海而皆准的真理。因而,只有尊重免于强制的教师消极自由,才能实现教师能够自主探索成"人"的基本方式和途径,即所谓恺撒的事情恺撒管,上帝的事情上帝管,教师的事情最终还是要由教师本人自主决定并为其承担责任。

其次,保障消极自由有助于教师在履行成"人"使命中获得自我实现。教书育人的工作神圣而伟大,被誉为"太阳底下最光辉灿烂的职业",充满了挑战性,承担这种职责的教师只有充分享有免于外界干预的消极自由,才会不断

---

[1] 伯林.自由论[M].胡传胜,译.南京:译林出版社,2003:195.
[2] 黑格尔.小逻辑[M].贺麟,译.北京:商务印书馆,1980:105.

修炼自己，努力学习，不断提升自己的教育素养，感受到坚持教育精神、促进学生自由成长的美好。如果教师看到自己的学生在教育中自由美好地生活着，前进着，教师本人也会感受到倡导教育精神带来的自我实现之后的满足和自豪。相反，试想如果教师每个行动都要上级批准、每个选择都要请示汇报、每个创新都要承受外界指点，教师的成"人"使命如何担当？自我实现何以可能？教师怎么会享受到身为教师的光荣和幸福？所以，教师的成"人"使命担当只有拥有了免受规制和压迫的消极自由，才会积极探索和坚守教育精神，努力实现自我，渐进地成为教育家。

最后，保障教师消极自由有助于解放学生、培养学生创新精神。对教师消极自由的尊重会解放教师个人的智慧和才情，形成风格各异的教学特性，使其更加关注和满足学生的个性化需求，努力做到因材施教，学生在这种自由的熏陶下才可能感受到学习的快乐和美好，从而更加自主自觉自由地投入学习，创新精神和实践能力才可能得以培养，自由成"人"也才有了坚实的基础。当然这涉及学生消极自由的问题，没有教师消极自由的尊重，教师也就不可能会保障学生的消极自由，每个学生的自由空间就会被强行缩减，每个学生只能规规矩矩对外界的一切要求和指示表示服从，完全丧失了自由自主自决的能力，全面自由发展的理想也就会成为"水中月、镜中花"。当然，这并非说保障了教师的消极自由就一定会促进其担负自由成"人"的使命，为防止教师个体成为教育生活的主宰者，成为压迫学生成长的一意孤行者，教育制度同样要维持师生权利的均衡，在保障教师教育权利的基础上，同时保障学生的消极自由，同样应该给予学生自由发展以充分的空间和条件，同样应该消解学生成人道路上的各种不正义的强迫、阻碍、限制、规训等，而一旦这些"应该"无法承诺，则学生只能依靠理性不服从权利使其回归，在阿伦特所言的"行动"中渐次促进自我应有权利的实现。这是在不同层次和方面的教育制度建构中应该予以彰显的，也即自由地使用需要确立制度边界，其具体如何建构，尚需要谨慎地思索，但建构的根本理念仍然应该以是否能促进教育自由成"人"为主要考量标准。

（五）教育制度的成"人"取向与教师的正义德性生成

总之，教育如要实现促进每个人自由全面发展的价值理想，教师如要体现自由成"人"的教育精神，就有必要重新厘定教育制度的价值导向，核心问题是把师生作为没有理性决断能力，因而需要精细化管理，全面地加强规训和控制的个体，还是把他们作为能够激励自主发展的理性主体，从而让他们在旨在保障自由的教育制度中"诗意地栖居"。正义的教育制度的建构首先基于此问题的清晰明了，在此基础上，一点一滴地促进正义教育制度的建构，当然，正义的教育制度如要最终能够在教育实践中普遍实施，绝非一蹴而就，而是需要更多智慧的思考和坚定的行动。因为当前面临的困难是，鉴于改革总是涉及利益的再分配，某些既得利益集团不愿意改革，或推行有名无实的"假改革"，"那些从社会的不公正中获益的人自然比那些在社会的不公正中受苦的人更难理解社会不公正的真正特征。只要有一点点慈善的表示粉饰了社会的不公正，他们就会认为社会生活具有伦理的性质"①。深知改革的困难，才会更谨慎地思考成"人"的教育制度如何实现。

面对既得利益者的阻挠或拖延改革，在此，笔者只能寄希望于代表全体人民利益的党中央及教育部能够及时根据教育总体利益的最大化原则，调整修改现有各种教育制度的不足，以促进教育的正当性、合理性。同时，教师能够树立坚定的正义德性，从自身做起，对于现存的不合理、不正义的教育制度，能够良心拒绝和采取有限的不服从，所谓有限，也即基于自我良心，在保护自己的教师岗位基本利益不受影响前提下，能够维护教育的成"人"价值。这可以用著名的"一厘米主权"来说明。"一厘米主权"的说法来自1992年的一场审判，当时东德的法律规定，翻越柏林墙而逃到西德的行为是犯罪，士兵看见后可以开枪打死。一名士兵看到正在翻越柏林墙的人而射杀了他，在其后的著名审判中，法官认为，基于人的良心，尽管不得不遵守法律，但可以故意把枪口抬高一厘米，导致打而不准，从而避免杀人。其表达了既有规章管理制度管制之外可以由良心决定的自由空间。教师面对不正当的制度，显然并非完全束缚了手脚，而是不仅可以通过良性方式对此进行公开建议、呼吁、提醒等，还有权在教育实践中通过行使"一厘米主权"来履行正当的教育责任，保护学生的健全成长和发展，体现正义德性。

在笔者看来，教师的正义德性对教育之作用要大于教师爱之德性，亚当·

---

① R.尼布尔.道德的人与不道德的社会[M].蒋庆，等，译.贵阳：贵州人民出版社，2009：49.

斯密曾认为,行善犹如美化建筑物的装饰品,而不是支撑建筑物的地基;相反,正义犹如支撑大厦的主要支柱,如果支柱有所松动的话,人类社会这个雄伟而巨大的建筑物顷刻间就必然会土崩瓦解,正是在这个意义上,斯密指出:"与其说仁慈是社会存在的基础,还不如说正义是这种基础。虽然没有仁慈之心,社会也可以存在于一种不很令人愉快的状态之中,但是不义行为的盛行却肯定会彻底毁掉它。"①为了强调正义之德在各种德性中的首要地位,斯密对谨慎、仁慈、正义三种德性作了对比。在斯密看来,由于正义之德产生于对受伤害者同情、保护的起因,所以,惩治邪恶是正义的重要功能。而对恶行的制裁和处罚,不能只指望提倡和劝诫,而是需要借助各种法律的明确性、强制性加以维持和保障;与此不同的是,谨慎和仁慈则是一种自觉自愿的品行,它们不需要强力相逼,而且仅仅缺乏仁慈也并不必然受到惩罚。如一个曾受恩于别人的人,尽管他没有尽力去报答他的恩人而使旁观者的合理期待受挫,但由于他没有对任何人造成实际的伤害,故不致受到严惩。总之,友谊、慷慨和宽容所促进的行为,不仅敦促人们关心他人的福乐,更为可贵的是,它们是人们出于感激的责任所致,而不是受制于外力逼迫。仅此而论,"正义只是一种消极的美德,它仅仅阻止我们去伤害周围的邻人"②。但由于其强制性,却是一种最有力的德性情感,抑制恶行无法靠劝导和说教,只能寄希望于正义的制度约束。

由此可见,教师的爱要融入教师的公正中,爱而不正义,往往会导致偏爱,而不能感受到教师之爱的学生就会产生妒忌情绪,妒忌首先是一种应该克服和消除的负面情感,它极容易导致人与人之间的不信任、排斥、怨恨及矛盾和冲突,康德两百多年前在《道德形而上学基础》中就十分恰当地把妒忌作为"仇恨人类的一种恶"进行分析,并影响了罗尔斯的妒忌观。罗尔斯认为,妒忌是"带着敌意去看待他人的较大的善——即使是他们的较我们幸运并不减损我们的利益——的倾向。我们妒忌(按照善的某种公认指标来估价)其境况好于我们的人们,而且我们还希望剥夺他们的较大利益……当妒忌为被妒忌者意识到时它在总体上是有害的;妒忌他人的人打算采取一些行动,如果此种行动仅仅是极大地缩小他们之间的差别,就于双方都有害。"③这在现今的

---

① 亚当·斯密.道德情操论[M].蒋自强,等,译.北京:商务印书馆,1997:106.
② 亚当·斯密.道德情操论[M].蒋自强,等,译.北京:商务印书馆,1997:100.
③ 约翰·罗尔斯.正义论[M].何怀宏,等,译.北京:中国社会科学出版社,1988:519.

学校教育中也日益渗透和显明,例如,一些教师在教学中特别"关心"某些人的子女,这些人或者有身份或者有地位或者有财富,也即能够以各种名义使老师获得"好处"的强势群体,造成教育中普遍的故意偏袒和特别关照,如对强势群体的子女该罚不罚、额外奖赏、给予更多照顾机会、课后"开小灶"等,这极容易招致没有获得同等关照的学生的心理失衡和妒忌,甚至引起报复、打斗等恶性事件。类似因教育者的偏爱对待产生妒忌的现象在教育中还非常普遍。

(六)教育制度促进教师德性培育的内在机制

改革开放以来,社会尽管不断推出新的榜样供大家学习,师德规范不断修改、师德培训层出不穷,关于提高师德修养的政府文件也连连下发,但教师道德状况却还没有得到预想的改善。根本的问题还是在于对有深刻教育意义的学校教育制度的教化作用不够重视,学校教育具体运行规则的某些方面还不够完善,没有在社会主义核心价值观的要求下,把握学校教育应有的核心价值取向并通过社会规范的力量切实予以保障,因而教师德性的培育就变得没有社会环境支撑。我们应该"把落在传统教育学理论视野之外的制度纳入进来,把制度看作是教育的资源、教育的手段,甚至是教育的过程,倡导建构道德的制度来培育道德的人"①。杜时忠等人提出制度育德"三部曲",对制度何以育德的过程与机制做了深入分析,提出制度情境以"道德化-民主化"为机制影响品德形成,从而"鼓励学校和老师提升制度意识"。②

其内在机制是,从制度经济学视角来看,利益考量是每个人行为的出发点,人生活于具体制度中会不断调整自我行为追求利益最大化,制度变革作为利益分配的再调整,对受其影响的每个活生生的社会人都具有极大的制约作用,制度的每一次变革,都会改变社会中人的行为规则。由于教师作为社会人,也会考虑其切身利益,使其对教师道德行为的选择往往非常复杂,在不够正义的制度背景下,教师常常在制度面前感到无奈及选择的艰难。③ 我们要把制度作为行为的驱动力量,"以'善的制度'涵养'善的德性',培养具有主体

---

① 杜时忠.制度何以育德?[J].华中师范大学学报(人文社会科学版)2012(4):126-131.
② 张添翼,杜时忠.再论制度何以育德[J].教育研究与实验,2018(5):12-15+25.
③ 吴康宁.教育改革的"中国问题"[M].南京:南京师范大学出版社,2015:254.

性、充满正义和和谐德性的道德人格"①,也就是制度育德的路径。总体来看,正义的教育制度是德性形成的主要基础,有什么样的规则体系,就会有什么样的教师社会德性。不合理不正当的规则,作为一种"结构性的暴力"②,会泯灭教师善良人性,扼杀内心的道德良知,所谓教师"失德"现象就会日趋增多。

在社会普遍追求利益和欲望满足的时代背景下,不管我们把教师说得多么崇高,最终都应该体现在教师的经济收入和社会地位相对较高、政治和社会权利有保障、专业权利能够落实的基础上。要想根本扭转教师德性的迷失趋势,要教师努力成为"一切为了学生发展"的德性型教师,就必须首先审视教师德性存在的学校制度环境,考察相关学校教育制度是否以人为本,是否能够把教师的切身利益和其德性提升密切结合起来,使得体现教育良心、坚守教育职责的教师获得最大利益,而违反师德、对学生不负责的教师获得利益最少或受到相应惩戒,才能为教师德性提升提供充分的保障。这样的教育体制才能体现正当性也即正义的精神。

所谓正义精神,其核心就在于权利与义务的平衡,付出与回报的匹配,奉献与收获的得当。要通过"制度的改造与创新,使得校长和教师切身利益的获取同其促进学生发展的实绩紧密地关联起来"③,这是对学校教育制度伦理建设的根本方向,教师优秀道德品质的养成需要在学校教育正义制度的保障过程中才可能实现。因此,全面审视当前学校教育制度体现的伦理特性,完善学校教育具体规则体系的伦理特性无疑是当前教师德性提升的根本前提。其根本是"以合乎正义精神为价值基础,以理性协商为形成机制"④。当然,好的教育制度要"基于公共理性之上实施协商对话",要做到"有效且正当"。⑤ 符合这种精神的学校教育规则体系还需要获得广泛承认和忠实执行,否则会成为一纸空文。

另外,教师也应该获得足够的人性尊严,避免制度性羞辱、蔑视和区别对

---

① 石军.制度德育研究十五年:历史回顾与现实反思[J].湖南师范大学教育科学学报,2016,15(1):65-70.
② 舒拉克·西瓦拉克沙.可持续的是美好的[M].任建成,译.海口:海南出版社,2012:18.
③ 吴康宁.教育改革的"中国问题"[M].南京:南京师范大学出版社,2015:255.
④ 胡金木.现代学校治理的制度之善[J].华东师范大学学报(教育科学版),2018(2):54-59+154-155.
⑤ 严从根.什么是好的教育制度创新[J].天津师范大学学报(基础教育版),2016(3):1-5.

待,也就是教师的公共生活要符合人人得以有尊严生活的承认正义的诉求。"分配正义只能解决资源公平分配问题,但无法解决制度对人的自尊的伤害。承认正义为解决制度对人的自尊伤害提供了新的思路。"[1]承认正义理念主张通过爱、法权(法律)和团结(成就)这三种不同方式,使每个人在现实的社会制度中获得尊严,从而实现每个人有理由值得珍视的自尊价值。

如果社会制度体系缺失这两种正义理念的内在诉求,就会给教师德性的培育带来极大的悖论,在教师群体中容易形成两面人格,造就言行不一的伪君子。教师道德表现在本质上是社会存在和社会生活方式的反映,社会普遍如此,却要教师队伍不如此,从逻辑上行不通,也是对社会教师职业的不尊重。譬如,针对社会普遍关心的教师道德问题,当前已经颁布很多有关师德建设的政策,例如在职教师不得课外有偿补课,但在现实中有偿补课却仍然非常普遍,此政策为什么会出现悖论,为什么其他群体可以本职工作之外兼职取酬?单单中小学教师不可以?应该怎样改进?这就需要政策伦理的审视并对其完善,例如在公平正义原则下,是否可以规定有偿补课对象只能是非本校学生,从而避免教师强制本校学生补课带来的"课内不讲,课外收费"的公平性缺失。另,中小学一些教师为了职称评定而不惜荣誉或学历造假、论文买卖、请客送礼、暗箱操作等,其根本解决路径就在于与教师切身利益最密切相关的职称评审政策及其附带利益问题的伦理审视与完善。

显然,教育制度的成"人"理念一旦落实,教师坚定的德性生成就会有了根本保障,相关教育制度的改革就有了明确方向。但是,从制度育德的层面来看,良好制度的实施同样非常重要。有好的制度却得不到大家的遵守,就会形同虚设,让各种不具有正当性的"潜规则"盛行。因此,还必须在教育制度运行中使得每个教师养成制度德性。

这要求首先要培育教育中每个人的制度意识。教育制度的成"人"取向并不意味着每个教师也都会在教育实践中以成"人"作为自我德性培育的方向,制度的理念只有被教师的理性认可和内心同意,才会在实际教育行为中自觉遵守,制度的理念才会通过教师的自觉执行而转化为现实,才会显现制度的成"人"精神,从理念到现实,还存在一个教育转化的问题,也即用制度的精神

---

[1] 冯建军.承认正义:正派社会教育制度的价值基础[J].南京社会科学,2015(11):132-138.

来教育制度中的每个人。亚里士多德曾指出:"即使是完善的法制,而且为全体公民所赞同,要是公民们的情操尚未经习俗和教化陶冶而符合于政体的基本精神(宗旨)……这终究是不行的。"①在教师德性培育过程中进行师德教育,一方面,要进行广泛的宣传,要对制度的设计理念、如何运行等进行民主的讨论,使制度意识深入人心,增强教师的民主观念。另一方面,要赋予教师充分的权利,在涉及他们切身利益方面的制度制定与执行,需要给予他们充分的民主参与权利,对制度中的争议,要给予充分的协商和民主讨论,通过这些,培养教师的民主、正义、平等等德性。这其实也是培育教师的公民品质的基本途径。德性的产生总是伴随权利意识的唤起和保障,没有自由权利的保障,人的表现就只能是服从权威意志的结果,而不是基于自身自由意志的德性。教师如果处于严格的管控之下,不可能产生任何德性的品质,而只会产生各种奴性的品质。

其次,在教育制度运行中,在正义的理念下,还要不断修正和完善教育制度。正当的教育制度作为一种伦理规范,不可能完全涵括教育实践的方方面面,关注到全部教师的教育实践。这就需要牢牢把握教育制度是为了成"人",为了促进每个学生自由全面发展而设立的,过时的、不合当下要求的制度就要与此为准绳,不断进行调整。这样的制度调整过程也就是正义的精神不断获得充分体现的过程,基于此,通过正义教育制度的引导作用,培养和提升每个教师的德性,由此来进一步反思制度本身的伦理,促进教育制度走向更加普遍认同的正义,也即不断去除制度中显而易见的不正义,提高正义的水平。最后,还要确保教育制度的严格执行,制度是神圣不可违反的,制度面前无例外,以遏制人性中的"趋恶"的方面,这是每个人都能认识到的,政治哲学中对此的论述汗牛充栋。关键在于要给每个教师赋权,确保每个人都是正义教育制度的监督者。

我们来分析当下教育政策中的一个例子:面对当前教师道德不断滑坡的危机,教育部印发了《中小学教师违反职业道德行为处理办法(2018年修订)》,办法规定了11种需要受到处罚的教师失德行为:在教育教学活动中及其他场合有损害党中央权威、违背党的路线方针政策的言行;损害国家利益、

---

① 亚里士多德.政治学[M].吴寿彭,译.北京:商务印书馆,1965:275.

社会公共利益,或违背社会公序良俗;通过课堂、论坛、讲座、信息网络及其他渠道发表、转发错误观点,或编造散布虚假信息、不良信息;违反教学纪律,敷衍教学,或擅自从事影响教育教学本职工作的兼职兼薪行为;歧视、侮辱学生,虐待、伤害学生;在教育教学活动中遇突发事件、面临危险时,不顾学生安危,擅离职守,自行逃离;与学生发生不正当关系,有任何形式的猥亵、性骚扰行为;在招生、考试、推优、保送及绩效考核、岗位聘用、职称评聘、评优评奖等工作中徇私舞弊、弄虚作假;索要、收受学生及家长财物或参加由学生及家长付费的宴请、旅游、娱乐休闲等活动,向学生推销图书报刊、教辅材料、社会保险或利用家长资源谋取私利;组织、参与有偿补课,或为校外培训机构和他人介绍生源、提供相关信息;其他违反职业道德的行为。

  这个办法的出台在细节方面仍存在有待继续完善的地方,个别规定也不完全合理。例如要求教师在所有突发情况下都要保护学生安全就有待商榷,在遇到地震、火灾、歹徒行凶等危险下,如果制度规定教师都要挺身而出,那么对教师本身是不公平的,教师的天职是教书育人,承担为社会培育人的职责,但教师不是警察,没有义务一定要与危险搏斗。如果教师做到了,那是牺牲自我的崇高德性的表现,如果教师没有做到,那么是一种自我保护,它不高尚,但也不卑鄙,更不应该受到所谓处罚,因为这不属于教师的底线义务。另外,这其实逾越了教师专业伦理的边界,把不应该属于教师义务的外在要求强行加到教师身上,侵犯了教师的合法权利。① 但总体而言,该办法相比以往的师德规范前进了一大步,改变了以往教师道德规范中只鼓励、提倡、要求,但无对违反师德的处罚措施,致使其在实践中成为一纸空文,而且,其出台也是以教师道德的底线守护和德性的提升为旨归的,体现了教育精神的要求。如果真的能够贯彻执行,那么作为一种强制的力量,必将有力遏制教师道德下滑的趋势。

(七) 教育制度的局限与教师德性的自觉修炼

  制度公正与教师德性,有着明显的不同,但也存在紧密的联系,两者在教育成"人"中可以获得统一。首先,制度正义是教师德性的根本保障,没有制

---

① 冯婉桢.教师专业伦理的边界:以权利为基础[M].北京:教育科学出版社,2012:143-147.

度的力量,就会产生劣币驱逐良币的后果,失德的人就会处处得利,而守德的人就会处处吃亏,也就是不道德的社会不可能长久地维持德性的普遍存在。反过来,教师的德性可以确保制度正义的运行,规则不论多么正义,如果制度中的人都不愿执行,那么制度的力量就不再发挥,有可能成为一纸空文,最终有德性的教师常常不能获得合理利益,也慢慢遗弃德性。具有德性的教师会特别希望教育制度本身的公正,这样的德性才能影响越来越多的人,使所有人都愿意追求德性卓越。而德性卓越的人越来越多,才会使得教育制度的成"人"理念得以落实。教育制度的正义设计并非很难,但设计制度的人是复杂的,存在利己的天性,不可能在制度实践中始终服从于制度,何况教育生活本身也是复杂多变的,再完善的制度在现实中也有无力应对的时候,或者现实情境超越了制度可控的范围,或者制度难以涉及教育生活中的微观层面,而制度多是死板的规定,这就需要具有高尚德性的人来克服制度本身的缺陷,通过制度改革,促进制度的正义性的提高。同时,面对现实的复杂情况时,唯有德性教师才能智慧地给予应对,从而使教育生活矛盾和利益冲突得到及时有效的化解。

既然教师德性对教育正义制度如此不可或缺,那么是否可以不再重视制度而只看重教师德性的培育,以至于"正义的用途将被这样一种广博的仁爱所中止,所有权和责任的划分和界线也将决不被想到"[1]?显然不是,一方面由于人性的复杂,使每个人都有高尚德性不可能。另一方面是即使每个人都有高尚德性,作为处理人与人关系的制度仍需要合理化规则。否则,人的社会存在会面临不可克服的困难。

从根本层面讲,公正的教育制度是教师德性得以培育的保障。首先,教育制度的公正为高尚德性的形成提供环境支撑。尽管德性不是源于制度,制度只能维持人们的底线道德,但德性的持续坚守离不开制度公正。"作为一种硬约束,良好的社会制度和政治制度环境必然能够在有效地控制那些损人利己的恶劣品质的同时,提升能够给那些既有益于个人完善又有助于其他人幸福的品质。"[2]"离开了基本制度的支持,指望个体的道德勇气和慷慨悲歌能起多

---

[1] 休谟.道德原则研究[M].曾晓平,译.北京:商务印书馆,2001:36.
[2] 夏斯云,张云.马克思主义中国化新论[M].上海:上海人民出版社,2009:256.

大的作用是不切实际的,个体的力量毕竟有限。"①如果教育制度本身都不是促进成"人"的正义制度,如果制度的规则存在对师生的分割、歧视、羞辱、等级制等,那么会导致制度中的每个人都轻视制度,都想方设法突破制度的限制,为自己的利益而不择手段,导致潜规则盛行,由此造成高尚品德的普遍缺乏。其次,教师德性的实现需要以制度公正所确立的原则为指导。如果失去公正的基本"游戏规则",教师德性只能基于自我利益的最大化原则来有选择地实施偏爱,更多的学生就会在"无爱"的角落痛苦地完成自己的受教育历程,"无爱"的学生长大后也学会的是偏爱、对社会的不信任甚至仇恨。

德性是受实践决定的,德性品质主要取决于实践活动的性质,"一个人的实践活动怎样,他的品质也就怎样","人的德性就是既使一个人好又使得他出色地完成他的活动的品质"。这表明,教师德性形成的真正基础在于良好的实践活动,而实践活动的整体表现为生活,由此,德性的根本在于美好的教育生活,美好的教育生活构成了教师和学生德性提升的基本场域,而生活是否美好,不仅需要合理制度确立的规则,也需要生命的自我建构。"人之德性的形成,高度依托以人的本能为内核的生命自然"②,没有良好的生活实践奠基,任何德性都是不稳定的,容易在复杂的生活中异化变质。

总而言之,美好的教育需要制度公正和教师德性的双重支撑。保证教育制度的公正是教育健康运行的前提和基础,是教育成"人"精神实现的底线要求,但凭此却不一定能够实现美好教育,成"人"的教育理念获得实现,更需要广大教师的德性修炼,化德性为德行,对于违反正义规则的行为敢于良心拒绝

---

① 陈忠武.人性的烛光[M].昆明:云南人民出版社,2004:369.
② 郭思乐.德育的真正基础:学生的美好学习生活——论教学生态在德育中的地位[J].教育研究,2005(10):3-10.

和不服从。① 换言之,教育制度正义只能是维持教师在道德底线,而教育作为培育人全面自由发展的事业,需要具有高尚德性的教师来完成,而这样的教师不可能依靠制度的力量就会生成,而更要用积极的德性之"教"和"学"培育出来。因此,对于当前处于危机中的教师德性建设而言,首先是制度的重新审视,建构成"人"的正义制度。与此同时,也需要重视教师德性的自觉修炼与积极践行。前者是教师德性建设的底线要求和根本保障,使教师因为惧怕名誉受损、被批评惩罚而不敢违反师德,而且从遵守师德中获益;后者是教师达到高尚德性境界、走向圆满人生的基本途径。何况,教师作为一群有引领社会向善责任的公民,"社会普遍提高公民德性素质,教育普遍提高师生德性素质,对实现社会和教育互利公平,特别是超越互利公平的德性正义有重要意义"②。所以,教师德性的提升对制度公平公正也有积极影响。

四、传统文化视域中的教师德性自觉修炼

成"人"的教育制度的建构尽管为教师德性提升提供了环境支撑,但制度毕竟只能保障底线道德,只能确保教师不做有损师德之事,但却不能保证每个教师都在道德冲突中拥有高尚德性。"完整的教师职业道德的建立既需要通过外在的行为约束而达到形的具备,更需要通过教师主体内在的确认而聚敛

---

① 这里所指的不服从是从政治哲学探讨的公民不服从(civil disobedience)中引申出来的一个概念。西方社会自文艺复兴以来,开始强调个人权利的张扬,反抗封建暴政,但建立民主宪政之后,是否每个公民的个人权利都得到张扬?显然不可能,很多具体的行为仍无法获得一致,这时候,开始提出了公民不服从的问题。"从政治哲学视角审视,公民不服从是公民基于内在良知,以公开、非暴力的违法方式对不正义的现行法律和政治制度表示异议,靠这一行动,诉诸社会多数的正义感,借以变革不正义的法律和政治制度,旨在维护公民平等、自由的政治权利。"(章秀英.政治哲学视野下的公民不服从[J].浙江学刊,2008(5):211-214.)罗尔斯把"公民不服从"定义为"一种公开的、非暴力的、既是按照良心的又是政治性的对抗法律的行为,其目的通常是为了使政府的法律或政策发生一种改变。通过这种方式的行动,我们诉诸共同体的多数人的正义感,宣称按照我们所考虑的观点,自由和平等的人们之间的社会合作原则没有受到尊重"。(罗尔斯.正义论[M].何怀宏,等,译.北京:中国社会科学出版社,1988:353.)坚持此信念的人认为,尽管建立了民主社会,但通过契约理念构建的民主社会,仍然存在诸多分歧和争议,特别是作为统治者的政府,其法令、制度在少数服从多数的多数裁决规则下,可能严重伤害少数人的权利,但通过暴力抗议,显然不容易解决争端,反而可能会使问题更加严重,只有一条那就是温和但坚定的拒绝和抗议,即公民不服从。
② 郝文武.教育的公平正义与超公平正义[J].教育研究,2019(12):45-50.

相应的品质,达成神的具备。教师的职业道德修养应是内外皆修,神形兼具的。"①"当前师德建设多注重于道德规范约束而忽视了教师个体德性的培育"②,使得师德问题始终没有获得理想的解决效果。一个人的德性提升最终要靠坚定的道德信念融入个人意志,要依靠教师在经常内省基础上的自觉修炼,这类似于古人所言的"慎独"的道德修养,"所谓诚其意者:毋自欺也,如恶恶臭,如好好色,此之谓自谦,故君子必慎其独也!小人闲居为不善,无所不至,见君子而后厌然,掩其不善,而著其善。人之视己,如见其肺肝然,则何益矣。此谓诚于中,形于外,故君子必慎其独也"③。人内在的德性修养程度决定了其外在言行是否合乎道德的诉求。在这方面,需要借鉴中国传统社会丰富的道德修炼经验。易连云指出:"长期以来,人们常常以西方的研究范式作为方法论对东西方文化传统进行整体性的认识,其结果更多的是对中国传统道德价值的否定性评价,这既非实事求是的科学研究态度,也不利于中国传统道德的继承与发展。应突破单一的西方化的思维模式,彰显中国传统道德教育思想的独特性与研究的自主性。"④这不是否定西方的现代性德育研究范式,而是强调在道德教育中要传承中国传统优秀道德文化。

中国传统文化经历几千年的积累,内容博大精深,其中尤以伦理道德文化最为丰富,这主要体现在延续两千多年的儒家文化中,春秋战国时期,孔、孟提出的儒家思想主要是基于礼乐崩坏的现实,关注社会秩序的重建,这就要探讨如何处理人与人关系,因而伦理道德思想开始兴旺起来。儒家在孔、孟之后经历董仲舒、宋明理学等的较大改造,最终形成了丰富的伦理思想。中国陷入半殖民地半封建社会后,由于救亡图存的生存危机,很多文人志士开始向西方学习,西学东渐的结果就是大力批判传统儒家文化,但时至今日,儒家的思想传统仍然深深融于中国的国民文化中,尽管其中存在许多不合时宜的陈旧观念,但确实也有很多值得我们在当今的道德建设中借鉴的思想资源。从教师德性遭遇的时代危机来看,恰恰是因为我们全盘丢弃了儒家的道德修养传统及其

---

① 兰英.中美教师职业道德规范的文本分析及建议[J].西南大学学报(社会科学版),2012(5):56-61.
② 张光华,杨艳.教师德性构成与培育的理性思考[J].武汉理工大学学报(社会科学版),2019(6):122-126.
③ 朱熹.四书章句集注[M].北京:中华书局,1983:7.
④ 易连云.传统道德教育研究的范式转换[J].教育研究,2010(4):30-33.

方法,而源自西方的民主自由的制度建构又远远滞后,才导致了教师德性培育的效果总是不够理想。基于此,传统封建文化中进行道德修炼的方式需要我们给予充分的回顾和批判性的考察,使得我们在思考教师德性培育的基本方法时有更加充分的说服力。

(一)教师的德性修养与德性自觉

教师要想养成高尚的德性,需要不断修身养性,在修炼中自觉把握德性的内涵和要求。中国传统儒家在进行道德人格培育时,特别强调"成于内"而"形于外"。"成于内"对教师的要求是,教师德性并非天生就存在于人的意识中,要充分学习和反思业已存在的社会师德规范,不断广泛阅读各种关于道德伦理的名家经典,吸取"如何拥有德性"的智慧,并且要把外在的道德知识、原则批判性地内化为自身人格。"形于外"则强调教师要把德性转化为德行,在教育生活中智慧地把握道德冲突,合理对待自我与他人利益关系,充分践行德性人格。这个过程其实就是传统文化一向强调的修身养性,自觉修炼,就是通过"克己复礼"以便达到"仁"的境界。《论语》记载:"子路问君子,子曰:'修己以敬。'曰:'如斯而已乎?'曰:'修己以安人。'曰:'如斯而已乎?'曰:'修己以安百姓。修己以安百姓,尧舜其犹病诸?'"《大学》也讲"修身",指出,"自天子以至于庶人,壹是皆以修身为本"。宋明理学提出的"存天理,灭人欲"更加强调德性在于自觉修炼与深刻反省。而且,在关于如何成为德性之人方面,都强调人的自主性,强调德性的自觉践行。孔子曾说:"仁远乎哉？我欲仁,斯仁至矣。"可见成为德性之人首先在于"我欲仁"。孟子认为:"舜明于庶务,察于人伦,由仁义行,非行仁义也。"这表明一个人的德行是自觉地怀着践行"仁义"而产生的自觉行为,不是因为外界原因而被迫行仁义。

教师如要成为德性之师,自觉地修身与养性是基本过程,要以君子人格为榜样,努力修炼,"君子之行,静以修身,俭以养德,非淡泊无以明志,非宁静无以致远",在静心淡泊中修身立志,追求高远的人生境界。从当代教育精神立场来分析,就要时常对自己的行为进行反思和省察,对照教育成"人"的核心价值取向,思考自己的教育行为是否有利于学生的自由全面发展,是否站在学生成"人"的立场上来做出符合德性要求的教育行为。曾子说,"吾日三省吾身",就是要经常剖析自己,揭露自己的弱点与不足,并且及时更正。而"见贤思齐焉,见不贤而内自省也",就比单纯的反思和内省的要求更高。它要求看到别人的错误和缺点,也来省察自己是否也具有,以便充分地对照自我,严格要求自己。尽管我们现在也经常强调教师要加强学习,进行自我修养,但却往往未经分析和批判地把外在的各种师德规范当作天然合理的东西,要求教师领会学习,经常忽视教师的道德反思。

学校需要为教师德性知识学习提供条件,讲解作为优秀教师应该具备的素养和相关知识,拓宽教师德性得以产生的基础,并且鼓励其经常对现在的"我"进行反思,即怀特所言的"探索性的反思",通过对现在"我"的德性状况反思,揭示其德性水平,并对这样的状况进行合法性评价,去恶存良,去伪存真,从而渐进地成为履行成"人"使命的"好"教师。当然,这需要教师本人的努力,需要其主体人格的自觉意识,即教师应该思考:"我"作为教书育人的承担者,应该如何成为优秀的教师,如何能够做到为人师表?"我"有没有不符合教师素养的言行?对于有损德性的言行,"我"应该如何应对?只有靠这种不断的自我质疑和反思,作为教师优秀素质的一部分的高尚的德性才可能形成。

在教师德性修炼中,儒家传统中所言的"慎独",是一种值得借鉴的修身养性的方式,这一词语最早见《礼记》:"是故君子戒慎乎其所不睹,恐惧乎其所不闻。莫见乎隐,莫显乎微。故君子慎其独也。"这里的"慎独"强调人在无人监督、可以随心所欲的情境下仍要遵循"德"的要求,不放纵自己,抑制自己潜意识中不断涌现的各种欲望。通过"慎独"的修炼,人的德性自觉性和主动性会获得明显提升。而且,"慎独"强调的"行有不得,反求诸己"保持了外在行为与内心的联系,强调人们要不断反思自我的内心世界,剖析自己,完善自我,倡导德性的自省意识,基于此,良好的德性意识就能坚定地融入心中,外显于各种行为,并且在不断经受现实考验中得以体系化、习惯化。

教师"慎独"就是教师要在成"人"的信念指引下,无论处于何时何地,都能够保持自己高尚的德性,体现坚定的德性行为,时常反省自己,时刻警惕自己的欲望"越界",敢于剖析自己的阴暗面,并对自己时刻警醒,做到人前人后完全保持如一。这样,教师的德性境界才可能不断提升。慎独的实现其实在当今物欲横流的社会非常不易,各种利益诱惑此起彼伏,各种名利之争不断出现,身处现实社会,教师不可能完全不受影响。教师在各种利益面前,能否坚定教育成"人"的信仰,始终把握教师的天职,是促进学生的自由全面发展,是决定教师能否拥有德性的起点,在教育实践中坚决抵制不当得利,坚持一身正气,始终保持公正和博爱对待周围的人和事,这是教师的德性品质的体现。

(二) 教师的德性之知与德性之行

道德之知与道德之行是德育理论一直争论不休的问题。尽管争论的核心是知与行的先后关系问题,但是所有的教育家都主张在道德教育中既要注重知(道德认识),同时也要注重行(道德行为),争论的焦点在于哪个为先哪个为后。朱熹主张知先行后,王守仁主张知行合一,王夫之则主张行先知后、知行并进。知与行的关系当然会直接影响到道德教育的过程展开与具体的方法。不过,他们也有共同点,即所有"教育家都主张知行应该是统一的,都意识到知与行对道德品质培养的不可或缺性,肯定伦理学说不仅是理论,更必须见之于行动"①。

教师的德性培育首先在于教师应该掌握德性知识,教师作为成"人"使命的履行者,能够通过学习和自我修炼觉察到德性对于教师本真的重要意义,基于此内心树立坚定的德性信念,最后是把德性转化为德行。张岱年先生指出:"道德所以为道德,在于不仅是思想认识,而更是行为的规范。道德决不能徒托空言,而必须是见之于实际行动。因此,道德修养方法固然包括认识方法,而主要是行动的方法,提高生活境界的方法。道德修养兼赅'知'与'行'两个方面。"②而显然,实现德性之行是最为困难的,教师要面对的教育情境的复杂性、教师理智德性的不充分、教师修炼的不到位等都会导致教师德性实现的难度。

朱熹认为:"论先后,当以致知为先;论轻重,当以力行为重。"明代的许多教育家尽管反对程朱学派的读书穷理,但在躬行实践方面却与程朱学派保持高度的一致性。王守仁从"心即理""致良知"出发,强调道德教育要从细微处用工夫,突出"立志"与"躬行"对于道德修养的重要性。王夫之在学术见解上与程朱理学、阳明心学存在着极大的分歧,但也同样主张道德教育要有"勤勉

---

① 冯建军,周兴国,梁燕冰,等.教育哲学[M].武汉:武汉大学出版社,2011:126.
② 张岱年.中国伦理思想研究[M].上海:上海人民出版社,1989:219.

之功",要持续不断地进行实际锻炼。他说:"君子之道,譬如行远必自迩,譬如登高必自卑。……行无有不积,登无有不渐,迩积而远矣,卑渐而高矣。故积小者渐大也,积微者渐著也。"教师德性实现不仅在于知道和掌握,更在于身体力行,其目的在于将正当的外在道德规则或规范内化为个体的德性,培养良好的德性行为,从而以一种更加自觉的方式来践行教师道德原则和规范。只有不断的教育实践,才可能反作用于教师的德性之知,不断反思和提升自我,成为真正能履行教育成"人"使命的德性之师。教师如何升华德性?根本靠教育的反思性实践。

在教师的德性养成中,实践的作用极为重要。亚里士多德认为:"我们获取美德,就像获取手艺一样……我们是通过做公正的行动来变得公正,通过做有节制的行动变得有节制,通过做勇敢的行动变得勇敢。"[1]荀子也说过:"不闻不若闻之,闻之不若见之,见之不若知之,知之不若行之。"通过教育实践的中介,教师可以不断审视自我,剖析自我的德性状况,努力改进自身的德性。这里的教师教育实践不是一种无意识的实践,而应是一种基于成"人"诉求的反思性的实践,反思性的实践是要求教师在做出教育行为时经常用德性的意识来内省,践行"三省乎己"的反思习惯。"教师的反思性实践有三种:一种是对过去实践的反思;另一种是在实践中反思;第三种是为实践而反思。"[2]通过实践中的反思,教师德性提升就获得了一种自我促进的良性机制,成为"我要努力做到"的德性主动修炼者,而不是"要求我做到"的被动前进的教师。

(三) 教师的求"善"与改"过"

教师德性作为求"善"的过程,在教师履行其使命时能够通过理智的行动得以实现,但是,由于德性本身的复杂性和现实情境的不可预测性,每个教师都可能因为在道德冲突中选择的不恰当、不合适,甚至因为所谓"一时糊涂"而做了错事,或者好心办坏事。这就涉及教师求"善"与教师改"过"的问题。教师"善"是在教师内心追求德性成"人"中表现的内在人格特征,"过"是指教师在德性选择和实践的过程中不符合德性要求的部分。教师作为一个凡人,

---

[1] 程炼.伦理学关键词[M].北京:北京大学出版社,2007:95.
[2] 岳伟.教师之爱的理性解读[J].师资培训研究,2001(3):59.

从出生起就生活在特定的社会环境之中,由于任何一个社会都不是完全合道德的,教师在社会中不可避免地会受到各种影响,经过生活中的种种经历,逐渐树立起"要做一个什么样的人"的德性意识和德行行为。有的符合基本伦理道德原则,使我们成为"善",有些明显不符合,使我们成为"过"甚至"恶"。区分的标准都是基于所处社会的伦理标准,而无论社会有何变化,有些善恶标准却是普适性的,例如"己所不欲、勿施于人"的规则。教师德性的培育过程就是希望教师能够在践行德性的教育生涯中,不断扬善抑恶,这正是古人所言的"君子不贰过""过则勿惮改""长善救失""改过迁善""闻过则喜""见善则迁"等等,教师在纷繁复杂的教育实践中,由于人性的缺陷和情境的复杂,难免会出现各种各样的过失,关键是是否具有对过错的反思精神,能否有一个对待过错的正确态度,例如该关爱的学生由于种种原因而没有及时给予关爱导致难以挽救,抱着恨铁不成钢的心态而体罚学生,置学生生命健康于不顾、布置明显过量的作业或惩罚跑步等行为,只要教师经常反思,不文过饰非,而是将心比心,都是可以在是否能够促进学生成"人"这个核心目标的引导下进行改进的,这个过程同时也就是教师德性智慧提升的过程。王夫之曾强调道德教育中"知其人德性之长而利导之,尤必知其人气质之偏而变化之",这启发教师从知"善"到行"善"中要正确对待"气质之偏"。

"气质之偏"在当代的突出表现就是欲望的过度膨胀以及满足欲望的不择手段,也就是放纵欲望,这是教师德性被湮灭的首要因素,也是我们处所的时代中德性培育面临的最大难题。实际上,欲望作为人的本能之一,其本身无所谓善恶,仅仅体现为人生存的自然需求,人们对待它的方式主要是节制或者放纵。按照亚里士多德的说法,"节制是在快乐方面的适度"[1],不"节制"就表现为"放纵"。欲望的满足能够带来快乐,过度追求就是放纵,欲望的不及其实就是我们所说的清心寡欲。放纵的错误仅在于,"放纵的人欲求所有快乐或那些最突出的快乐。他受欲望的宰制,只追求这些快乐而不追求其他的东西。所以,他感觉着两种痛苦:得不到快乐的痛苦和渴望着快乐的痛苦"[2]。节制的人在快乐的事物上遵循着逻各斯的指引,"他不以放纵的人最喜爱的那些事

---

[1] 亚里士多德.尼各马可伦理学[M].廖申白,译注.北京:商务印书馆,2017:95.
[2] 亚里士多德.尼各马可伦理学[M].廖申白,译注.北京:商务印书馆,2017:99.

物为快乐,相反,他厌恶那些事物。他也不以不适当的事物为快乐,对于这些事物中的令人愉悦的事物也不会过度地快乐。在没有这些事物时他也不感觉痛苦或产生对这些事物的欲望。……对那些既令人愉悦又有益健康并且适合的事物,他将适度地期望获得之"①。

与此类似,中国古代的儒家(指先秦儒家,宋明理学另当别论)同样能够正确看待"欲望",孔子曾言"饮食男女,人之大欲存焉","吾未见好德如好色者也"。告子曾言"食色,性也",孟子讲"男女居室,人之大伦也",可见古代儒家对"食色"这些欲望还是持肯定的态度。当然,他们并非一向迁就欲望的满足,而是经常强调如何节制。孟子认为理义道德应该是人的本体所在,"故理义之悦我心,犹刍豢之悦我口"。食色这些欲望应该接受仁义道德的节制。假如不辨礼义而受万钟之禄,为宫室之美、妻妾之奉,则"是亦不可以已乎?此之谓失其本心"。在孟子看来,小体之欲的过度膨胀和放纵就叫作"失其本心"或"放心",而"学问之道无他,求其放心而已矣"。

由此,教师如要养成高尚的德性,如何看待欲望就是关键。选择放纵必然遗弃德性,而完全寡欲不仅不可能,而且也是对教师的不公平,凭什么教师就得无私奉献、燃烧自己、照亮别人?教师就不能追求财富和享乐吗?这是当代教师德性修炼面临的普遍质疑,背后反映的是自由主义的多元价值观和社群主义的一元价值观的冲突,有一些研究者呼吁要重视教师的利益,不能一味地要求教师履行苦行僧式的道德,笔者对此是认同的,毕竟教师不是圣人,不应该以圣人道德要求之。中国传统文化中一般也是重视利益和道德的统一的,这集中反映在古人的"理"与"欲"、"义"和"利"的认识上。有学者指出,作为伦理范畴的"理""欲"有一个生成过程,并历经了内涵不一的变化。第一,"欲以理节"是贯穿于中国伦理思想史的解决"理""欲"关系的主导性观念;第二,"理出于欲中"是显示了"理""欲"真实关系的重要命题;第三,对"欲"的歧视性态度是中国传统伦理思想史中值得警惕的极为负面的主张;第四,由"视欲为恶"到"以理制欲",再到"以欲生理"是值得我们借鉴的。"不仅义利并重论是主张义利和合的,尚义轻利论、重利轻义也是主张义利和合的。比如《吕氏春秋》主张尚义轻利,但提倡具有'义'价值的'长利',二程也尚义轻利,但也

---

① 亚里士多德.尼各马可伦理学[M].廖申白,译注.北京:商务印书馆,2017:100.

赞成'义之安处为利'。又如《管子》崇尚功利,但从不轻视道义,陈炽视'利'乃社会进步之基础,但又认为'义'即在其中矣……义利并重是中国伦理思想史中处理义利关系的基本主张,说明中国传统伦理思想对于义利关系基本上是一个中庸的态度,这也是一种比较积极而正确的态度。"①孟子曾曰:"养心莫善于寡欲。其为人也寡欲,虽有不存焉者,寡矣;其为人也多欲,虽有存焉者,寡矣。"德性高尚的圣人道德是存在的,但不可能人人能够修养得之,不能要求所有教师都舍弃"欲"和"利",只追求"理"和"义",但教师遵守基本的道德规范的前提下,竭心尽力去完善自己,提升德性修养,努力做有道德的教师,以"理"节"欲",是完全可能的。

总之,教师在践行德性的过程中,作为具有七情六欲的人间凡人,不可能不食人间烟火地形成"圣人"德性,在追求德性的道路上,由于理论认识的反复性和教育实践的复杂性,也由于人性的复杂性和未定型,不可能完全把握作为德性的"义"和"理",由于陷入欲望和利益的泥潭经常容易产生德性的错误和过失,正因为"过失"的存在才凸显了高尚德性的价值,把"善"与"过"截然分割开来就无从分辨善恶。教师只要不断地进行反思,坚定教育成"人"的信念,就能够把自我德性修养推进到更高的程度,人生境界就会走向圣洁崇高。尽管我们知道,教师德性的自我修炼没有终点,在求善改过自新的道路上必然经历诸多现实考验,这些考验是教师作为成"人"之师一辈子要反复思量、谨慎对待的问题。

---

① 李承贵.德性源流:中国传统道德转型研究[M].南昌:江西教育出版社,2004:190.

第五章 结束语:教育成"人"与教师德性

一、教师德性遭遇时代困境

教育是立德树人的事业,核心诉求是促进每一个学生成为全面、和谐、自由发展的人,这是教育的精神所在。表象来看,当今的教育从各类指标数字中可以认定为持续繁荣,兴旺发达。教育事业在国家的大力支持下不断获得新的成就,但作为身处教育之中的每个人,却又远远不敢乐观,持续发酵的教育负面新闻,例如教师体罚、虐待甚至性侵学生,搞有偿补课、收取家长财物,个别学生由于与教师的冲突而殴打甚至杀害教师等新闻刺痛着每个关心深爱教育事业的人,教师的道德水平不知何时开始被社会舆论广泛质疑,这实在是让人焦虑、揪心。学校繁荣、教育衰败、教育异化、教育精神缺失,很多人禁不住会问当今的教育怎么了?某些教师为什么在现实面前会做出为了追名逐利而遗弃德性的事?

现实中的一些教师在诸多尚待完善的社会体制机制的影响下,可能丧失了坚守独立自主地使人成为"人"的精神动力和勇气,似乎越来越难以适应社会当下需要、满足个人利欲实现当作追求的主要目标。再加上社会过度的功利化、经济化在教育中的无孔不入,这导致教师德性出现了无法承受之重,学校教育生活在"一切为了学生"的幌子下表现出的是残酷的竞争、严苛的逼迫、恐惧的评比,从而有些教师放弃了教育灵魂——成"人"使命,不再反思和质疑教育生活中的各种问题,而把教育工作仅仅视为完成"被安排"好的任务。

二、教育成"人"视角下的教师德性指向

教师有必要时常反思自己的根本使命,即体现教育的精神——帮助学生成"人",使其走向自觉的自由的存在,为了实现教育使人成为"人"的价值诉求,当前教师最紧要的就是维护崇高的以成"人"为内核的教育精神。教师的工作是培养人、促进人发展的事业,而对"人"的认识就是做好教育工作的关键,从哲学史中回顾和反思,可以认定,人不是先天、单一、固定的抽象物,而是在自由中不断生成的。因而,教师所要坚守的教育精神核心就是在自由中促进每个人的和谐发展。

德性的本意是回答人应该成为什么样的人的问题,具有怎样的道德品质,以便通过德性的获得和践行过上幸福生活。教师德性就是需要探讨教师在教育实践中应该具有怎样的教育品质,使教师都能过上幸福生活。教师德性的生成是以教师的需要为核心,体现关心教师、帮助教师专业化发展,努力实现教师的成"人"使命。它是一种坚定的对学生的爱和公正的教育情感,也是一种正确认识教育规律基础上表现的教育理性,更是一种现身教育事业,践行教育理想的伟大求索,体现了教育的成"人"意义。

教师德性关注教师的内在教育品质,"以个体道德人格的整体生成和个体道德行为的高度自律为核心内容,以个体道德精神的高尚性和个体道德行为的完美性为核心目标"[①]。教师德性并非自成体系,它与教育共同体、教育传统、教育实践等有密切关联,教师所在的教育共同体、教育传统、具体的教育实践在教师德性生成中具有决定性影响。教师德性强调教师实现自己的价值的基础是在于成就别人成"人"——促进每一个学生健全发展,一个教师正是在成"人"中成"己"——获得"我"何以为教师的本体。教师只有在教育实践关系中,正确处理与学生、同事、家长、领导等的关系,恰当地体现教师的优秀道德品质,才能真正体悟德性的存在,感受到从事教育的幸福。"我的自我定义被理解为对我是谁这个问题的回答。而这个问题在说话者的交替中发现其原

---

① 寇东亮.德性伦理与和谐社会价值观的建构[J].郑州大学学报(哲学社会科学版),2005(3):11.

初含义。"①教师有怎样的言行,决定了教师对"我是谁"这个问题的回答,也决定了教师的德性是一种什么状态。

根据亚里士多德的界定,德性就是一种表现卓越的品质,就是人过上幸福生活的过程,幸福生活就存在于合乎德性的生活之中。教师德性的践行是教师能否幸福的关键。教师德性是教师体现为德性知识、德性情感、德性意志、德性行为等相互制约的过程,是教师追求至善——履行成"人"使命的根本保障。而且,教师德性是一种主动选择,是教师对自己教育行为的内在"立法"。这种立法过程体现为教师在工作中的实践智慧,面对纷繁复杂的教育实践,教师怎样智慧地选择、怎样恰到好处地处理各种关系,反映了教师智慧的层次。"教师德性则在职业规范无法穷尽一切的具体情景中亦能发挥作用,它体现的是教师职业生活的存在方式与智慧。"②而"实践智慧是一种心灵的性质,它所关心的是与人有关的公正、高尚和善"③。由此可见,教师的德性怎样正确地显现出公正与博爱的高尚德性就成为需要审慎思考的问题。德性之知与德性之行中间的复杂过渡绝非轻而易举能够获得统一。

教师德性还体现为一种和谐。这种和谐不仅表现在横向的教师与学生、同事、家长等的关系上,还体现在教师处理教育传统、教育当下和教育未来之间的关系上,即怎样传承优秀教育文化,面向教育未来,做好当下教育实践工作。因为学生的成"人"是指向未来的过程,所以教师德性不仅是当下的一种品质,它还维持着教育传统、现在和未来的关系,实现教师对教育之善的追求,使教育中的每个人都有积极向"善"的追求。

正如前面的分析,教师德性并非教师天生具备,也不是完全受制于教师所在的教育文化和教育环境,它主要是教师在从事教育工作过程中,在教师之"做"中逐渐形成的相对稳定的教育品质。教师的"做"作为一种行动,它慢慢会形成习惯,习惯一旦形成就具有稳定性,良好的习惯奠定了教师优秀德性的基础,一旦习惯趋向恶劣,德性品质就会受到影响,有所显现。"德性既非出于本性,也非反乎本性生成,而是自然地接受了它们,通过习惯而达到完满。"④

---

① 查尔斯·泰勒.自我的根源:现代认同的形成[M].韩震,等,译.南京:译林出版社,2008:43.
② 李清雁.教师德性:结构、动因与养成[J].社会科学战线,2018(10):235.
③ 亚里士多德.尼格马科伦理学[M].苗力田,译.北京:中国社会科学出版社,1999:136.
④ 亚里士多德.尼格马科伦理学[M].苗力田,译.北京:中国社会科学出版社,1999:28.

只有在美好教育生活中,教师才可能产生良好的教育习惯,教师良好德性也才能逐渐形成;只有在幸福的教育中,教师的德性才可能充分生成。

由此,教师良好德性取决于教育幸福生活,取决于幸福生活中教师的个人习惯养成。而教师德性一旦形成,又影响教师的习惯塑造和教师幸福。所以,我们需要着力构建公平正义的教育制度环境,正义教育制度是良好教师德性形成的关键。也是教师教育爱的生成的决定因素,教师爱的普遍化就是博爱,作为与教师偏爱的对立,它需要制度正义的维护,需要把教师利益的获得与教师爱的付出紧密联系起来,否则,空乏地提倡教师要爱学生就没有坚强的支撑。反过来,教师良好德性是实现教育公平正义的前提。教育的制度规则不管怎么设计,都需要教师在对这种制度普遍承认并坚决实践基础上。如果教师不具备维护正义制度的德性,在教育实际工作中处处以自己利益最大化为原则,制度本身就可能成为无用的摆设,教师也就不可能维护教育的正义。当然,这是一个悖论,我们只能寄希望于教育规则伦理与教育德性伦理的统一,对教师而言,也就是相关制度的设立要充分考虑教师正当利益,确保教师的奉献和付出能达到合理回报,而不能再像以前一样,一味鼓励教师要无私奉献、先人后己、默默耕耘等。好的制度往往具有教育人的功能,在正当的制度环境下,每个教师会感受到遵循制度就能成为最幸福的教师,违背制度会可耻而不幸福,这样的教育制度环境建构才会为教师德性的持续优秀提供最大保障。

正是基于此,正义不仅是教师德性的核心体现,也是最能体现制度德性的标志。"一个遵守正义规则的人未必是一个正义的人,因为他可能只是由于惧怕惩罚而遵守正义规则。……只有当人们不仅拥有关于正义规则的知识,而且拥有认识和实践这一规则的能力和自觉性时,他才能成为一个既自觉遵守正义规则,又具有正义德性的人。"[1]这正是我们的教师德性理想,希望教师不仅要自觉遵循正义的"游戏规则",而且要有坚定的正义感,对不正义的行为要敢于表示拒绝和反对。教师任何其他的德性品质能否体现和坚持,关键就在于正义能否处于核心地位,坚定的正义感能否形成。

另外,教师爱是教师德性具体体现中的本质因素。它是一种自愿的付出和给予,教师为了学生的成长和发展而竭心尽力,把学生的成长放在心上,愿

---

[1] 俞可平.社群主义[M].北京:中国社会科学出版社,2005:123-124.

意看到因为艰辛的付出而换来学生的健全发展,不断追求成"人"理想,这是一种无私的爱,是至善的教育品质表现,它体现了教师的责任心,具体表现为理解、关心、尊重、宽容学生等方面。它表明的是教育关系的一种理想状态。作为处理教育中每个人之间的关系的一种德性,它要求教师要一视同仁地尊重学生,真心实意关心学生,而不能故意排斥、羞辱某些学生或使某些处境不利学生被边缘化。

三、教师德性践行:从德性到德行

教师德性必须在实践中转化为德行,仅仅存在于内心当中而没有实际行动,则要么是不具有实践智慧,要么口是心非,言行不一。前面已详细论述了制度革新和自主修炼两种路径,但由于制度本身的复杂性,其调整和变革不可能一蹴而就,教师德性的实现就特别需要教师把德性外显为履行义务,践行成"人"使命的教育行动;它是一种源于内心的催促和提醒,是一种基于良心的行动;它最终体现为行动的意志和能力,能够引导、调节和激励教师的教育活动,促使教师实践行为围绕使每个学生成"人"的核心目标,努力促进每个学生尽力追求于真、善、美,完成自由个性的普遍生成这一最终目的。

教师德性的核心是促进学生自由全面地发展,逐渐趋近于马克思设想的"自由个性"的普遍生成,这种使人成"人"的教育使命担当显然并不容易完成,而是一个艰辛而漫长的过程,只可能在教育制度伦理正当性完善与教师自觉自为自修的相互结合"一点一滴地培育"中渐次生成,在困难重重却坚持不懈中得到锤炼。可以想象的是,教师坚信并践行成"人"的教育使命与精神,成就纯洁而高尚的德性,是需要付出辛勤而坚持不懈的努力的。

主要参考文献

1. 吴安春.德性教师论[M].北京:人民教育出版社,2003.
2. 冯永刚.制度道德教育论[M].北京:北京师范大学出版社,2011.
3. 王本陆.教育崇善论[M].广州:广东教育出版社,2001.
4. 孙彩平.教育的伦理精神[M].太原:山西教育出版社,2004.
5. 刘丙元.当代道德教育的价值危机与真实回归[M].北京:北京师范大学出版社,2012.
6. 钱焕琦,刘云林.中国教育伦理学[M].徐州:中国矿业大学出版社,2000.
7. 段治乾.教育制度伦理研究[M].郑州:河南人民出版社,2005.
8. 樊浩等.教育伦理[M].南京:南京大学出版社,2000.
9. 曹辉.道德教育与人的经济生活[M].杭州:浙江教育出版社,2009.
10. 高兆明.制度伦理研究:一种宪政正义的理解[M].北京:商务印书馆,2011.
11. 高兆明.制度公正论[M].上海:上海文艺出版社,2001.
12. 蒋文昭,王新.教师德性论[M].北京:新星出版社,2008.
13. 胡祎赟.西方德性伦理传统批判[M].北京:中国社会科学出版社,2016.
14. 杨自伍.教育:让人成为人——西方大思想家论人文与科学[M].北京:北京大学出版社,2010.
15. 岳伟.批判与重构:人的形象重塑及其教育意义探索[M].武汉:华中师

范大学出版社,2009.

16. 王啸.教育人学——当代教育学的人学路向[M].南京:江苏教育出版社,2003.

17. 陶志琼.教师是谁:教师教育哲学导论[M].北京:中国文史出版社,2004.

18. 陶志琼.教师的境界与教育[M].北京:北京师范大学出版社,2006.

19. 许苏民.人文精神论[M].武汉:湖北人民出版社,2000.

20. 何怀宏.良心与正义的探求[M].哈尔滨:黑龙江人民出版社,2007.

21. 杜时忠.德育十论[M].哈尔滨:黑龙江教育出版社,2003.

22. 马晓燕.多元时代的正义寻求——I.M.扬的政治哲学研究[M].北京:光明日报出版社,2012.

23. 王全林.精神式微与复归:"知识分子"视角下的大学教师研究[M].南京:南京师范大学出版社,2006.

24. 赵汀阳.论可能生活:一种关于幸福和公正的理论[M].北京:中国人民大学出版社,2004.

25. 檀传宝.教师伦理学专题[M].北京:北京师范大学出版社,2010.

26. 鲁洁.当代德育基本理论探讨[M].南京:江苏教育出版社,2003.

27. 檀传宝.走向新师德:师德现状与教师专业道德建设研究[M].北京:北京师范大学出版社,2009.

28. 檀传宝.信仰教育与道德教育[M].北京:教育科学出版社,1999.

29. 易连云.德育课程论:理念与文化[M].北京:人民教育出版社,2011.

30. 易连云.重建学校精神家园[M].北京:教育科学出版社,2003.

31. 冯建军.教育公正——政治哲学的视角[M].福州:福建教育出版社,2008.

32. 冯建军.教育的人学视野[M].合肥:安徽教育出版社,2008.

33. 冯建军,周兴国,梁燕冰,等.教育哲学[M].武汉:武汉大学出版社,2011.

34. 湛卫清.人权与教育[M].北京:北京师范大学出版社,2009.

35. 蔡春.在权力与权利之间:教育政治学导论[M].北京:北京师范大学出版社,2010.

36. 李义天.美德伦理学与道德多样性[M].北京:中央编译出版社,2012.

37. 王国银.德性伦理研究[M].长春:吉林人民出版社,2006.

38. 孙晓柯.儿童德性论[M].济南:山东人民出版社,2011.

39. 金生鈜.德性与教化——从苏格拉底到尼采:西方道德教育哲学思想研究[M].长沙:湖南大学出版社,2003.

40. 宋晔.校园伦理智慧论[M].广州:中山大学出版社,2006.

41. 刘铁芳.古典传统的回归与教养性教育的重建[M].北京:北京师范大学出版社,2010.

42. 李承贵.德性源流:中国传统道德转型研究[M].南昌:江西教育出版社,2004.

43. 程炼.伦理学关键词[M].北京:北京大学出版社,2007.

44. 万俊人,梁晓杰.正义二十讲[M].天津:天津人民出版社,2008.

45. 龚群编.善恶二十讲[M].天津:天津人民出版社,2008.

46. 冯婉桢.教师专业伦理的边界[M].北京:教育科学出版社,2012.

47. 张洪高.从仁爱到正义:中国道德教育核心价值的转变[D].济南:山东师范大学,2007.

48. 杨林国.追寻教师美德:斯霞教师德性解读[M].南京:东南大学出版社,2007.

49. 高德胜.时代精神与道德教育[M].北京:教育科学出版社,2013.

50. 石中英.教育哲学导论[M].北京:北京师范大学出版社,2004.

51. 王海明.新伦理学:优良道德的制定与实现之研究[M].北京:商务印书馆,2001.

52. 江畅.德性论[M].北京:人民出版社,2011.

53. 高清海.人就是"人"[M].沈阳:辽宁人民出版社,2001.

54. 赵汀阳.坏世界研究:作为第一哲学的政治哲学[M].北京:中国人民大学出版社,2009.

55. 玛莎·纳斯鲍姆.培养人性:从古典学角度为通识教育改革辩护[M].李艳,译.上海:生活·读书·新知三联书店,2013.

56. 徐向东.自由意志与道德责任[M].南京:江苏人民出版社,2006.

57. 赵永刚.美德伦理学:作为一种道德类型的独立性[M].长沙:湖南师范

大学出版社,2011.

58. 徐向东.自我、他人与道德:道德哲学导论[M].北京:商务印书馆,2007.

59. 扈中平.教育目的论[M].武汉:湖北教育出版社,2004.

60. 张宜海.论公民德性]M].郑州:郑州大学出版社,2011.

61. 刘余莉.儒家伦理学:规则与美德的统一[M].北京:中国社会科学出版社,2011.

62. 寇东亮.德性重建的自由根基——现代道德困境的人学解读[M].郑州:河南人民出版社,2006.

63. 朱小蔓.教育职场:教师的道德成长[M].北京:教育科学出版社,2004.

64. 张世欣.师道观的解读与重构[M].杭州:浙江大学出版社,2007.

65. 王文东.心灵的教化——变革社会中的中国师德[M].成都:四川人民出版社,2003.

66. 陈晓平.面对道德冲突:关于素质教育的思考[M].北京:中央编译出版社,2002.

67. 叶澜,等.教师角色与教师发展新探[M].北京:教育科学出版社,2001.

68. 王荣德.教师道德教育论[M].北京:科学出版社,2004.

69. 刘亚敏.大学精神探论[M].青岛:中国海洋大学出版社,2006.

70. 俞世伟,白燕.规范·德性·德行——动态伦理道德体系的实践性研究[M].北京:商务印书馆,2009.

71. 黄显中.公正德性论——亚里士多德公正思想研究[M].北京:商务印书馆,2009.

72. 柳诒徵.中国文化史[M].上海:上海古籍出版社,2001.

73. 廖申白.伦理学概论[M].北京:北京师范大学出版社,2009.

74. 张志宏.德性与权利——先秦儒家人权思想研究[M].北京:人民出版社,2012.

75. 方红.知识·德性·审美:教师境界的反思与重建[M].北京:中国社会科学出版社,2013.

76. 熊建文.当代中国社会公共权力的德性研究[M].南京:南京大学出版社,2013.

77. 江畅.西方德性思想史概论[M].北京:人民出版社,2017.

78. 龚群,胡业平.德性伦理与现代社会:2012中国人民大学伦理学与道德建设研究中心国际学术会议论文集[M].北京:中国人民出版社,2014.

79. 毋丹丹.传统教师德性的现代诠释[D].重庆:西南大学博士论文,2013.

80. 鲁洁,冯建军,等.教育转型:理论机制与建构[M].北京:教育科学出版社,2013.

81. 周兴国.公民德性教育:历史、观念与行动[M].合肥:安徽教育出版社,2013.

82. 孙峰.当代中国德育价值观的变革[D].西安:陕西师范大学,2010.

83. 纳什.德性的探询:关于品德教育的道德对话[M].李菲,译.北京:教育科学出版社,2007.

84. 福山.历史的终结及最后之人[M].黄胜强,等,译.北京:中国社会科学出版社,2003.

85. 马克斯·韦伯.新教伦理与资本主义精神[M].马炎奇,陈婧,译.北京:北京大学出版社,2012.

86. 卡尔·雅斯贝斯.时代的精神状况[M].王德峰,译.上海:上海译文出版社,1997.

87. 雅斯贝尔斯.什么是教育[M].邹进,译.北京:生活·读书·新知三联书店,1991.

88. 布鲁姆.巨人与侏儒[M].秦璐,等,译.北京:华夏出版社,2003.

89. 布卢姆.美国精神的封闭[M].战旭英,译.南京:译林出版社,2007.

90. 别尔嘉耶夫.论人的奴役与自由:人格主义哲学体验[M].张百春,译.北京:中国城市出版社,2002.

91. 亚里士多德.尼各马可伦理学[M].廖申白,译注.北京:商务印书馆,2003.

92. 马尔库塞.单向度的人:发达工业社会意识形态研究[M].刘继,译.上海:上海译文出版社,2006.

93. 穆蒂莫·艾德勒.六大观念[M].郗庆华,薛笙,译.北京:生活·读书·新知三联书店,1991.

94. 麦金太尔.追寻美德:道德理论研究[M].宋继杰,译.南京:译林出版社,2003.

95. 麦金太尔.谁之正义？何种合理性？[M].万俊人,等,译.北京:当代中国出版社,1996.

96. 伊丽莎白·坎普贝尔.伦理型教师[M].王凯,等,译.上海:华东师范大学出版社,2011.

97. 马塞多.自由主义美德:自由主义宪政中的公民身份、德性与社群[M].马万利,译.南京:译林出版社,2010.

98. 努斯鲍姆.告别功利:人文教育忧思录[M].肖聿,译.北京:新华出版社,2010.

99. 诺丁斯.教育哲学[M].许立新,译.北京:北京师范大学出版社,2008.

100. 孙志文.现代人的焦虑和希望[M].陈永禹,译.北京:生活·读书·新知三联书店,1994.

101. 奥诺拉·奥尼尔.迈向正义与美德:实践推理的建构性解释[M].应奇,陈丽微,郭立东,译.北京:东方出版社,2009.

参考的期刊文献参见正文中的脚注,限于篇幅,此处不再重复罗列,诚挚感谢为本书写作作出贡献的所列参考文献的各位著作者！